Benjamin und Raphael Krämer
Über das Selbst hinaus

Benjamin und Raphael Krämer

Über das Selbst hinaus

Glücklich mit sich und anderen
in drei Schritten

Quellennachweis

Seite 176 Textauszug aus:
Eckhart Tolle, Eine neue Erde.
Bewusstseinssprung anstelle von Selbstzerstörung
© 2005 Arkana Verlag, München, in der Verlagsgruppe
Random House GmbH, Übersetzung: Erika Ifang.

Allegria ist ein Verlag der Ullstein Buchverlage GmbH

ISBN: 978-3-7934-2280-8

© 2015 by Ullstein Buchverlage GmbH, Berlin
Lektorat: Doris Iding
Umschlaggestaltung: ZERO GmbH, München
Satz: Keller & Keller GbR
Gesetzt aus der Minion
Druck und Bindearbeiten: GGP Media GmbH, Pößneck
Printed in Germany

Inhalt

Geleitwort von Wolf Schneider 7
Einleitung 9

1. Ich – meine (R)evolution des inneren Kindes 15
Effektives, freudvolles Handeln 23
Selbstliebe und die Liebe zum eigenen Leben 34
Hürden überwinden – Spaßbremsen aus dem Weg räumen 61
Fazit 99

2. Ich und Du – Nächstenliebe und Lebensfreude 103
Bestandsaufnahme – die Reise zum Miteinander beginnt 108
Was uns Menschen verbindet: Grundbedürfnisse 114
Den Einfluss deiner Gedanken entblößen – versuch dich
  mal als Spanner! 123
Glaubenssätze in Gruppen- und Gesellschaftsprozessen 130
Realitätsverdruss – Erwartungen vs. Akzeptanz 135
Partnerschaft: »Mensch ärgere dich nicht«
  für Fortgeschrittene 141
Familie als Chance – die gemütlichste Zwangsjacke
  der Welt 148
Nächstenliebe l(i)eben lernen 156

3. Wir – über das Selbst hinaus 159
Wurzelbehandlung – Geschichten aus der Kinderstube
  überprüfen 161
Du enttäuschst mich! – Vorwürfe verwerfen lernen 170

Die Angst und die anderen 174

Identifikation loslassen 178

Rollenspiele – spielend leben 184

Glaubenssätze in Gemeinschaft – glauben, was du willst 189

Die Bewertungsfalle und wie man ihr entkommt 194

Ein ungesunder Volkssport – die Lästerfalle 200

Die (Ab)rechnung bitte! 203

Tipps zum Wachsen in Gemeinschaft 206

Zusammen *sein* 233

Geleitwort
von Wolf Schneider

Benjamin und Raphael Krämer sind auf eine andere Art als die Generationen vor ihnen in den Strom eines neuen Denkens, Fühlens und Handelns eingetreten – einen Strom, der heute alle Welt bewegt. Für sie sind Ökologie und Spiritualität, Ost und West, radikal ehrliche Innenschau und zielgerichtete Veränderung der Außenwelt keine Gegensätze mehr. Sie wollen sich selbst entdecken und doch auch eine andere, bessere Welt für uns alle.

Was die Zerstörungskraft unseres aktuellen Wirtschaftssystems anbelangt, unter dem Mensch wie Natur leiden, haben die beiden Autoren – der Coach Benjamin Krämer und sein Bruder, der Arzt Raphael Krämer – keine blauäugigen Illusionen mehr. Aber sie konstatieren das ohne Selbstmitleid, mit Humor und Optimismus, denn sie sehen die Lücken und Chancen in diesem System, die Freiheiten, die es uns bietet. Ihr Credo: Wenn wir heute damit anfangen, die Veränderung zu sein, die wir in der Welt sehen wollen, dann wird das gelingen.

Dafür aber brauchen wir Mut. Den Mut, die eigene Komfortzone zu verlassen und aufzubrechen zu dem Leben, das wir wirklich leben wollen. Und zwar nicht erst dann, wenn uns irgendwann die Bedingungen dafür als günstig genug erscheinen, sondern jetzt.

Der Optimismus und die Chuzpe der beiden sind ansteckend. Ich habe das Buch mit großem Gewinn gelesen. Habe mich über die lustigen Geschichten darin gefreut, all die Weisheitsgeschichten und Erzählungen aus dem Alltag. Der Text sprüht vor witzigen Formulierungen, die Einsichten vermitteln und schmunzeln lassen.

»Über das Selbst hinaus« ist ein Buch von Lebenskünstlern für Lebenskünstler. Schon in unserem Innenleben sind wir nicht nur »wir selbst«, wie viel mehr in unserer Außenwelt! Wir sind mit unserer Mit- und Umwelt verbunden, mit Pflanzen, Tieren, Menschen, wir sind nicht allein. Das zu verstehen und sich einzugestehen ist ein Schlüssel zum Glück.

Wolf Schneider

Einleitung

*»Glücklich ist nicht, wer anderen so vorkommt,
sondern wer sich selbst dafür hält.«*
Lucius Annaeus Seneca

Wir möchten niemandem zu nahe treten, aber wenn es einen Gott gibt, dann hat er ziemlich viel schwarzen Humor bewiesen, als er uns Menschen erschuf. Der Motor im Menschen ist weltweit der gleiche, auch wenn die Sprache und vielleicht auch der genaue Wortlaut ein anderer sind: Jeder Mensch hat das gleiche Ziel – »glücklich sein«. Und obwohl wir alle das gleiche Ziel haben, scheinen wir uns gegenseitig nur allzu gerne von genau diesem gemeinsamen Ziel abzuhalten. Hört man genau hin, dann stellt man schnell fest, dass in 99,9 Prozent der Fälle andere Menschen für den eigenen Mangel am *Glücklichsein* verantwortlich gemacht werden.

Nach Beispielen muss man nicht lange suchen: Im einen Moment ist es der nervige Kollege, der wieder einmal Extraarbeit für mich bedeutet, und im anderen Augenblick ist es mein Partner, der treffsicher ein bis zwei Worte auf mich abfeuert, die mich entweder zur Weißglut bringen oder ins tiefste Tal der Trauer stürzen. Immer wieder sind es Konflikte die wir mit anderen haben bzw. welche die anderen vermeintlich in uns auslösen und die uns dann unserer Lebensfreude zu berauben scheinen.

Wenn du einmal an die letzten Situationen denkst, in denen es dir schlecht ging bzw. in denen du den Eindruck hattest, nicht genug Lebensfreude zu haben, wirst du möglicherweise feststellen, dass der vermeintliche Grund dafür in fast allen Fällen auch mit deinen Mitmenschen zu tun hatte.

Wenn man das erkannt hat, dann ist es doch verwunderlich, was wir in der Regel als Weg zum Glück ansehen. Häufig erliegen wir Menschen nämlich dem Irrglauben, dass wir nur dieses oder jenes erreichen müssten und dann würde endlich eben jenes nebulöse *Glücklichsein* beginnen. Sind wir daran ein paarmal gescheitert, und das ist bei einem Irrglauben, dem man aufsitzt, ja leider unvermeidlich, dann ist die vermeintliche Hilfe auch nicht fern.

Es gibt einen umfangreichen Lebenshilfe-Weltverbesserungs-Markt, der uns suggeriert, wir könnten uns das Glück mit ein paar Büchern oder Seminaren quasi kaufen. Es ist schon ziemlich irrwitzig, was wir Menschen so alles anstellen, um zufrieden und glücklich zu werden. Was haben wir nicht schon alles ausprobiert, von Esoterik-Workshops, in denen wir vor lauter Räucherstäbchenqualm eine Bindehautentzündung mit nach Hause gebracht haben, bis hin zu Du-schaffst-es-wenn-du-nur-wirklich-willst-Managementseminaren – und nichts hat uns das ersehnte *Glücklichsein*, die erhoffte Lebensfreude gebracht. Kaum ist der nervige Kollege von gegenüber wieder da oder hat der Partner wieder einen Frontalangriff auf unsere Emotionen gestartet, sind die hart erarbeitete Zufriedenheit und Freude schon wieder weg. Aus mit *Glücklichsein*! Wie ärgerlich!

Ärger und *Glücklichsein* nebeneinander funktionieren einfach nicht. Unserer Meinung nach fehlt bei der Überlegung, wie ich glücklich sein kann, oftmals ein wesentlicher Punkt: nämlich die Überlegung, wie ich mit mir *und* anderen glücklich sein kann. In der Ausklammerung dieses Punktes liegt in unseren Augen der Hund begraben und diesen wesentlichen Schritt, die eben genannte Überlagerung in unser Leben zu integrieren, werden wir in diesem Buch gemeinsam mit dir gehen.

Wir haben das Buch in drei große Abschnitte unterteilt:

Ich – meine (R)evolution des inneren Kindes

Mit mir, mit dem Ich, beginnt alle Veränderung und damit auch deine Reise zum Selbst und darüber hinaus. Du legst also quasi den Grundstein zum *Glücklichsein*. Hier erfährst du, wie du dir Ziele setzt und diese erreichst, was du von deinen Ängsten lernen kannst und wie du sie überwindest. Hier geht es um die Fragen nach den Dingen, die dich unterstützen, und denen, die dich eher hemmen. Wie kannst du die hilfreichen für dich nutzen und die nicht hilfreichen umgehen? Am Ende dieses Kapitels wirst du nicht nur die Unterscheidung zwischen hilfreich und hemmend treffen können, sondern auch das erlangte Wissen in deinen Alltag einfließen lassen. So bist du dann bestens gerüstet für Abschnitt zwei:

Ich und Du – Nächstenliebe und Lebensfreude

Der Kontakt mit einem Mitmenschen scheint manches Mal der Einnahme eines Medikaments zu gleichen: Im Idealfall geht es dir danach besser, doch es besteht immer das Risiko für Nebenwirkungen. Wie du dieses Risiko minimieren kannst, verrät dir allerdings nicht dein Arzt oder Apotheker, sondern der »Ich und Du«-Teil dieses Buches. Nächstenliebe und Lebensfreude stehen dabei im Fokus unserer Betrachtung, ganz praktisch, ohne Beipackzettel-Fachsprache. Hier hast du die Chance, wichtige Fragen für dich zu klären: Wo lauert Potenzial für Konflikte? Wie gehst du damit um? Was macht dich im Kontakt mit deinen Mitmenschen glücklich und zufrieden? Du wirst nachvollziehen können, dass wir alle die gleichen Grundbedürfnisse haben und wie wir durch unsere inneren Glaubenssätze beeinflusst werden. Außerdem beleuchtet dieser Abschnitt die zentralen und wichtigen Themen Partnerschaft und Familie. Am Ende wirst du dich und dein Gegenüber besser verstehen und damit bereit sein für das Finale, für Abschnitt drei:

Wir – über das Selbst hinaus

Gemeinsam wachsen, statt einsam zu sein und zu bleiben, darum geht es im Finale des Buches. Wie kannst du in Gemeinschaft wachsen? Wo kannst du deine Qualitäten, deine Stärken, Wünsche und Ideen zum gegenseitigen Nutzen einsetzen? Hier geht es um die Antworten auf diese und andere Fragen, die dich über dein Selbst hinaus zum *Glücklichsein* führen. Zwei zentrale Punkte sind hier die Themen: Konflikte und Wachstum in Gemeinschaft. Im ersten Teil erfährst du alles Wichtige über die häufigsten Konflikte, die im Umgang mit anderen Menschen auftreten – wie sie entstehen und wie man mit ihnen erfolgreich umgehen kann. Du wirst feststellen, dass Konflikte dir und deinen Mitmenschen eine echte Chance auf Entwicklung bieten.

Anschließend erfährst du einige Tipps zum Wachsen in Gemeinschaft – praktische Ideen und Lösungsansätze für dich und dein Verhalten in der Gemeinschaft.

Warum wir dieses Buch geschrieben haben

Seneca hat unserer Meinung nach übrigens vollkommen recht: Wenn du dich als glücklich erachtest, bist du es auch. Das ist des Pudels Kern! Weil der Weg zu diesem Augenblick für uns Menschen in der Regel jedoch ein längerer und sich schwer anfühlender Weg ist, haben wir dieses Buch geschrieben und würden uns freuen, wenn es dich auf deinem Weg zum *Glücklichsein* begleitet und unterstützt. Mit diesem Buch möchten wir dir einen Weg aufzeigen, der anders, leichter und fröhlicher ist, und so haben wir das Buch auch so geschrieben, wie uns der Schnabel gewachsen ist, denn auch und gerade wenn es um Lebensfreude und Selbstverwirklichung geht, sind Humor, Leichtigkeit und ein Augenzwinkern hier und da durchaus vergnüglich.

Wir erheben keinen Anspruch auf Vollständigkeit, Allwissenheit oder andere überzogene Größenfantasien. Dies ist kein »Buch der Bücher« und kein »allumfassender Almanach auf dem Weg zur Erleuchtung«, es ist vielmehr ein Buch, das dich auf deinem Weg ein Stück begleiten soll und dir dabei hilft, ihn so angenehm und leicht wie möglich zu gestalten. In diesem Sinne wünschen wir dir viel Freude beim Lesen und viel Erfolg auf deinem Weg zum *Glücklichsein*.

PS: Da wir das mit der *Gemeinschaft* und dem Wir nicht nur so schreiben, sondern auch leben, freuen wir uns über Rückmeldungen, Fragen, Anregungen und Ideen.

Ich – meine (R)evolution des inneren Kindes

»Denke lieber an das, was du hast, als an das, was dir fehlt!
Suche von den Dingen, die du hast, die besten aus
und bedenke dann, wie eifrig du nach ihnen gesucht
haben würdest, wenn du sie nicht hättest.«
Marcus Aurelius

Viel ist gesagt worden über das innere Kind, das von den meisten Menschen nach dem Aufwachen geknebelt und in den hintersten Schrank unserer fernsten Erinnerungen verbannt wird. Dort muss es dann ein Schattendasein fristen, bis wir es ab und zu hervorholen. Nicht jedoch, um es wieder in unser Leben zu holen, sondern um uns mit anderen darüber zu unterhalten, wie schön doch alles mit dem inneren Kind war, damals, als wir es noch zugelassen haben. Das äußert sich häufig in Sätzen wie »In der Schule habe ich noch viel unbeschwerter gelebt«, »Kinder haben es gut, sie müssen sich nicht so viele Gedanken machen und tun einfach, was sie wollen« oder »Kinder genießen immer jeden Augenblick«. Doch was genau ist das innere Kind überhaupt? Wofür ist es gut? Ist es überhaupt ein guter Ratgeber? Oder verbirgt sich dahinter lediglich ein Begriff aus der Psychotherapie, der bereits inhaltlich so sinnentleert und im übertragenen Sinne so abgewetzt ist wie Papas alte Lederjacke, die uns bei gemeinsamen Familienausflügen regelmäßig die Schamesröte ins Gesicht getrieben hat? Oder ist das innere Kind dieses stille Gefühl des Nicht-komplett-Seins, das leise in unserem Hinterkopf lamentiert, während wir im Funktionsmodus unseren Alltag abwickeln? Vielleicht aber auch der Teil in uns, der ganz genau weiß, dass Marcus Aurelius recht hatte, wenn er sagte, dass wir lieber auf die Habenseite schauen sollten, anstatt auf die roten Zahlen unseres Lebens zu starren?

Auf den Punkt gebracht und ohne lange zu überlegen: Das innere Kind steht für Begeisterung. Ein befreites inneres Kind bedeutet eine befreite Begeisterungsfähigkeit. Ob du begeisterungsfähig bist oder nicht, findest du am zuverlässigsten heraus, indem du ehrlich zu dir selbst bist und einmal darüber nachdenkst, für was im Leben du alle deine Ressourcen einsetzt. Oft halten wir uns für begeisterungsfähig, schreiben es in unseren Lebenslauf und glauben es dann auch nur allzu gerne, schließlich steht es dort, auf einem offiziellen Dokument. Doch wenn du ein bisschen tiefer schaust, fällt dir vielleicht doch auf, dass das viel zu oft nicht mehr der Fall ist. Dazu ein Beispiel, um dir meinen (Benjamin) ersten Augenblick einer solchen Realisierung zu schildern, der mich schnell dazu gebracht hat, mich wieder um meine Begeisterungsfähigkeit zu kümmern. Im Zuge einer wissenschaftlichen Mitarbeit an meiner Hochschule habe ich vor einigen Jahren ein interessantes Gespräch mit einem Kollegen geführt. Das Ergebnis: ein wahrer Augenöffner, der uns den vielleicht wertvollsten Hinweis darauf liefern kann, was dieses vielbeschworene innere Kind denn nun tatsächlich ausmacht.

Bei dem Kollegen handelte es sich um einen etwa vierzigjährigen Kameramann, dem das Leben einige Steine in den Weg gelegt hatte. Wir reden hier nicht von Kieselsteinen, die uns beim jährlichen Strandurlaub einen halblauten Fluch von den Lippen locken, sondern von echten Hinkelsteinen, solchen, die nicht einmal Obelix ohne eine Überdosis Zaubertrank wuchten könnte. Der größte oder – richtig gesagt – der existenziell gravierendste wurde ihm in den Weg gelegt, als er gerade im Zenit seiner Karriere als leitender Kameramann für einen von Deutschlands größten Autobauern Werbefilme drehte: Diagnose Hirntumor. Ergebnis: Ende der Karriere, Rückzug an die Hochschule, wo er sein Können seither dafür einsetzt, eifrigen Erstsemestern zu erklären, wie sie einen Monitor an- und ausschalten. Während einer Hochschulveranstaltung, die wir gemeinsam betreuten, sahen wir einigen Studenten dabei zu, wie sie sich gegenseitig beeindruckende Münztricks vorführten. Ich ließ mich dann zu der Feststellung hinreißen, dass das ja klasse sei, aber ich keine Lust hätte, mir so etwas in meiner Freizeit selbst beizubringen. Die Antwort meines Kollegen war ein so sicherer Hinweis darauf, was uns mit dem kollektiven Wegsperren unseres inneren Kindes verloren geht, dass mich die Erkenntnis einige Augenblicke staunend zurückließ: »Daran merkst du, dass du nun erwachsen bist. Denn adult sind wir meiner Erfahrung nach dann, wenn wir tolle Dinge und Fähigkeiten um uns herum spannend finden, aber nicht mehr diese kitzelnde Begeisterung dafür aufbringen können, die uns früher dazu gebracht hat, etwas ganz genau zu erlernen. Oder uns weit genug in etwas hineinzusteigern, dass wir es selbst beherrschen oder meistern können.«

Das mag erst einmal banal klingen, doch hat es mich mehr schockiert als vieles anderes in den letzten Jahren. »Warum?«, fragst du vielleicht.

Begeisterung ist der Treibstoff deines Lebens

Echte Begeisterung, die uns scheinbar immer mehr verloren geht, ist der Treibstoff der Kreativität, der Fähigkeit, Neues zu erschaffen, etwas Großartiges zu leisten und unserer Welt etwas wirklich Wertvolles hinzuzufügen. In allem das Wunder und die elektrisierende Fülle des Lebens zu sehen. Echter Enthusiasmus eben, ein Begriff übrigens, der nicht umsonst aus dem Altgriechischen entlehnt ist und so viel wie »Gottesbegeisterung« bedeutet. Beweise dafür, dass diese echte Begeisterung Dinge von höchster Qualität hervorbringt, finden wir überall um uns herum, wenn wir nur aufmerksam darauf achten. Köche sind ein gutes Beispiel: Nicht nur Lafer und Lichter kochen besonders lecker, sondern sicher jeder andere Koch auch, der seinen Beruf als Berufung sieht und nicht als Job, um seine Rechnungen zu bezahlen. Es gibt einen ausgezeichneten Koch in unserem Bekanntenkreis, der einmal im Jahr zu sich nach Hause einlädt und seine Freunde bekocht. Die Speisen, die er auftischt, lassen die Verdauungssäfte schon Wochen im Voraus in freudiger Erwartung jubeln; doch das ist es gar nicht, was uns wirklich staunen lässt. Es ist die *Begeisterung*, mit der er von den verschiedenen Zutaten erzählt, das Leuchten in seinen Augen, wenn er beschreibt, wie diese *eine* besondere Art der Zubereitung einer Sauce béarnaise erst die volle Entfaltung ihres Geschmackspotenzials ermöglicht. Es ist diese ansteckende Begeisterung, die seinen ganzen Körper erfüllt und ihn dazu befähigt, kulinarische Glanzleistungen zu vollbringen, die jeden Gast ins Schwärmen geraten lassen. Gleiches passiert bei Spitzensportlern: Sie können sich jeden Tag, und zwar ihr Leben lang, für ihren Sport begeistern, während die Aufmerksamkeit anderer schon längst abgeschweift ist. Sie erfreuen sich an dieser einen Tätigkeit, die für sie ihr Leben darstellt, und saugen alles auf, was es zu lernen gibt, um noch besser zu werden, um noch mehr in ihrer Berufung aufzugehen. Das ist es, was die herausragenden Köche unserer Welt von den mittelmäßigen trennt. Das ist es, was Profis von Amateuren unterscheidet, und das ist es auch, was Kinder von vielen Erwachsenen unterscheidet und glückliche von unglücklichen Menschen. Sie können sich begeistern, und zwar für alles, was ihre Gefühle anspricht, die wir längst darauf trainiert haben, gefälligst ruhig zu bleiben, während wir mit den Scheuklappen der Vernunft effizient-analytisch durch den Alltag eilen. Dabei können uns Vernunft und weltliche

»Weisheit« nicht der Freude am Dasein näher bringen, die im Endeffekt das Einzige ist, woauf es ankommt. Diese Freude lebt von der unmittelbaren Erfahrung, von echtem Enthusiasmus, den jeder von uns aus seiner Kindheit kennt und nicht aus antrainierten Denkmustern. Darum heißt es auch: »Die Weisheit der Welt ist Torheit bei Gott.« Wenn du schon einmal im Urlaub warst und dich gefreut hast, aber das schöne Meer, ein besonders beeindruckendes Haus oder ein schöner Ausblick dich zwar in Gedanken erfreut, aber in deinem Herzen nicht mehr diese pure, gedankenfreie Faszination ausgelöst hat, dann weißt du genau, was damit gemeint ist. Dabei liefern uns nicht nur spirituelle Schriften, sondern auch die Hirnforschung konkrete Hinweise darauf, dass die Fähigkeit, sich zu begeistern, der Schlüssel zu Spitzenleistungen und vor allem zu einem glücklichen Leben ist. Denn nur sie aktiviert unser Gehirn so, dass nachhaltige neue Verknüpfungen entstehen können, die uns spielend einfach lernen lassen.

Wenn du jetzt einen Zettel zur Hand nehmen würdest und die fünf Dinge aufschreiben solltest, die dir aus deiner Schulzeit, deiner Ausbildung oder deinem Studium am meisten im Gedächtnis geblieben sind, welche würden das sein? Wir schätzen, diese eine besondere Party, der Tag, an dem du deine erste Liebe kennengelernt hast, eine gelungene Theatervorführung, etwas Verbotenes, das du mit deinen engsten Freunden getan hast, vielleicht sogar einen Streit oder eine Handgreiflichkeit, die dir unter die Haut gegangen sind.

Ganz sicher aber wird sich in dieser Liste kein Ergebnis der jahrelangen Schuldressur finden; Details der verhassten Algebra, das auswendig gelernte Lehrbuch aus dem Biounterricht, von dem du nicht einmal mehr die Autoren kennst, oder die langen Buchbesprechungen aus dem Deutschunterricht. Warum? Weil es dich eben nicht begeistert hat, keine Emotionen wecken konnte und das Schulsystem, deine berufliche Situation oder deine allgemeinen Lebensumstände bereits versucht haben, dir beides auszutreiben. Gar nicht so einfach, sich unter solchen Umständen das innere Kind zu bewahren, das die Welt mit Begeisterung und guter Laune durchschreitet, oder?

Ermutige dich mit einem unbeschwerten Lächeln dazu, es wiederzufinden und dir echte Lebensfreude beizubringen. Lass es einfach zu.

Mitgemacht! Begeisterung für deinen Alltag in drei Schritten:

1. Notiere dir auf einem Blatt Papier, was dir in deinem Leben bisher Kraft und Antrieb gegeben hat. Versetze dich in die Situationen und Dinge hinein, die dir in den Sinn kommen, und erlebe sie mit geschlossenen Augen nach. Erfühle sie.

2. Was genau hat dir in diesen Situationen die Kraft gegeben? Welche Details waren dafür verantwortlich? Was hat dich daran begeistert und dir Energie gegeben? Dein Empfinden ist hier wichtiger als die Situation selbst.

3. Merke dir das, was du aufgeschrieben hast, und schließe die Augen. Gehe zurück in die entsprechenden Situationen und visualisiere einmal die Dinge und Details daran, die dir Kraft und Begeisterung gegeben haben. Spüre es nach, als würdest du es noch einmal erleben, und schreibe im Anschluss auf, wo du diese Dinge und Situationen jetzt und heute erneut ins Leben bringen kannst.

Du wirst merken, dass das gar nicht so schwierig ist, da du es schon einmal kanntest und konntest, schließlich warst du selbst mal ein Kind. Und abgesehen davon gilt: Die wichtigsten Dinge im Leben sind nicht schwer zu erreichen, sondern im Grunde ganz besonders leicht. Denn wenn sich etwas besonders schwer anfühlt, deutet das häufig darauf hin, dass es nicht wirklich zu dir gehört, sondern zu unserer Leistungsgesellschaft oder anderen vermeintlichen Zwängen. Das hängt mit der Nutzung deiner Ressourcen zusammen, also deiner Talente, deiner Zeit, deinem Umfeld oder deinen materiellen Mitteln. Es geht nicht darum, zum Workaholic zu werden, wie es uns oft von der Gesellschaft vorgegeben wird. Es geht nicht um Durchhalteparolen à la »Je höher der Berg, desto schöner die Aussicht« oder »Durchbeißen, dann wird es besser«. Sie sind nicht der Heilige Gral eines erfolgreichen Lebens. Nach Dingen zu suchen, die dich begeistern, und sie mit all deinen Ressourcen zu verfolgen, das ist wahrer Erfolg, da dein Handeln eine neue Qualität bekommt. Wenn du jemals etwas um der Sache willen getan hast, dabei die Zeit vergessen und einfach nur das genossen hast, was du gerade getan hast, weißt du, wovon wir sprechen. Du hast deinem Leben damit eine höhere Qualität gegeben und damit den Weg zu echter Lebensfreude geebnet. Genau diese Erfahrungen kannst du jetzt wieder in dein Leben holen und mithilfe der Übungen wieder zu einem festen Bestandteil davon machen, denn darum geht es in diesem Buch.

Mit dem inneren Kind ins Erwachsensein

Dieser erste Abschnitt des Buches soll dich mit deinem inneren Kind in Kontakt bringen, das Einmaleins der unbeschwerten Selbstliebe in deinem Kopf verankern, bis du voller Überzeugung in biblischer Manier sagen kannst: Ich sehe, dass es gut ist, und meine Begeisterung wird mich tragen. Wenn wir das geschafft haben, können wir den nächsten Schritt gehen und den Blick für die starken Vorteile menschlicher Gemeinschaft öffnen und dafür, wie wir durch sie über uns hinauswachsen.

Du darfst dich aufwecken und dafür sorgen, dass du mit dir selbst glücklich bist. Denn wenn wir ehrlich sind, mögen wir Leute, die andauernd mit sich selbst hadern und unterschwellig schlechte Stimmung verbreiten, ja auch gar nicht so gerne um uns haben wie lebensfrohe, mit sich selbst zufriedene Zeitgenossen, oder? Und jeder mag prinzipiell erst einmal Kinder, abgesehen von wenigen Ausnahmen. Es lohnt sich also, nach diesen Dingen zu forschen und zu schauen, was davon zu dir passt.

Im Anschluss wollen wir mit dir gemeinsam aber auch erkunden, warum das nur der erste Schritt ist und es wichtig ist, das innere Kind zu respektieren und bei sich zu behalten, aber auch ins Erwachsensein zu überführen. Denn bei aller Begeisterung für die Begeisterung wäre es doch schade, wenn wir uns in einem Anflug kindlicher Impulsivität einen Lolli in den Mund stecken, nicht mehr zur Arbeit gehen und stattdessen Fiderallala auf dem Marktplatz singen.

Das nennt sich dann nämlich nicht mehr »inneres Kind«, sondern »Patient«. Es gilt also, eine angebrachte Übersetzung zu finden, wenn wir die Regungen und Weisheiten des Kindes in uns wahrnehmen und ins Leben bringen möchten. Die Grundlagen für echte Begeisterung, die wir als Kind schon kannten und als Erwachsener häufig nur noch durch den dichten Nebel der Erinnerung betrachten, werden im alltäglichen Tun und Handeln von uns selbst gelegt.

Kurz gesagt:

➤ Dein inneres Kind kann dir wichtige Hinweise auf eine gesunde Lebensführung liefern.

➤ Begeisterung ist deine Triebfeder effektiven, glücklichen Handelns und Lebens.

➤ Höre auf dein inneres Kind, um Begeisterung zu finden, aber mit dem Ohr eines Erwachsenen.

Effektives, freudvolles Handeln

»Mein Freund ist so ein richtiger Macher, echt beneidenswert. Was der anpackt, setzt er sofort um!«

So oder so ähnlich lobst du gerne die besonders emsigen Mitmenschen in deinem Umfeld? Sie haben eine »Hands-on-Mentalität«, »krempeln gerne die Ärmel hoch« und sind echte »Macher«?

Da können wir Normalsterbliche nur neidisch daneben stehen, während die »Macher« um uns herum ihre Träume schneller verwirklichen, als als ein Rudel Bonobos Stressabbau rufen kann. Oder ähneln sie vielleicht doch eher Windhunden auf einer Rennbahn, die vollkommen besessen einem Dummy hinterherhetzen, ohne ihn jemals zu erreichen?

Wir wollen an dieser Stelle nicht die umfangreichen Nachteile unserer Leistungsgesellschaft monieren, sondern nur knapp hier die Auswüchse skizzieren. So echauffieren sich inzwischen gerade die Jüngeren in der Leistungsgesellschaft am liebsten über die Leistungsgesellschaft, bevor nach Feierabend mit dem eigenen Stresspegel geprahlt wird.

Besonders »verrückt« geht es übrigens im Vertrieb zu – zum Beispiel in der Pharmabranche, die wir hier aber nur wegen persönlicher Erfahrungen exemplarisch anführen: Da wird bei einer großen Vertriebs- und Managementschulung lautstark der Motor eines Ferraris hochgetrieben, und zwar hinter einer großen Papierwand auf der Bühne. Der »Motivationstrainer« klatscht wie besessen in die Hände und stachelt seine Vertriebskönige der Zukunft im Takt der wummernden Motorengeräusche zur Verkaufsekstase. Und zwar so sehr, dass diese ihre vollgeschriebenen Notizzettel liegen lassen, um in einen lautstarken Jubelgeschrei auszubrechen, wenn der Wagen schließlich mit lautem Krach durch die Papierwand donnert.

»Wenn Sie im Verkaufsgespräch sind, dann zählt nur eines: Die Luft muss brennen!«, lautet da die zeitgemäße Weisheit des *Sales-Professionals,* der begeistert seinen Veitstanz fortsetzt – untermalt vom Flackern der Ferrari-Scheinwerfer und hustenden Nebelmaschinen, die für die entsprechende Epik der Show sorgen, die eine solche Weisheit verdient hat.

»Früh aufstehen und *machen*« heißt die Devise. Ein besseres Zeitmanagement erlernen, dann kann man nämlich mehr *machen, machen, machen.* Doch das ist noch nicht alles; man kann auch sehr viel Geld verdienen. Ausgeben ist wiederum eine ganz andere Geschichte, denn die Zeit, in der man das Geld ausgeben könnte, kann man ja auch dafür nutzen, noch mehr zu *machen.* Am besten mehr Geld. Damit es einem *später* eben besser geht, ist doch klar. Dieses *Später* allerdings ist häufig von Burn-out und Lebenskrisen geprägt, die dann das ganze Geld verschlingen, und nicht vom ruhigen Lebensabend am Meer. Geld bleibt nämlich gerne im System. Dann werden einige vielleicht Patienten von Raphael bzw. von seinen Kollegen. Andere wiederum fangen an, im Workshop zu trommeln, um anschließend als Heiler zu arbeiten, geleitet von dem Glauben, dass sie allein durch das Trommeln zur Selbsterkenntnis gefunden haben: *Machen* bedeutet aber nicht gleich *tun*. Darum möchten wir in diesem Kapitel mit dir zusammen nach der Beschaffenheit begeisterten Handelns, echten Tuns schauen, um ein Werkzeug zu finden, das zuverlässig Begeisterung in unser Leben zurückbringen kann.

Handle stets mit Begeisterung

Der Unterschied zwischen *Machen* und *Tun* liegt in der Art des Ziels und der Qualität der Handlung selbst. Solange unser Ziel, unsere Blaupause vom Leben, nur im Kopf seinen Anfang und seine Ausgestaltung nahm und nicht im Herzen, können wir tun, was wir wollen; wir werden unausweichlich zu einem jener Windhunde, die auf der Rennbahn einem Dummy hinterherhetzen.

Nach jedem Rennen werden wir vielleicht gestreichelt und gefüttert, weil wir einen Platz auf dem Treppchen ergattern konnten und irgendjemand anderen sehr reich gemacht haben. Gerade genügend Belohnung eben, um – im übertragenen Sinne – morgen wieder auf der Rennbahn anzutreten.

Für viele Menschen sieht die tägliche Morgenroutine in etwa so aus: von einem Wecker aus dem Schlaf gerissen werden, sich schnell etwas anziehen, eilig aufs Klo hocken und drücken bis irgendwo im Auge eine Ader platzt, nur damit man noch genug Zeit hat sich zwangszuernähren oder eine Scheibe Brot mitzunehmen, die man sich auf der Fahrt zur Arbeit reinwürgt, mit dem Auto oder mit der U-Bahn durch den hektischen Verkehr zur Arbeitsstelle kämpfen und dann aber auch ja dem Herrgott danken, dass man die Chance erhalten hat, auf diese Weise für jemand anderen acht Stunden am Tag Geld zu verdienen.

Wahrscheinlich applaudierst du bei diesen Zeilen innerlich, so direkt und schonungslos sie auch sein mögen. Wenn du genau das tust, weißt du auch, was gemeint ist, wenn wir vom dressierten Macher sprechen, denn damit meinen wir nicht nur den Vertriebsmitarbeiter, sondern jeden, der unzufrieden mit seinem (Arbeits)leben ist, aber trotzdem immer am (Weiter)*machen* ist. Das liegt daran, dass dieses *Machen* vom Denken herkommt. Es handelt sich um eine erdachte Idee von Erfolg, dem, was »eben zu tun ist«, dem Gedanken an Leistung und Produktivität. Dabei wird keiner dieser Gedanken in dir Begeisterung auslösen, während du ihn jetzt und hier liest, weil sie eben nicht zu dir gehören.

Wenn wir aber etwas *tun* wollen, unserem Leben etwas Dauerhaftes, Glücklich-Machendes hinzufügen möchten, müssen die Ideen, die aus dem Herzen kommen, gehört werden und nicht die aus dem Kopf. Denn die einzigen Blaupausen des Lebens, die ein stabiles Haus hervorbringen, in dem es sich zu leben lohnt, werden von unserem Herzen gezeichnet. Der Kopf ist dabei natürlich ein hilfreiches Instrument, aber nicht die wirkliche Triebfeder. Zumindest sollte er es nicht sein. Wie könnte dir eine Gesellschaft oder eine konstruierte Idee auch vorschreiben, was du am besten mit deinem Leben anzufangen hast? Es ist doch deines und nicht das der anonymen Masse, die da in glitzernden Magazinen vom richtigen, erfolgreichen Leben fantasiert. Woher weißt du, was du tun kannst, anstatt bloß etwas zu machen?

Wir wollen dich an dieser Stelle erneut zu einer kleinen, aber wichtigen Übung einladen, die auf der ersten Übung zum Thema Begeisterung aufbaut: Wir stellen dir jetzt die »Paradiesfrage«, denn sie ist unserer Erfahrung nach eine Art Fenster zu unserer Blaupause des Herzens und enthält glücklicherweise keinerlei verbotenen Früchte. Mit ihrer Hilfe lässt sich zuverlässig herausfinden, was wir tun können, weil wir es tun möchten.

> **Mitgemacht!**
> **Die Paradiesfrage**
>
> 1. Suche dir einen ruhigen Platz, stell dein Handy und mögliche andere Störquellen ab (z. B. Ehemann/Ehefrau …). Lege dir außerdem Zettel und Stift griffbereit.
>
> 2. Setze dich auf einen bequemen Stuhl oder auf den Boden. Wichtig ist, dass deine Wirbelsäule aufgerichtet ist, damit dein Atem frei in den Bauch fließen kann. Getreu dem Motto: Lieber wie ein stolzer Affe, als ein deprimierter Pelikan. Halte deinen Kopf aufrecht, so als wolltest du geradeaus schauen.
>
> 3. Schließe deine Augen und lenke deine Aufmerksamkeit nach innen. Nimm einige tiefe Atemzüge, indem du ganz voll und tief in deinen Bauch ein- und ausatmest. Mit jedem Ausatmen sage dir innerlich: »Ich lasse los« – alle Gedanken, alle Geschichten, alles, was nicht zu dir gehört. Wiederhole die Übung so lange, bis du dich ruhig und entspannt fühlst.
>
> 4. Jetzt stelle dir die eigentliche Paradiesfrage: *Wenn alles möglich wäre und ich wüsste, dass ich nicht scheitern kann, wie sähe mein Leben dann aus?* Stelle dir dieses Leben in allen Bereichen vor: dein persönliches Leben, deine Beziehung, dein Beruf, deine Familie, deine Freundschaften. Wo und wie würdest du wohnen?

Mal dir dein Leben so perfekt und rosig aus wie möglich. Und denke immer daran: Alles ist möglich, und du weißt, du kannst nicht scheitern. Nimm dir die Zeit, dein Leben in Gedanken so konkret und vielfältig wie nur möglich auszugestalten. Bemühe dich, alle Bereiche deines Lebens zu beleuchten.

5. Wenn du das perfekte Szenario deines Lebens erschaffen hast, dann nimm Zettel und Stift und schreibe es auf.

6. Lies das Geschriebene nun noch einmal durch, ergänze, was noch fehlt, und dann schau auf dein Leben, wie es *jetzt gerade* im gelebten Leben aussieht. Stelle dir die abschließende Frage: »Von 100 Prozent, wie weit lebe ich im Moment meinen Traum?«

Möglicherweise hast du während der Übung schon gespürt, wie Begeisterung in dir aufsteigt, weil du deinen Geist darauf ausgerichtet hast. Das ist ein großer Erfolg, denn der erste Schritt ist immer das Erfühlen dieses Gefühls, das Kraft und Energie gibt, im Gegensatz zum intellektualisierten Nachdenken darüber.

Wo stehst du jetzt?

Jetzt, wo du weißt, wo du hinmöchtest, schauen wir, wo du jetzt, in diesem Moment, wirklich stehst. Wenn du eine Prozentzahl nennen müsstest, die ausdrückt, wie weit du von deinem persönlichen Paradies entfernt bist, wie hoch wäre sie? Schreibe es auf! Frage dich außerdem, welche Ansprüche deine Umwelt an dich hat, die dir Stress bereiten. Dabei handelt es sich nämlich oft um die Dinge, die du nicht leisten kannst und/oder willst, weil sie nicht zu dir gehören. Welche Konflikte trägst du alltäglich mit dir selbst und mit anderen aus? Sind es immer dieselben Kleinkriege in deinem Freundeskreis, deinem Sportverein oder deiner Familie? Welche Hürden siehst du auf dem Weg zu deinem persönlichen Paradies? Die Diskrepanz zu den angesprochenen 100 Prozent ist es, an der wir mit dir arbeiten werden. Es geht quasi um dein Ziel oder, besser, deine Ziele. Ein Ziel zu haben ist auf einer praktischen Ebene nämlich schön und wichtig, auch wenn es das Faulenzen am Strand ist, das Einschalten eines Radios oder der tägliche Pflichtgang mit dem Hund. Vielleicht möchtest du aber auch deine Lebenssituation, deine Gesundheit, dein soziales Leben oder deine Partnerschaft verbessern? Das sind alles praktische Ziele, die darauf ausgerichtet sind, dein Leben zu verbessern oder dich zumindest dahin zu bringen, wo du denkst, dass es besser sein könnte. Das ist gut und wichtig, denn wenn Punkt A, an dem du stehst, sich schlecht anfühlt, ist Punkt B prinzipiell erst einmal die bessere Wahl.

Aber beachte: Die Qualität des Weges, den du von A zu B, deinem persönlichen Paradies, zurücklegen musst, beeinflusst die Qualität deines Lebens weitaus mehr als das Erreichen des eigentlichen Ziels. Der Weg bleibt also bekanntermaßen das Ziel. Das können wir auf der Ebene des (gesunden Menschen)-verstandes erklären und auch auf einer spirituellen.

Der Verstand würde sagen: Natürlich ist der Weg das Ziel, schließlich verbringe ich damit meine Lebenszeit, ohne zu wissen, ob ich meine Ziele erreichen werde.

Ich kann morgen an einem Autounfall sterben und würde mich im Himmel mächtig ärgern, weil ich meine Zeit gestresst und freudlos damit verbracht habe, meinem Ziel nachzueifern, das ich doch gar nicht erreichen konnte/wollte. Eben wie einer jener Windhunde auf der besagten Rennbahn, die dort dem Dummy hinterherhetzen, ohne dass sie ihn jemals erreichen. Immer nur das Resultat im Kopf und nicht den Moment. Hätte ich den auch genossen, hätte meine wenige Lebenszeit viel schöner ausgesehen. Um bei dem Hund zu bleiben, könnte man auch sagen: Wenn du wüsstest, für den Hund ist es die Erfüllung schlechthin, diesem Dummy hinterherzuhetzen, und ihn zu bekommen wäre zweitrangig, wie würde das deine Geschichte vom hetzenden Hund ändern? Du würdest wahrscheinlich sagen: »Der Hund hat es gut, er bekommt dauernd, was er will, nämlich laufen, laufen, laufen«, anstatt: »Das arme Tier wird total ausgenutzt und bekommt doch nicht das, was es sich so sehnlich wünscht.«

Noch weitaus erleuchtender wird allerdings die spirituelle Dimension dieser Erkenntnis. Die lässt sich gut an einem anschaulichen Beispiel. erklären. Es ist ein guter Wegweiser dafür, was man über sich, seine Ziele und sein Leben wissen sollte. Dieses Beispiel beinhaltet die bekannte Aussage, mit dem Strom zu schwimmen, womit wir nicht die anders gelagerte Weisheit zerstören möchten, dass es manchmal gut ist, gegen den Strom zu schwimmen. Letzere bezieht sich darauf, einen Modetrend nicht mitzumachen oder eine andere Ansicht zu haben als andere, und sie behält natürlich nach wie vor ihre Gültigkeit. Unser Beispiel bezieht sich auf etwas, das in deinem Inneren stattfindet.

Mit dem Leben im Fluss bleiben

Wenn das Leben ein Fluss ist, bist du ein Schwimmer, der eine Weile lang einen Staffelstab tragen darf. Die Strecke ist begrenzt durch deine Lebenszeit, also quasi deine »Puste«. Betrachten wir eines deiner Ziele im Leben als »Ich möchte es um die nächste Biegung des Flusses schaffen«, ist das ein klares Ziel, das du in Gedanken ausmachen kannst. Es ist motivierend. Woraus besteht das Ziel rein praktisch? Aus den Schwimmzügen, die du benötigst, um dorthin zu gelangen. Die Art und Weise, wie du schwimmst, bestimmt die Qualität der Strecke, die du zurücklegst, und wie beschwerlich sie wird. Wenn du schwer für dein Ziel ackerst, bis der Stress dich kurz vor den Burn-out treibt, und du denkst, dass du nur genug malochen musst, um es zu erreichen, um dann endlich ein schönes Leben führen zu können, schwimmst du nicht mit dem Strom. Dann kämpfst du gegen die Strömung an und schwimmst in die falsche Richtung. Das Leben wird dir mit Stress, also erhöhter Anstrengung, begegnen. Warum? Weil du höchstwahrscheinlich nur mit dem Kopf ein Ziel ausgewählt hast, das flussaufwärts – also entgegen der eigentlichen Strömung deines Lebens – liegt, und du denkst, dass es Anstrengung benötigt, um dein Ziel zu erreichen.

Das Leben gibt dir immer die Wahl, mit oder gegen den Strom zu schwimmen. Es begegnet dir mit den Dingen, denen du dich zuwendest. Sind es Negativität, der Glaube an harte Arbeit und unbändigen Fleiß, Durchhaltevermögen und Ehrgeiz, wird es dir seine ermüdende Strömung zeigen, die dir genau das liefert, was du erwartest: Erfahrungen, die deinen Glauben und deine Erwartungen bestätigen. Ganz abgesehen davon, wirst du damit auch schnell zu einer Belastung für deine Mitmenschen. Denn wahrscheinlich wirst du unter Stress und mit der Einstellung, dass das Leben anstrengend ist, kein besonders angenehmer Zeitgenosse sein. Vielleicht reagierst du dann zunehmend gereizt, hörst nicht mehr richtig zu, schenkst deinen Lieben nicht mehr genügend Aufmerksamkeit und verlierst den Blick für das Schöne des Augenblicks, weil du so viel machen und an so viel denken musst.

Und mal ehrlich: Welches Team möchte schon einen Mitschwimmer, der auf dem Weg zur nächsten Staffelübergabe in die falsche Richtung schwimmt? Wir kennen aus unserer Arbeit einige Unternehmer, die gegen den Strom schwimmen. Ihr Ziel ist es, »noch ein paar Jahre zu schuften und dann mit viel Geld und Freiheit in den Ruhestand zu gehen«. Vielleicht arbeiten sie dafür während ihrer Berufslaufbahn auch statt acht Stunden zwölf Stunden am Tag und dürfen sich dazu noch Chef nennen.

Zwölf Stunden Arbeit am Tag, die verhasst sind wie beim Teufel das Weihwasser, schlaflose Nächte aufgrund der neuesten Bilanzzahlen und der Planung des Familienwochenendes, für das man eigentlich gar keine Zeit hat. Alles für ein Ziel in der Zukunft, wo alles anders sein soll. Das bedeutet, sich zu einem Ziel zu treiben, gegen den Strom zu schwimmen und dadurch auf der Stelle zu verharren, anstatt jeden Moment des Tuns auf dem Weg zum Ziel zu genießen, wie einen schönen Mosaikstein, der für sich genommen schon schön anzusehen ist und nicht nur dann, wenn er das »große Ganze« vervollständigt hat. Dann nämlich schwimmst du mit der Strömung des Lebens und lässt dich von ihr unterstützen.

Dann wirst du schneller an deine Ziele gelangen und hinter der Biegung bemerken, dass es nicht um die Biegung ging, sondern um den Weg dorthin, der einfach, angenehm und bereichernd war, auf dem du Muskeln aufgebaut und die Hilfe deiner Umwelt erfahren hast. Darin zeigt sich nämlich die Unterstützung des Lebens, mit dem du nun im Einklang bist. Es ergeben sich nützliche Zufälle, das Schicksal scheint dir plötzlich gewogen zu sein, Risiken zahlen sich aus, und Wünsche gehen in Erfüllung. Du hast Zeit, die Schönheit des Lebens am Uferrand zu bestaunen, während der Fluss dich weiterträgt. Verharre im Kopf nicht bei jenem Punkt B, den du dir als Ziel auserkoren hast. Behalte ihn gelassen im Auge, aber als zukünftige Möglichkeit, nicht als bedrohliches Damoklesschwert über deiner Gegenwart, das dir verdeutlicht, was dir noch fehlt. Gehe ganz in dem auf, was du dafür tust, um des Tuns willen, und das Ergebnis, Sekunde für Sekunde, Tag für Tag, wird sich letztlich in einer höheren Qualität widerspiegeln.

Warum lohnt es sich nicht, in Gedanken in der Zukunft zu sein, bei dem, was du in der Gegenwart tust? Weil die Zukunft nicht existiert, außer in deinem Kopf, und das Leben interessiert sich nicht dafür, was du dir in deinem Kopf ausmalst. Es ordnet sich auch nicht auf magische Weise um deine Wünsche und Visionen. Es zeigt sich nur im gegenwärtigen Augenblick, in dem du immer die Wahl hast, ob du dich synchron zu ihm verhältst, also ihn willkommen heißt und mit einem Lächeln auf den Lippen, ganz auf dein jetziges Tun konzentriert zu Werke gehst, oder ihn verschläfst, indem du dich in deinen Fantasien verlierst. Das Leben findet draußen statt und nicht in deinem Kopf. Das ist vergleichbar mit Teenagern, die pausenlos auf ihre Smartphones starren, anstatt sich umzuschauen. Über sie wird gerne geschimpft, dabei tun die meisten Menschen nichts anderes, nur dass sie statt auf ein Smartphone, auf ihre Gedanken und inneren Bilder von der Zukunft starren und dabei vieles von dem übersehen, was tatsächlich stattfindet.

Je weiter du liest, desto mehr wirst du erkennen, dass jedes Kapitel, jeder Tipp, jeder Hinweis, ja jede Seite eine Hilfestellung ist, genau diese einfache Einsicht in dein Leben zu bringen. Sie entscheidet, ob du mit dem Strom schwimmst und erfolgreich, also lebensfroh lebst oder gegen ihn, voller Widerstand und Stress, den du dir immer nur selbst zufügen kannst. Also: Mach dich erst mal locker! Nimm nicht alles so bierernst, niemand hat den Ernst zur Tagesordnung ausgerufen.

Kurz gesagt:

➤ Mache dir klar, was du dir vom Leben wünschst, und befreie dich von den Ideen und Konzepten anderer und deiner Umwelt.

➤ Schwimme mit dem Strom des Lebens, lehne dich nicht gegen das auf, was geschieht, sondern integriere es in deinen Lebensweg.

➤ Tue Dinge, die dir Freude machen und das Potenzial haben, dich zu begeistern. Nimm das Leben nicht zu ernst, dann wird dir dieser Schritt immer leichter fallen.

Selbstliebe und die Liebe zum eigenen Leben

Zur Tagesordnung ausgerufen wurde allerdings schon häufiger die Selbstliebe. Sie scheint der Heilige Gral des sich vervollkommnenden Menschen zu sein. Einmal aus ihm getrunken, überkommt dich das Paradies wie ein warmer Frühlingsschauer und spült dich fort in den Himmel der Selbsterkenntnis. Du trinkst nur noch vom Nektar der Götter und erkennst, dass es nur dich selbst und deinen liebenden Blick nach innen braucht, um endlich Erfüllung zu finden.

Wie schon erwähnt, halten wir die Selbstliebe tatsächlich für einen integralen Bestandteil eines jeden Pfads zum persönlichen Lebensglück. Es ist der *erste* Schritt auf dem Weg zu einem erfüllten Leben und damit vielleicht der wichtigste – aber nur, weil selbst ein Marsch von eintausend Schritten stets mit dem ersten beginnt. Genau genommen sind es *drei* Schritte, die du tun kannst, um dich selbst und dein Leben lieben zu lernen, bevor du dich in Abschnitt zwei mit dem restlichen Weg befasst: Fragen, Planen, Tun. Ja genau, mehr ist nicht zu tun, um deine Ziele zu erreichen. Falls du dich wunderst, warum wir im Zusammenhang mit dem Thema Ziele etwas von Selbstliebe schreiben: Selbstliebe ist so etwas wie das innere Ziel eines jeden Menschen. Paradoxerweise ist es eng gekoppelt an die Erfüllung deiner äußeren Ziele, zum Beispiel ein bestimmter beruflicher Erfolg, anderen effektiv zu helfen oder auf einem Wissensgebiet oder in einem Hobby Meisterschaft zu erlangen. Das liegt daran, dass diese kurzfristigen Erfolge dir signalisieren, dass du dein Leben in die Hand nehmen kannst und deine Wünsche und Träume etwas Großes sind und eben keine Schäume, von denen man so gerne in C-Moll singt.

Fangen wir auf dem Weg zur Selbstliebe, dem ersten Schritt zu einer umfassenden Lebensfreude, also mit besagten drei Schritten an. Wenn du sie verinnerlicht und eingeübt hast, wirst du täglich genau wissen, wann sich Situationen auftun, die dich weiterbringen können. Du wirst wissen, wie du strukturiert und zuverlässig für deine Ziele arbeiten kannst, ohne dass es dir Stress und Unbehagen bereitet.

Schritt 1: Fragen – was du von der Sesamstraße lernen kannst

»Der, die, das (klatsch, klatsch), wer, wie, was (klatsch, klatsch), wieso, weshalb, warum (klatsch, klatsch), wer nicht fragt, bleibt dumm! Tausend tolle Sachen, die gibt es überall zu sehen, manchmal muss man fragen, um sie zu verstehen«, schallte es aus dem Fernseher, wenn wir die Sesamstraße eingeschaltet haben. Rauscht der Ohrwurm schon von rechts nach links durch deinen Kopf? Es kommt nicht von ungefähr, dass wir Kindern – und sei es in Form von Fernsehsendungen – häufig instinktiv die richtigen Ratschläge erteilen, ohne sie selbst zu befolgen. Sie stammen von den Überresten unseres eigenen inneren Kindes, das sich an fundamentale Wahrheiten erinnert.

Warum aber solltest du von der Sesamstraße lernen? Weil du, ohne Fragen zu stellen, nicht weiterkommst im Leben. Aber vor allem, weil du die *richtigen* Fragen stellen musst, um eben jene tausend tollen Sachen zu sehen und nicht deine hartnäckigen Fettpölsterchen, deine vergeigte Beziehung oder deine verpassten Lebensziele, die immer nur dann schlecht sind, wenn du sie in Gedanken so bewertest. Es sind nämlich immer die Fragen, die du dir stellst, die die Qualität deines Lebens bestimmen.

Das klingt beinahe zu banal, du wirst es aber möglicherweise als wahr erkennen, wenn du dir die folgenden nicht hilfreichen Fragen anschaust, die du vielleicht aus deinem Alltag kennst:

- Warum passiert das immer mir?
- Warum habe ich immer so ein Pech?
- Warum nehme ich nicht ab?
- Warum sind alle anderen zufriedener als ich?
- Warum verdiene ich nicht mehr Geld?
- Warum liebt mein Partner mich nicht mehr?
- Warum behandelt mich Person XY schlecht?
- Warum kann ich mich so schlecht motivieren?

Das ist genau die Sorte von Fragen, die schneller depressiv stimmen können, als ein Politiker »Diätenerhöhung« sagen kann. Als du sie gelesen hast, wirst du dich möglicherweise schlecht gefühlt haben, weil du darüber nachgedacht hast, was an diesen Fragen wahr ist, bzw. bei dir zutrifft. Das liegt daran, dass dein Gehirn intelligenter ist als jeder Computer, aber ganz ähnlich funktioniert: Du stellst eine Anfrage, und dein Gehirn spuckt dir gehorsam eine dazu passende Antwort aus. Seine Rechenleistung ist dabei so enorm, dass es dich sofort mit Beweisen wie Erinnerungen, Bildern, Vergleichen zu anderen und dazu passenden Gefühlen versorgt.

Nehmen wir zur Veranschaulichung die Frage »Warum nehme ich nicht ab?«: Die Antworten lauten dann vielleicht, dass du schon immer dick warst, nicht aufhören kannst zu essen, Diäten dir deine Lebensfreude nehmen, deine Hormone oder dein Arbeitsleben dir im Weg stehen, du keine Zeit hast, etwas am Essverhalten zu ändern, oder Knieprobleme, die dich vom Sport abhalten.

Was passiert, wenn du diese Antworten in deinem Inneren hörst? Du denkst möglicherweise so etwas wie: *Oh ja, stimmt! Das geht gar nicht anders, aus den Gründen X, Y, Z. Danke, Gehirn, das ist genau das, was ich hören wollte, dann kann ich mich beruhigt wieder zurücklehnen, weiteressen und deprimiert bleiben. Huch, ich hatte schon fast befürchtet, dass ich glücklich werden könnte und dafür etwas hätte tun müssen. Glück gehabt!* Du verlierst deine Energie, deinen Tatendrang, deine Motivation, weil du deinen Fokus auf die Erfolgsverhinderer legst. Darum heißt es auch: »Dumme Fragen, dumme Antworten.«

Der Fokus entscheidet!

Das bedeutet aber auch, dass du deinen Fokus genauso gut auf dein *Ziel* und nicht auf das, was jetzt gerade schräg ist, ausrichten kannst, um Chancen und Möglichkeiten zu sehen, die dich zu ihm tragen können.

Mitgemacht!
Die Macht des Fokus

1. Lege kurz das Buch beiseite und schaue dich in deiner Umgebung um.

2. Suche nach allem, was rund ist, und zähle im Kopf mit. Alles, was rund ist. Suchen, suchen, suchen.

    Fertig?

3. Wie viele Dinge hast du gesehen, die eckig sind? Wahrscheinlich nicht viele. Am besten meckerst du jetzt mit uns und sagst, dass wir dich hereingelegt haben, schließlich war der Auftrag, dass du nach etwas Rundem suchst.

4. Suche jetzt nach allem, was weiß ist. Weiß, weiß, weiß, so viel, wie du kannst!

5. Wie viele Dinge hast du jetzt gesehen, die weiß sind? Bestimmt eine ganze Menge. Wahrscheinlich hast du sogar Beige und ein helles Gelb als Weiß durchgehen lassen, nur um mehr Ergebnisse zu erzielen – gut so!

Du siehst, es ist ziemlich nutzlos, nach etwas Eckigem zu fragen, wenn du eigentlich etwas Rundes suchst oder etwas Weißes. Genauso verhält es sich mit allen Fragen im Leben.

Frage nach dem Negativen, und dein Fokus klebt an dem Negativen. Wie willst du jemals etwas Weißes finden, wenn du deinem Gehirn sagst, es soll nach etwas Eckigem suchen?

Fokussiere dich also nicht auf das, was dich am Abnehmen hindert, sondern auf das, was dir dabei helfen könnte – indem du die *richtigen Frage*n stellst. Fragen sind nämlich wie ein Fernglas für deinen inneren Fokus, die Linse, mit der du bewusst scharf stellen kannst.

Eine erfolgreiche Frage könnte dann anstatt »Warum nehme ich nicht ab?« zum Beispiel lauten: »Was kann ich ab jetzt tun, um abzunehmen?« Eigentlich ganz einfach. Jetzt gibst du deinem Gehirn nämlich den Auftrag, Erfolgsrezepte zu finden und den Fokus auf Modelle, Hilfestellungen, Methoden und Werkzeuge zu lenken. Nun fällt dein Blick vielleicht auf dieses eine Buch in der Buchhandlung, über das du in einem Magazin gestolpert bist und das du als »wieder so eine Diät, die nicht funktioniert« abgestempelt hast. Vielleicht erinnerst du dich plötzlich an den begeisterten Erfahrungsbericht einer Freundin und ihren eigenen Erfolg damit. Möglicherweise kommst du mit jemandem ins Gespräch, der den richtigen Tipp für dich hat, der dir bisher immer gefehlt hatte, weil du ihn jetzt nicht einfach abwiegelst, sondern stattdessen zuhörst und prüfst. Es ist *immer* die Qualität deiner Fragen, die bestimmt, welchen Fokus dein Gehirn einnehmen soll und ob du etwas Hilfreiches in dein Leben holen kannst.

Kehren wir die hinderlichen Fragen von oben in nützliche Fragen um, könnten sie in etwa so lauten:

- Was passiert gerade Gutes in meinem Leben?
- Warum habe ich immer so ein Glück?
- Wie nehme ich am besten ab?
- Was macht meine Mitmenschen so zufrieden?

- Wie kann ich mehr Geld verdienen?
- Was kann ich tun, um die Liebe zwischen mir und meinem Partner zu stärken?
- Wie kann ich so mit der Art und Weise, wie Person XY mich behandelt, umgehen, dass es mir gut geht?
- Wie kann ich mich am besten motivieren?

Diese Fragen sind nun auf ein positives Ziel ausgerichtet und nicht darauf, dass unser Gehirn uns bestätigt, wie grauenvoll doch alles ist. Mach es dir also zur Gewohnheit, deine inneren Fragen zu kontrollieren und bewusst zu steuern. Formuliere sie zielführend und klar. Je öfter du das tust, desto mehr trainierst du deinen Kopf, es in Zukunft immer so zu machen und sich auf hilfreiche Gedanken zu fokussieren, denn das Gehirn ist ein absolutes Gewohnheitstier. Du wirst mehr Chancen in deiner Umwelt und in deinen Mitmenschen sehen als je zuvor.

Diese Anregung kann dir helfen: Notiere dir ein paar Fragen, die du jeden Abend und/oder jeden Morgen anschaust und bei Bedarf ergänzt. Schon bald wird sich vieles ändern. Versprochen! Und vergiss dabei nicht, dass du deine Ziele, die du ja über die Paradiesfrage herausgefunden hast, dabei im Auge behältst. Überprüfe diese Ziele regelmäßig, indem du dich fragst, welchen Wert sie für dich erfüllen. Liebe? Freiheit? Lebensfreude? Hinter dem, was du erreichen möchtest, steckt nämlich immer ein bestimmter Wert, den du dir immer vor Augen halten solltest. Darum ist es wichtig, dass du das Ergebnis der Paradiesfrage auf jeden Fall positiv formulierst und es dir regelmäßig vergegenwärtigst. Die Formulierung »Ich will nicht mehr allein sein« wäre zum Beispiel nicht hilfreich, weil der Fokus auf »allein sein« liegt. Das Gehirn kennt nur innere Bilder und zum Wörtchen »nicht« gibt es kein Bild. Also erzeugt »Ich will nicht mehr allein sein« das Bild vom Alleinsein. Sage stattdessen lieber so etwas wie »Ich möchte einen neuen Partner finden«, und das Gehirn erzeugt ein positives Bild.

Kurz gesagt:

➤ Beobachte deine Gedanken und identifiziere negativ formulierte Fragen in deinem Kopf.

➤ Formuliere negative Fragen in positive, zielführende Fragen um und stelle sie dir so oft wie möglich.

Schritt 2: Planen – was du von Bodybuildern lernen kannst

Von Bodybuildern lernen? Vielleicht flattern jetzt Bilder von steroidverseuchten Muskelmännern durch deinen Kopf, von hervorplatzenden Adern, Arnold Schwarzenegger und Silvester Stallone. Möglicherweise kicherst du über einige Klischees: dass Bodybuilder Minderwertigkeitskomplexe haben und ihre wenig ausgeprägten Fortpflanzungsorgane über Muskeln kompensieren müssen. Es gibt viele Gründe, warum man vorschnell über diese Kategorie von Sportlern urteilt. Es gibt jedoch viele Arten von Bodybuildern, und auch wenn wir mit unserer Muskulatur, die gerade noch ganz zuverlässig für den aufrechten Gang ausreicht, zufrieden sind, können wir eine ganze Menge fürs Leben von ihnen lernen. Viele arbeiten entgegen vieler Klischees ohne jegliche Steroide oder künstliche Supplements und – das wird dich vielleicht überraschen – sie befassen sich ausgiebiger mit dem Thema Gesundheit als 99 Prozent der restlichen Bevölkerung. Hinter dem, was sie tun, steckt eine gehörige Portion Disziplin und ein starker Fokus. Natural Bodybuilder verschreiben sich zwei zentralen, hilfreich formulierten Fragen, die ihnen, gemäß Schritt Nummer eins, einen starken Fokus in Bezug auf ihr Ziel geben:

1. *Wie kann ich meinen Körper so stark und fit wie möglich machen?*
2. *Wie kann ich meinen Körper so gesund und leistungsfähig wie möglich halten?*

Durch diesen klaren Fokus, der absolut auf ihr Ziel, nämlich ihren Traumkörper, ausgerichtet ist, lesen sie Bücher, die neuesten Studien aus Sport- und Ernährungswissenschaften, stöbern im Internet nach Wissen und tauschen sich mit Gleichgesinnten aus. Diese rein körperlichen Ziele sind selbstverständlich nur Beispiele für eine allgemein anwendbare Lebensweisheit: Ihr Hobby wird zur Obsession – im positiven Sinne. Alles wird ihrem Ziel untergeordnet, das sie nur mit strikter Planung erreichen können, denn Muskelaufbau und ein extrem geringer Körperfettanteil sind härter zu erreichen als vieles andere im Leben.

Was tun Bodybuilder nun, da sie ein klares Ziel haben? Sie planen. Sie malen sich ein Ziel aus, das in Kilogramm Muskelmasse und Körperfettanteil festgelegt wird. Als Nächstes informieren sie sich so gut und ausgiebig wie möglich über Strategien, die sie zu diesem Erfolg führen. Ist das Grundlagenwissen da, suchen sie sich ein Vorbild, das sie fortan modellieren. Denn wenn eine Person mit einer bestimmten Strategie ein Ziel erreicht hat, ist das für jeden sichtbar, nachvollziehbar und damit auch kopierbar. Daran ist nichts Verwerfliches, eher etwas überaus Kluges: wieso Umwege gehen und Zeit in Selbstversuchen versenken, wenn jemand anders diesen Job bereits für dich übernommen hat?

Die Strategie desjenigen, der da steht, wo du hinmöchtest, wird einfach kopiert, all seine oder ihre Fehler brauchst du nicht mehr zu machen. Nun geht es ans kleinteilige Planen. Ein Trainingsplan muss her, der die ganze Woche mit Trainingseinheiten versieht, die minutiös festgelegt werden, damit sie in den eigenen Zeitplan passen. Als Nächstes wird ein Ernährungsplan geschrieben, denn ohne die richtige Ernährung gibt es weder Muskeln noch einen strammen Körper. Anschließend werden die Mahlzeiten dementsprechend durchgeplant und meistens für mehrere Tage vorgekocht, damit der Plan genauestens eingehalten werden kann.

Die bedingungslose Bereitschaft, sein Leben nach der eigenen Vision auszurichten, ist ebenso inspirierend wie vorbildhaft. Da kommen oft die klassischen Ausreden deines phlegmatischen Selbst hoch, die da rufen: »Das macht doch keinen Spaß – ich will ja auch noch leben!« Diese typischen Ausflüchte sind es, die dich dort verharren lassen, wo du im Moment stehst. Ist dein Leben schon voller Spaß, hast du die Lebensfreude schon ganz und gar erreicht, dann ist das Ganze hier natürlich nicht vonnöten – falls es aber doch noch etwas in deinem Leben gibt, das du gerne verändern möchtest, dann empfehlen wir dir, trotz möglicher innerer Widerstände weiterzulesen.

Tue das Richtige zur richtigen Zeit

Du solltest also von diesen Sportlern so viel lernen wie möglich, wenn es darum geht, den Weg zu deinen persönlichen Zielen erfolgreich zu beschreiten. Denn nur weil du die richtigen Fragen stellst und dein Ziel vor Augen hast, heißt das noch lange nicht, dass du es auch erreichen wirst. Das ist, wie gesagt, nur das Fundament für deine Lebensziele, der erste Schritt eben.

Und auch wenn du die richtigen Dinge tust und schwer dafür arbeitest, dein Ziel zu erreichen, wird das allein dich nicht über die Ziellinie tragen. Wenn du nämlich die *richtigen Dinge* zur *falschen Zeit* tust, wirst du leiden. Massives Handeln in die Richtung deiner Ziele ist ein hehres Vorhaben, doch das alleine baut noch lange kein Haus. Du brauchst eine klare Blaupause, damit die Statik stimmt und nicht alles in sich zusammenfällt.

Wenn ein Bodybuilder nicht richtig planen würde und einfach jeden Tag seinen Bizeps bis zur Erschöpfung trainiert, wird er sich vielleicht für seinen Fleiß auf die Schulter klopfen, aber niemals einen größeren Muskel bekommen. Er tut dann nämlich das Richtige (trainieren) zur falschen Zeit (jeden Tag) und gönnt seinem Körper nicht die Regenerationsphasen, die er braucht, um den Muskel aufzubauen.

Du tust also gut daran, deine Pferde im Zaum zu halten, bis du genau geplant hast, wie du sie am effektivsten einsetzt.

Mitgemacht!
Einen Plan ausarbeiten

1. Informiere dich bis ins Detail über deine Ziele, die du mithilfe der Paradiesfrage identifiziert hast, und kreiere verschiedene Strategien, die dich ins Ziel führen können. Suche nach Menschen, die genau das erreicht haben, was du dir wünschst.

2. Recherchiere nach den Vorbildern in dem, was du gerne tust.

3. Tue in Zukunft genau das, was sie getan haben, und du wirst genau das bekommen, was sie bekommen haben. Egal ob es sich dabei um einen tollen Körper, Gesundheit, Reichtum

> oder Lebensfreude handelt. Das heißt nicht, dass du nicht über sie hinauswachsen darfst – ganz im Gegenteil: alles, was nachfolgt, kann und sollte immer versuchen, dem Guten noch etwas Besseres hinzuzufügen, schließlich treten wir sonst auf der Stelle. Das ist echter Fortschritt.

Aber das ist der letzte Feinschliff – der zweite Schritt sollte für uns Otto Normalverbraucher das Modellieren sein, denn es funktioniert und ermutigt dich, und wenn du einen guten Level erreicht hast, werden dir von selbst neue Strategien einfallen. Setze dir Zwischenziele, schreibe auf, wie sich die einzelnen Stationen anfühlen würden, damit du sie so gut wie möglich visualisieren und in deinen Fokus rücken kannst. Denn dann wird das Bild des Erfolgs mit den nötigen Emotionen verknüpft, die dich über die gesamte Strecke tragen können, wenn du sie nur lässt. Stelle dir zum Anfang die Paradiesfrage von Übung 2 und stelle sie dir von Zeit zu Zeit immer wieder, um kleine Anpassungen vorzunehmen. Hol dir jemanden ins Boot, deinen persönlichen Trainingspartner, ohne den auch kein Bodybuilder erfolgreich sein würde. Suche nach Dingen, die dich motivieren und dir dabei helfen, deine Disziplin aufrechtzuerhalten, denn das Leben ist weder ein Ponyhof noch eine Schachtel Pralinen.

Je klarer dein Plan und je stärker du alles andere deinem Ziel unterordnest oder es integrierst, desto stärker wird dein Gespür für das, was zu tun ist. Das ist der Weg, der dein Leben auf das Wesentliche fokussiert und dich von all dem unnötigen Ballast befreit, der dich behäbig und ängstlich sein lässt, weil du dein Leben selbst so klein machst. Wenn du allerdings die richtigen Fragen stellst und anschließend mit klarem Fokus betrachtest, wo du stehst, wo du hinmöchtest und was genau du wann tun kannst, wirst du als funkelnder Diamant erstrahlen, groß, massiv und eine Freude für den Betrachter.

Den Magnetismus des Erfolgs nutzen

Dann bist du übrigens in bester Gesellschaft, denn wenn all der Staub erst einmal fort ist, bist du nur noch von anderen Diamanten umgeben, denn Lebensfreude und Erfolg ziehen Lebensfreude und Erfolg an. Es ist wie ein Magnetismus des Glücks, stark wie ein Naturgesetz und ebenso verlässlich. Das Grandiose an dieser Planungsphase ist übrigens, dass du mit jeder Facette deines persönlichen Masterplans, die du dir aufschreibst, mehr Energie tanken wirst. Wenn du gut in dich hineinlauschst, kannst du den Jubel deines Unterbewusstseins hören. Es ist die Party deiner Sehnsüchte und Wünsche, die endlich erhört wurden und sich auf ihre kommende Umsetzung freuen, anstatt eingefroren zu bleiben. Nichts ist motivierender als das Gefühl, Gastgeber dieser Party zu sein – probier's aus!

Doch ein letzter Schritt fehlt noch, um das Leben davon überzeugen zu können, dass du deine Natur als funkelnder Diamant erkannt hast: das bereits erwähnte *Tun*. Es hält uns in der richtigen Bewegung! Nur wenn wir aktiv werden und all den Staub und Schmutz von uns abwerfen, können wir so funkeln und strahlen, wie wir es uns wünschen. Also: die richtigen Fragen an Bord? Genau geplant, welches deine Ziele sind und was du wann zu tun hast? Jetzt geht es an die Umsetzung, und dafür ist Durchhaltevermögen gefragt.

Frage dich dabei ehrlich, ob das Wort Durchhaltevermögen Widerstand in dir hervorruft, so etwas wie: »Durchhaltevermögen? Das klingt unangenehm und irgendwie stressig …

Dabei haben die bisher doch geschrieben, dass sich die richtigen Entscheidungen und Dinge im Leben leicht anfühlen und keinen Stress verursachen!« Ja, das stimmt. Doch hier müssen wir ein kleines großgeschriebenes ABER einfügen, denn Stress entsteht eben auch dann, wenn ich mit meinem Tun oder den Dingen, die mir begegnen, in Widerstand gerate. Solange du also das Thema Widerstand nicht gemeistert hast, so lange ist damit zu rechnen, dass du auf dem Weg zu deinen Zielen in Stress gerätst. Dann ist dein besagtes Durchhaltevermögen gefragt.

Doch entscheidend ist, dass du dir bewusst bist, dass dem Ganzen deine eigene Entscheidung und deine eigenen Ziele zugrunde liegen *und* du ein Ende in Sicht hast! Für eine gewisse Zeit – nämlich für genau die, die es braucht, um den Widerstand zu überwinden – kannst du den Stress also bei dir willkommen heißen, aber lass ihn nicht gleich dauerhaft bei dir wohnen.

Das ist gar nicht so schwer, wie du vielleicht denkst, wenn du erst einmal weißt, wie du deine Gedanken verführen kannst wie ein echter Casanova oder Marilyn Monroe.

Kurz gesagt:

- ➤ Richte dein Augenmerk nach den richtigen Fragen auf die Planung für den Weg zu deinen Zielen.

- ➤ Eine detaillierte Planung hilft dir dabei, die richtigen Dinge zur richtigen Zeit zu tun und keine Energie zu verschwenden.

Schritt 3: Tun – was du von Casanova und Marilyn Monroe lernen kannst

Vor vielen Jahren, als ich (Benjamin) eine überraschend lange Jugendbeziehung führte, passierte etwas außergewöhnlich Alltägliches: Die Beziehung ging in die Brüche. Ta ta! Falls du dich noch an die eigenen Jammertäler deiner endpubertären Liebschaften erinnern kannst, wirst du uns wahrscheinlich zustimmen, dass es sich häufig um wahre Passionsgeschichten handelt. Für eine mentale Kreuzigung war es für mich aber noch zu früh. Unser erster Lehrer, Anthony Robbins, hatte uns einige Zeit vorher bereits eingetrichtert, dass wir bei Problemen unsere Strategien hinterfragen und anpassen müssen. Wenn eine Tür nicht aufgegangen ist, liegt das nicht in der Natur der Tür, sondern daran, dass wir den richtigen Schlüssel noch nicht gefunden haben. Was also tun, um die bisherige nicht hilfreiche Strategie durch eine neue, hilfreiche zu ersetzen?

»*Benjamin!*«, wirst du jetzt hoffentlich rufen, »du musstest die richtigen Fragen stellen und dann gut planen!«

Ja, genau das tat ich auch (nachdem die Niagarafälle für ein paar Tage ihren Aufenthaltsort in mein Gesicht verlegt hatten).

Meine alte Frage »Warum hat meine Beziehung nicht funktioniert?« ersetzte ich durch »Was kann ich tun, um meine zukünftige Beziehung funktionieren zu lassen?«.

Die Suche nach den entsprechenden Antworten sollte sich später als ein wahrer Schatz nützlicher (Lebens)strategien herausstellen. Dieser Schatz heißt hier Verführungskunst. Eine wachsende Gemeinschaft von Männern und Frauen jeden Alters, die sich damit auseinandersetzen, wie sie das Spiel der Geschlechter meistern können, um glücklicher zu leben. Die meisten von ihnen hatten einen ähnlichen Leidensweg hinter sich wie ich und suchten nach den passenden Rezepten, um vergangene Fehler nicht zu wiederholen. Wer jetzt denkt, es handle sich dabei um die Aufreißerclique schlechthin, die letztlich Tricks anwendet, um von One-Night-Stand zu One-Night-Stand zu hüpfen, irrt. Hier drehte sich alles um eine schonungslose Persönlichkeitsentwicklung, bei der es um Effektivität, Praxistauglichkeit und schnelle Resultate für Selbstbewusstsein, Lebensfreude und Leichtigkeit ging.

Die Grundlagen stammten aus dem Neurolinguistischen Programmieren (NLP) beziehungsweise der Neuroassoziativen Konditionierung (NAC), die Raphael und ich bei Anthony Robbins gelernt hatten. Der Unterschied war lediglich der, dass sich die jugendlichen und erwachsenen Männer (Frauen blieben lieber unter sich, die Geheimnisse der Geschlechter und so …) in einer Gemeinschaft zusammenschlossen, um sich gegenseitig zu coachen und bei den eigenen Zielen zu begleiten, die sich häufig ums Thema Beziehung drehten. Das Gesetz der selbst ernannten Verführungskünstler war, dass jeder an sich selbst arbeiten müsse, bis er mit sich selbst zufrieden ist und auch alleine fest im Leben steht. Denn die Prämisse war: Nur wer mit sich selbst, ganz allein zufrieden ist, ist reif für eine erwachsene Beziehung. Der anschließende Erfolg im Umgang mit der Herzdame ist dann eher ein wunderbares Nebenprodukt der eigenen Reise.

Wie sah das Ganze nun in meiner Vergangenheit aus, und warum solltest du von Casanova lernen?

Ob du etwas kannst, findest du heraus, indem du es tust

Ich hatte meine Frage, nämlich »Was kann ich tun, um meine zukünftige Beziehung funktionieren zu lassen?«, und mir einen entsprechenden Plan zurechtgelegt: von denen lernen, die ihr eigenes Beziehungsleben gemeistert hatten, die drei besten Bücher lesen, die es zu diesem Thema gibt, sich mit einer Gruppe Verführungskünstler zusammentun, die sich in jeder größeren Stadt treffen, und auch in der Praxis von ihnen lernen, bis ich das kann, was sie können. Das fühlte sich, umgeben von lauter selbst ernannten Casanovas, zuerst ein wenig fremd an, aber ich habe mir selbst einen Tipp gegeben, den ich mittlerweile auch anderen Menschen häufig gebe: Wenn du denkst, du kannst etwas nicht, tu einfach so, als könntest du es. Ähnlich wie ein Schauspieler, bis es zu deinem Eigenen wird und sich normal anfühlt. So machen es Kinder übrigens auch, also erlaube deinem inneren Kind, dir diese Fähigkeit (wieder) zugänglich zu machen.

Was bei mir folgte, war die wahrscheinlich wertvollste und prägendste Erfahrung für meine heutige Art der Lebensführung und des Coachings.

Fassen wir erst einmal zusammen, was ich bisher über das Umsetzen von Zielen wusste: Erstens liegt alles, was uns voranbringt und besser ist als unser momentanes Leben außerhalb unseres Komfortbereichs, in dem wir uns sicher fühlen. Zweitens muss sofort und konsequent in die entsprechende Richtung gehandelt werden, sobald klar ist, was zu tun ist, und dann bitte schön ohne zu zögern. Drittens muss uns klar werden, dass jede Hürde nur einem Wachrütteln gleichkommt, durch das das Leben die Spreu vom Weizen trennt. Dieses schmerzhafte Aufwachen ist also ein willkommenes Zeichen dafür, dass wir auf dem Weg in die richtige Richtung sind, auch wenn es aufs Erste lästig wirken mag.

Diese drei Grundsätze, die Bestandteil jeder Strategie sein *müssen*, fand ich alle bei Casanovas und Monroes Nachfolgern wieder, nur auf eine ungeahnt praktische und einfach nachvollziehbare Art und Weise, die ich niemals erwartet hatte. Schauen wir uns diese Grundsätze einmal genauer an. Die Männer jeder Altersklasse trafen sich jeden Mittwoch in der Innenstadt, um sich gegenseitig sogenannte Komfortübungen aufzuerlegen und die Umsetzung zu überwachen, damit auch keiner kniff. Die Regel: Es tun sich immer zwei zusammen und geben sich gegenseitig eine Aufgabe, die so peinlich ist, dass allein der Gedanke daran ein paar neue graue Haare hervorbringt. Dann wird die Aufgabe umgesetzt und vom Übungspartner überwacht, damit man auch ja nicht kneift.

Meine erste Aufgabe war, mich in die Ernst-August-Galerie in Hannover zu stellen (das ist die größte Einkaufsmall der Stadt) und fünf Minuten wie ein Wahnsinniger in mein Telefon zu brüllen. Es sollte klar werden, dass ich ein Verrückter bin, der sich mit irgendjemandem am anderen Ende der Leitung ein Brüllgefecht liefert. Na, spürst du schon allein bei dem Gedanken daran einen dicken Kloß im Magen? Multipliziere dieses Gefühl, so oft du willst, und du weißt, wie ich mich damals gefühlt habe. Aber es gab kein Zurück, schließlich hatte ich bereits trotz erst 18 jungen Jahren meinen eigenen Coaching-Grundsatz verinnerlicht: »Ich kann nicht heißt, ich muss«.

Dieser Satz sollte auch dich fortan begleiten, denn er ist die einfachste Strategie, um deinen Komfortbereich zu erweitern und das Leben damit größer und souveräner zu machen. Das Gefühl, etwas nicht tun zu können, bedeutet, dass du gerade an die mentalen Gitter deines selbst geschaffenen Gefängnisses namens Komfortbereich gestoßen bist und dir einredest, dass sie echt und unüberwindbar sind. Mit dem Zusatz *ich muss* gibst du dir den Ruck, der dich die Gitterstäbe durchbrechen lässt und dir damit zeigt, dass sie nur ein selbst erschaffener Gedanke waren. Für nichts anderes sind eben jene sogenannten Komfortübungen ein mächtiges Werkzeug.

Mitgemacht!
Nichtkönnen in Tun verwandeln

- Nimm dir für den morgigen Tag vor, genau zu beobachten, wann du an einen Punkt kommst, an dem du sagst: »Ich kann das nicht.« Sei ehrlich gegen dich selbst und achte darauf, selbst wenn es Kleinigkeiten sind. Es könnte zum Beispiel sein, dass du jemanden an der Kasse gerne auf seinen Hund ansprechen würdest oder auf etwas, das er eingekauft hat, vielleicht ein Produkt, das du auch magst. Aber das ist nur eine Möglichkeit. Vielleicht würdest du auch gern vor der Arbeit joggen gehen, denkst aber, dass du das nicht kannst, weil du zu müde bist, keine Zeit hast, nicht früher aufstehen kannst.
Morgen tust du es einfach, ganz so, als könntest du es. Sieh, was passiert, nachdem du einen Tag lang alles doch getan hast, was du eigentlich nicht tun wolltest, weil du meintest, es nicht zu können.

Ich ging also unter den Augen meines Übungspartners in die Ernst-August-Galerie und schrie wie besessen in mein ausgeschaltetes Mobiltelefon, bis auch das letzte Augenpaar der Zighundert Shoppingsüchtigen auf mir ruhte. Nach wenigen Sekunden hatten die meisten bereits beschämt weggeguckt, denn es scheint das Gerücht umzugehen, dass der unangenehme Blick auf einen Verrückten ansteckend sein könnte. Trotzdem machte ich fünf Minuten weiter, bis auch der letzte Besucher wusste, dass mit mir etwas nicht stimmt.

Ich rächte mich an meinem Partner mit der Aufgabe, in der Lobby eines Fünf-Sterne-Hotels Fiderallala zu singen, bis er hinausbegleitet wird (was übrigens erstaunliche zwanzig Minuten gedauert hat). Nach Abschluss der Aufgaben kreisen so viele Endorphine in unseren jungen Körpern, dass wir uns anschließend mit sich überschlagenden Stimmen unsere Heldentaten nachspielten. Es gibt nun einmal wenig Befriedigenderes, als die eigenen Grenzen zu überwinden und gestärkt auf die eigene Leistung zurückzublicken.

Du kannst nichts Falsches tun

Wir, Raphael und ich, hatten das Glück, diese Erfahrung bereits in sehr jungen Jahren in London zu machen, als wir unser erstes Seminar bei Anthony Robbins besuchten. Gleich am Ende des ersten Tages wurden wir barfuß über zwölf Meter glühende Kohlen geschickt, die so heiß waren, dass es uns den Schweiß auf die Stirn trieb. Jemand, der es nicht selbst erlebt hat, bezweifelt häufig, dass das möglich ist, doch es ist einzig und allein die innere Einstellung, die darüber bestimmt, ob wir uns verbrennen oder nicht. Das zu lernen war allerdings nur zweitrangig. Viel zentraler war im Nachhinein die Erkenntnis, dass wir eine innere Urangst, nämlich die vorm Feuer, mit einer Entscheidung überwunden haben. Dass wir etwas geschafft haben, von dem wir vorher gesagt hätten, »das kann ich nicht!«. Wir konnten es eben doch, und zwar indem wir es einfach getan haben.

Eine höchst emotionale und damit für immer ins Gedächtnis gebrannte Erfahrung, die uns als Mutmacher und Kraftspender bis an das Ende unserer Tage begleiten wird.

Für viele Männer ist die Vorstellung, eine attraktive Frau anzusprechen, lustigerweise mindestens genauso Furcht einflößend wie die Vorstellung, barfuß übers Feuer zu gehen. Darum gibt es auch so viele Gruppen selbst ernannter Verführungskünstler, die sich gegenseitig in den Hintern treten und über die glühenden Kohlen der modernen Großstadtbalz jagen. In London wurden wir rund zehn Stunden auf den finalen Akt unserer größten sogenannten Komfortübung vorbereitet und waren in einem entsprechenden Zustand der gefühlten Unbesiegbarkeit, die inoffiziell häufig einfach »Gottmodus« genannt wird. Gottmodus klingt zwar blasphemisch, trifft aber den Kern der gefühlten Unbesiegbarkeit und der Überzeugung, dass jetzt alles möglich ist. Für jemanden, der eine Frau ansprechen möchte, die er gerade im Supermarkt getroffen hat, bleibt natürlich weitaus weniger Zeit als ein ganzer Tag Vorbereitung. Und hier liegt der wahre Schatz begraben, den die Verführungskünstler des 21. Jahrhunderts für uns zutage gefördert haben. Ein Schatz, der im Grunde genommen gar nichts mit dem abstrusen Verhalten geschlechtsreifer Normalbürger des Brigitte-Zeitalters zu tun hat, ist er doch für alles jenseits des Verführungsanliegens anwendbar.

Dieser Schatz besteht aus zwei Regeln:

1. Die Drei-Sekunden-Regel: Wenn du etwas tun möchtest, etwas erreichen möchtest, das greifbar ist, darfst du bis drei zählen und dann musst du es tun. Egal was, egal wie, egal wo. Tu es.

Was lernen wir daraus? Tun!!! Gib deinem lange falsch trainierten Gehirn keine Chance, mit einer langen Liste von Negativgedanken aufzuwarten, die dafür sprechen, etwas nicht zu tun. Während es dir nämlich herunterbetet, warum etwas keine gute Idee ist, und das Ganze mit weinerlicher Musik unterlegt, während der Film des großen Scheiterns in deinem Kopfkino anläuft, ist deine Stunde des Siegers längst weitergezogen. Das gilt für jeden Moment, in dem du etwas tun möchtest, dich jedoch nicht traust. Wenn du denkst: Das würde ich gerne können/ machen/sein, dann musst du es tun, und zwar innerhalb von drei Sekunden. Die antiken Griechen nannten diesen Moment *Kairos,* dessen ungenutztes Verstreichen sogar als Gotteslästerung eingestuft wurde, benannten sie doch gar einen Gott nach Kairos. Nämlich Kairos, den Gott des richtigen Augenblicks.

Woran du ihn am besten erkennst? Wenn du aufmerksam in dich hineinhorchst und das tägliche Gedankengewitter durchschauen kannst, wirst du das besagte Gefühl haben, dass du etwas gerne tun würdest, dich aber nicht so recht traust. Oft heißt es im Kopf dann: »Oh, jetzt wäre ich so gerne wie Person XY, dann würde ich mich etwas trauen.«

Ist die Truppe der Negativstimmen in deinem Kopf noch zu laut, tu das, wovor du am meisten Angst hast, das du aber gerne überwinden würdest. *Kairos* wartet hinter jeder Ecke und möchte gesehen und genutzt werden – tu ihm diesen Gefallen. Hier ein Beispiel aus meinem (Benjamins) Leben; eine Situation, in der ich Kairos gesehen und ergriffen habe. Vielleicht kann sie diesen Punkt ein wenig deutlicher machen und dir zeigen, dass auch du von Kairos umgeben bist, sobald du die Augen für ihn öffnest.

In der Hochschule sollte ein Tagesworkshop moderiert werden. Eingeladen waren Vertreter von Partnerunternehmen, Professoren und Studenten. Ein Professor bat darum, dass einer seiner Schützlinge die Moderation übernehmen möge. Furchteinflößendere Horrorvorstellungen waren als Zweitsemester damals kaum zu finden, und so war es kein Wunder, dass sich niemand meldete. Erst als drei Sekunden verstrichen waren, meldete ich mich mit der entsprechenden Angst in den Knochen, aber dem Wissen, dass dieses Gefühl von »Ich kann nicht« sofort in ein »Ich muss« umzuwandeln ist. Natürlich gab es die eine oder andere Panne, und gleichzeitig lief es im Großen und Ganzen rund und zahlte sich auf das »ich kann seit heute«-Konto ein. Der Komfortbereich wurde größer, und die Dinge, die mir zukünftig noch Unbehagen bereiten könnten, wurden weniger. Jeder Rückzieher macht uns kleiner, und jedes Aufrichten und mutige Durchatmen macht uns größer. *Kairos* bringt jedem mutigen Geist Geschenke mit, und so war es auch in diesem Fall. Aus dieser einen Vertretung erwuchs eine fünfjährige Stelle als Dozent, die mich mein gesamtes Studium über begleitete und für meine Passion, das Life-Coaching, eine perfekte Lernumgebung bot.

Bleib in Bewegung, mach weiter!

Die zweite Regel lautet: Nein heißt weitermachen.

Wir haben es bereits weiter vorne angesprochen: Die Angst vor Zurückweisung ist für einen Mann und auch für jede Frau eine tief sitzende Urangst. Klar, transportiert unser Gehirn damit doch Übersetzungen wie »Ich bin nicht gut genug«, »Ich bin hässlich«, »Ich bin es nicht wert«. Was macht die motivierte Truppe von Verführungskünstlern und solchen, die es werden wollen? Sie trifft sich regelmäßig in überfüllten Innenstädten und legt wöchentlich mit einer ganz einfachen Aufgabe los: Gehe durch die Stadt und komme erst zum Treffpunkt zurück, wenn du dir fünfzig provozierte Abfuhren eingehandelt hast. Glücklicherweise gab es ja schon die Drei-Sekunden-Regel, die den Zeitrahmen für zerknirschtes Auf-der-Stelle-Treten und feuchtes Händewringen arg einschränkte. Es ging nur darum, zu erleben, dass man auch nach fünfzig Zurückweisungen noch derselbe, atmende und quicklebendige Mensch ist, der man vorher war. Von nichts beraubt, bis auf eine halbe Stunde Zeit (man wird erstaunlich effizient, wenn man es darauf anlegen soll, abgewiesen zu werden), in der man als vermeintlich sozial versagender Pinguin durch die Stadt irrt. Bei der späteren Zusammenkunft wurde uns sogar bewusst, dass es mit der Zeit sehr schwierig wurde, eine Abfuhr zu bekommen, egal wie dämlich wir uns anstellten. Denn allein die »Mir ist das nicht peinlich, ich ziehe das durch«-Einstellung sorgte in unserem Kopf dafür, dass wir uns bald selbstbewusster und zufriedener durch die Straßen bewegten als je zuvor. Wir ließen uns von nichts aus dem Konzept bringen und waren stolz auf unsere Drei-Sekunden-Regel und das Überwinden unserer Ängste. Spätestens da war klar, dass die selbst ernannte Verführungskunst – oder wie immer man es nennen will – nichts anderes ist, als die Umsetzung kraftvoller Instrumente zur Persönlichkeitsentwicklung.

Es geht also eher um die Verführung unserer selbst. Ein so einfaches und praktisches Instrument, das sofort umsetzbar ist und dich innerhalb von Stunden zu einem stärkeren Selbst transformieren kann, das zielorientiert und selbstbewusst in die Zukunft schreitet. Denn im Endeffekt gilt für alles, was du im Leben begehrst: dranbleiben und nicht entmutigen lassen. Das Leben ist kein Spiel des Zögerns und des Stillstands im Sinne von »Wer sich zuerst rührt, hat verloren«. Es ist ständige Bewegung. Jedes »Nein« bedeutet nur, dass du eine Sackgasse auf dem Weg zu deinen Wünschen abhaken kannst und sie nicht noch mal gehen musst. Das ist doch wunderbar!

Liebe dich selbst

Mit den drei von uns aufgezeigten Schritten hast du ein mächtiges Werkzeug an der Hand, mit dem du sowohl dein Selbstvertrauen als auch deine Lebensziele erreichen kannst, hängt beides doch eng zusammen. Es ist nicht nötig, dicke Wälzer über das Selbstbewusstsein zu lesen oder jahrelange Ausbildungen zu absolvieren, wenn du es schaffst, einfach nur diese drei Schritte zu gehen: Stelle die richtigen Fragen an das Leben, arbeite Strategien aus, die dich an deine Ziele führen können, und setze sie ohne zu zögern und inklusive aller Rückschläge bis zum Ende konsequent um.

Am einfachsten geht das übrigens, indem du dich mit einem Freund oder einer Freundin zusammentust und eine Challenge daraus machst. Seid euch, wie bei Schritt 2 beschrieben, Trainingspartner. Gebt euch dreißig Tage, in denen ihr konsequent diesen drei Schritten folgt, und schaut einfach, was passiert. Kostet nichts und funktioniert. Motiviert und überprüft euch gegenseitig, denn dann könnt ihr noch schneller über euch selbst hinauswachsen und über die Ängste von gestern lachen. Das hilft ungemein, da wir uns im Alltag schnell einreden, dass nur wir selbst Probleme mit etwas haben und andere nicht. Das erschafft eine Illusion von Isolation, obwohl jeder andere um uns herum die gleichen Ängste, Blockaden und Zögerlichkeiten an den Tag legt. Teilt eure Erfahrungen gerne mit *uns* und euren Freunden und findet dabei heraus, dass ihr mit euren zu bewältigenden Hürden nicht alleine seid und dass ihr das, was andere getan haben, auch tun könnt.

Faulheit kann süchtig machen

Ein Wort noch zum Thema Faulheit. Es ist schwer, über das Tun zu sprechen, ohne dieses gemeine kleine F-Wort zu erwähnen. Faulheit betrifft uns alle, auch wenn wir es nicht gerne hören. Die einen betrifft es mehr, die anderen weniger, aber keiner von uns ist dagegen gefeit. Das liegt daran, dass die Evolution uns sinnvollerweise eingepflanzt hat, mit unserer Kraft gut zu haushalten und sozusagen als Energiesparlampe durchs Leben zu gleiten. Die meiste Zeit in unserer Entwicklung hatten wir nicht den Luxus, uns immer mit Energie zu versorgen, zum Beispiel in Form von Nahrung. Sehr anschaulich ist dieses Prinzip bei Löwen. Den ganzen Tag faulenzen und, wenn es sein muss, alle Energie darauf verwenden, eine Gazelle zu erbeuten. Wenn es nicht auf den ersten hundert Metern klappt, brechen sie diese Jagd oft ab, weil der Energieverbrauch höher wäre, als die Beute Energie liefern könnte. Der Löwe tut das natürlich, weil er sich nicht mal eben einen Schokoriegel gönnen kann, wenn er gerade durchhängt, nur um dann loszulegen wie die Feuerwehr.

Bei uns Menschen sieht es anders aus. Das Bedürfnis, mit wenig Aufwand durchs Leben zu gehen, ist immer noch stark in unserem Gehirn verankert, und wir genießen das Faulsein gerne ausgiebig. Das ist richtig und gut und sorgt für eine ausgeglichene Psyche.

Aber Faulenzen birgt auch die Gefahr, süchtig zu machen. Dann finden wir alle möglichen Ausflüchte, warum wir dieses und jenes jetzt gerade nicht tun können, nur um dieses süchtig machende Gefühl der Faulheit weiter zu bedienen. Wir haben schon einige Mitmenschen an ihrem Phlegma scheitern sehen, sogar welche, die eine Zeit lang großartig für ihre Ziele gegangen sind, mit Energie und Elan. Einmal jedoch in dieser Suchtspirale gefangen, wird es immer schwerer, aus ihr zu entkommen. Wir raten weiblichen Seminarteilnehmern beispielsweise dazu, sich von Männern bei einem Date nichts ausgeben zu lassen, auch wenn das häufig zu ungläubigem Erstaunen führt. Natürlich ist das nur das kleine Sinnbild für ein größeres Thema dahinter. Es geht um die freie Mahlzeit. Eine freie Mahlzeit ist das falsche Zeichen an unser Gehirn. Es sagt uns, dass es einen hohen Wert hat, weil wir etwas dafür tun müssen. Ironischerweise erzählte uns eine gute Freundin vor einiger Zeit, dass sie zwei Dates kurz nacheinander gehabt habe. Der eine sei ein totaler Gentleman gewesen und der andere ein lustiger Macho, der ihr nicht einmal das Essen spendiert habe. Mit wem sie erneut ausgegangen sei, haben wir sie gefragt. Mit dem lustigen Macho, war die Antwort. Aus gleichem Grund können wir auch ganz klar sagen, dass wir nicht im Lotto gewinnen möchten und das auch niemandem wünschen. Dabei handelt es sich nämlich um das gleiche falsche Signal, nämlich dass etwas gewonnen wird, ohne etwas dafür zu tun. Das stärkt jedoch nur das süchtig und unglücklich machende Bedürfnis nach Faulheit und hat nichts mit dem glücklich machenden Arbeiten für die eigenen Ziele zu tun, von denen wir in diesem Kapitel sprechen. Ob du mit einem Helikopter auf dem Mount Everest absetzt oder ihn selbst erklimmst, macht einen gewaltigen Unterschied in dem Gefühl, das du auf dem Gipfel haben wirst. Mache es dir also schnell zur Gewohnheit, den drei Schritten zu folgen, und folge ihnen im Eiltempo, ohne auf ein Wunder zu hoffen.

Damit meinen wir nicht, dass du durchs Leben hetzen sollst. Vielmehr sollst du dir nicht zu viel Zeit zum Nachdenken und Abwägen geben, sondern deine Ziele klar und stringent verfolgen. Dann wirst du auch nicht in eine Stressspirale geraten, weil es ja um *deine* Ziele geht, um das, was dich glücklich macht. Ausbrennen können wir nur, wenn uns das, was wir tun, nicht glücklich macht und es zum kühlen Abarbeiten wird. Wann passiert das? Wenn wir unsere eigenen Werte, unsere Ziele, das, was uns zufriedenstellt, nicht kennen, denn dann leben wir zwangsläufig nach den Werten und Zielen anderer. Darum ist es so wichtig, die in diesem Kapitel genannten drei Schritte zu gehen und dir genau bewusst zu machen, wofür du sie gehst.

Kurz gesagt:

➤ Achte darauf, wann das Leben dir Gelegenheiten bietet, über dich selbst hinauszuwachsen.

➤ Gehe an der Angst entlang, sie zeigt dir, dass du
in genau diesem Moment das tun kannst,
was du tun möchtest und dich nicht traust.

➤ Tu das, was dir Angst/Unbehagen bereitet,
es erweitert deinen Komfortbereich und damit
dein Leben.

➤ Um deine Ziele zu verwirklichen, ist konsequentes
Handeln der letzte und wichtigste Schritt –
gehe ihn!

Hürden überwinden – Spaßbremsen aus dem Weg räumen

Jetzt hast du also einen soliden Fahrplan, um mit drei Schritten mehr Freude und Zufriedenheit in dein Leben zu holen. Trotzdem wirst du auch mit dem Schwung der Begeisterung, die dein inneres Kind beisteuern wird, sobald du dich auf den Weg machst, auf Hindernisse und Unwegsamkeiten stoßen. Es gibt eben so einige Spaßbremsen, mit denen das Leben deine innere Überzeugung, deinen Enthusiasmus, überprüft.

In diesem Kapitel möchten wir dich auf diese Situationen vorbereiten, dir ihre Beschaffenheit und ihre Hintergründe erläutern, damit du, sobald sie dir begegnen, sagen kannst: »Das kenne ich und ich weiß es einzuordnen. Das kann mich nicht davon abhalten, jetzt glücklich zu sein und weiterhin meinen Weg zu gehen.« Es handelt sich dabei um vier zentrale Dinge, beginnend mit der Erziehung, sei es durch dein Elternhaus oder deine Umwelt, gefolgt von den daraus entstandenen blockierenden Gedankenmustern.

Die Dressur zum Otto Normalfunktionierer überwinden

Dressur ist für viele ein Begriff aus der Tiererziehung, hauptsächlich aus dem Reitsport. Dabei ist es kaum gewagt, zu behaupten, dass auch wir Menschen uns täglich gegenseitig dressieren. Spätestens wenn unsere jungen Fohlen zu alt für den Kindergarten sind, ist Schluss mit lustig. Die Kandare wird rausgeholt, und die Zügel werden angezogen.

Warum? Weil sie jetzt »erwachsen« werden müssen. Sie müssen auf »ihren Platz in der Gesellschaft« vorbereitet werden. Sie müssen lernen, nach den Spielregeln der Erwachsenen zu leben, damit aus ihnen »etwas wird«. Das klingt natürlich erst einmal logisch. Dieses oder etwas Vergleichbares hat jeder von uns sicher schon mehr als einmal gehört.

Als Kinder leben wir in den Tag hinein, haben die Fähigkeit, über jede Kleinigkeit zu staunen, und das Gefühl, dass zwischen dem Mittagessen und dem Erscheinen unserer Spielkameraden eine unüberwindbare Ewigkeit liegt. Routine gibt es nicht, weil Routine langweilig ist. Wenn wir wütend sind, raufen wir uns mit unseren Klassenkameraden, schreien uns an oder verpetzen uns gegenseitig, und nach der ersten Pause sind wir wieder beste Freunde. Wir träumen von unserem Leben als Erwachsene, wollen endlich frei sein und all das dürfen, was unsere Eltern dürfen. Natürlich weil wir denken, dass es denen gut gehen muss, weil ihnen niemand vorschreibt, was sie zu tun und zu lassen haben. Die Welt ist in den Augen eines Kindes ein Hort der Möglichkeiten und des pulsierenden Lebens, auf das man irgendwann endlich losgelassen wird.

Wie kommt es aber, dass wir mit dem Erreichen dieser erdachten Freiheit und der grenzenlosen Möglichkeiten des Erwachsenseins plötzlich ganz anders auf die Welt blicken?

Es liegt unter anderem an eben jener Dressur, die wir durchlaufen. Einer Dressur, die uns zu Funktionierern eines Systems machen soll, in dem niemand so richtig glücklich ist, aber gerade gut genug um die Runden kommt, um nicht zu verzweifeln.

Doch woran liegt es, dass sich viele von uns in ein lebensplanerisches Korsett pressen lassen, das alles andere als gemütlich, geschweige denn zufriedenstellend ist?

Frühkindliche Erziehung und ihre Folgen

Es beginnt mit Dressurlektion 1, der frühkindlichen Erziehung: Kinder kommen mit einer bedingungslosen Liebe zum Leben und damit zu sich selbst auf die Welt. Sie lieben auch ihre Mitmenschen bedingungslos. Wir nennen das dann leider irgendwann *naiv*. Wenn du ein Kind anlächelst, lächelt es zurück, wenn du ihm einen Finger hinhältst, greift es nach ihm und freut sich, weil es Aufmerksamkeit bekommt. Als Erwachsener würdest du dich im Kopf wahrscheinlich fragen, wo dieser Finger schon überall gesteckt hat, und erst einmal alle Möglichkeiten durchgehen, wie du ihn desinfizieren kannst. Wenn ein Kind traurig ist, weint es, wenn es dann Zuwendung bekommt, freut es sich wieder. Es ist im Einklang mit seinen Emotionen und seiner Umwelt. Das finden Erwachsene dann *süß, toll* und *herzerweichend,* zumindest für eine Weile, denn schon bald wird ihm die Liebe zu sich selbst ausgetrieben – schließlich soll es ja bescheiden sein und seine Zukunft mit dem nötigen Ernst angehen. Kommt dir das in deiner Erinnerung bekannt vor? Aus einer anderen Perspektive betrachtet, sieht es folgendermaßen aus: Die Halbwertszeit von Akzeptanz und bedingungsloser Liebe ist bei Erwachsenen bisweilen recht kurz, was dazu führt, dass du bereits mit wenigen Lebensjahren zu hören bekommst, was du alles falsch machst. Wenn du schreist oder wütend bist, sagen deine Eltern dir Dinge wie »Alles ist gut«, »Du brauchst doch nicht zu weinen«, oder einfach »Pssst«. Wenn du dann nicht aufhörst, werden sie wütend oder machen dir zumindest deutlich, dass dein aktuelles Verhalten nicht gewünscht ist. Im Idealfall ist es das Ziel der Eltern, dir einen erwachsenen Umgang mit Emotionen beizubringen. Doch darin liegt auch eine mögliche Gefahr, falls bei dir die Botschaft ankommen sollte: Deine Emotionen und die Art wie du sie äußerst, sind vollkommen falsch, und wenn du unmittelbar auf die Beschaffenheit deiner Umgebung reagierst, wirst du bestraft. Das kann dann dazu führen, dass du deine Emotionen nicht bewusst wahrnimmst und auslebst, sondern sie zu unterdrücken lernst. Die Folgen sind vielfältig.

Ein Beispiel: Wenn du in Deutschland öffentlich und lautstark »Das macht mich rasend, ich könnte ausrasten!« brüllst, werden die Leute um dich herum wahrscheinlich Dinge sagen wie »Der muss doch hier abgeholt werden« oder »Hol schnell das Handy raus und mach ein Video, da ist ein Geisteskranker«. Dabei wird jeder der Umstehenden das Gefühl kennen, extrem sauer zu sein, und dieses Gefühl muss raus. Darf es das nicht, spaltest du innere Bedürfnisse und Regungen von dir ab und lehnst somit auch immer einen Teil deiner selbst ab, der gesehen werden will. Dabei möchten auch Emotionen und Schmerzen gesehen und gewürdigt werden. Wir haben aber früh gelernt, genau das zu verstecken. So wird Kindern schnell eingepflanzt, dass sie etwas falsch machen, dass sie stören, dass sie etwas nicht tun sollen, weil es für die Eltern oder andere in ihrer Umgebung belastend ist. Nicht so laut spielen, das Zimmer besser aufräumen, nicht in der Küche spielen, im Garten nicht so laut sein, um den Nachbarn nicht zu stören. Der Grat zwischen notwendiger Erziehung, damit wir nicht als wütender Brüllaffe in der Fußgängerzone enden einerseits, und dem bewussten und freien Umgang mit eigenen Emotionen andererseits ist ein sehr schmaler.

Dieser Prozess wird noch dadurch verstärkt, dass wir schon in jungen Jahren durch unser Umfeld (Eltern, Lehrer, Medien etc.) oftmals eine Idealvorstellung von uns selbst entwickeln, der wir nicht gerecht werden (können). Aufgrund all der vermeintlichen Fehler, die du dir nun selbst zuschreibst oder aber dankend von anderen entgegennimmst, lehnst du weitere Teile von dir selbst ab, womit wiederum das Projekt »Liebe dich selbst« den Bach runtergeht. Mit fortschreitendem Alter kommen dann unweigerlich die Klassiker hinzu: »Du musst was aus dir machen!« Die Botschaft, die in deinem Unterbewusstsein ankommt, lautet logischerweise: Ich bin also noch nichts. *Na klasse*, wirst du dann wahrscheinlich denken, *da geht es mir ja direkt ganz wunderbar. Ich spüre gar keinen Druck. Morgen mache ich eine Saftbar auf.* Oder auch nicht. Wir könnten wetten, dass du diesen Satz schon mindestens einmal in dir gehört hast: *Ich bin noch nicht genug.* Und weil dein Unterbewusstsein immer versucht, für dich zu arbeiten, sucht es akribisch nach Beweisen für diesen Glaubenssatz: Ich bin noch nicht genug. Ich habe den Job nicht bekommen – bewiesen! Ich habe meinen Wunschpartner nicht für mich gewinnen können – bewiesen! Ich habe immer noch nicht abgenommen – bewiesen! Ich habe immer noch nicht mit dem Rauchen aufgehört – bewiesen! So geht es dann den ganzen Tag weiter. Überall siehst du *scheinbare* Beweise für deine *scheinbare* Unzulänglichkeit. Das erfüllt dich sicherlich nicht gerade mit Energie.

Sage dir zur Überprüfung mal den folgenden, leider gängigen Satz: »Ich muss was aus mir machen.« Spüre, wie schwer dieser Satz im Magen liegt.

Wenn es sich schwer anfühlt, überprüfe es!

An dieser Schwere kannst du auf ganz verlässliche Weise merken, dass er nicht wahr ist. Denn was sich schwer anfühlt, ist nicht im Einklang mit dem Leben und deinem Innersten. Dieses Spüren, nicht das kategorische Ablehnen solcher Gedanken, ist der Weg zu innerer Freiheit.

Mitgemacht!
Glaubenssätze aus der Erziehung überprüfen

- Sage dir also einmal Folgendes:

Ich bin schon alles, was ich sein kann und worüber sich alle Menschen einig sind: am Leben.
Mit welchem Inhalt ich es fülle, ist allein meine Angelegenheit, und was daran gut/schlecht, richtig/falsch ist, kann nur ich selbst empfinden.

Das fühlt sich wahrscheinlich entspannter an. Wahrer. Wenn du aber hörst, etwas aus dir machen zu müssen, ist dein Leben fortan von inneren Kommentaren wie »Ich sollte«, »Ich darf nicht« oder »Es gehört sich nicht« geprägt. Das ist eine Form von ungewollter Zurückweisung deiner selbst. Wann immer Gedanken in dir aufsteigen, die mit »Ich sollte«, »Ich muss«, »Ich darf nicht« oder ähnlich beginnen, komme zu dieser Übung zurück und frage dich: Wer sagt das? Ist das wahr? Um das zu überprüfen, sage dir den oben genannten Glaubenssatz in Gedanken selbst und empfinde in dir nach, welcher von beiden sich besser anfühlt.

Hürden überwinden – Spaßbremsen aus dem Weg räumen 67

> Damit gibst du dir selbst eine Antwort auf die Frage, ob es wahr ist oder ob du einem irrtümlichen Glaubenssatz aufgesessen bist.
>
> Außerdem wirst du sehen, dass ein Glaubenssatz so schnell kommt und geht wie der andere, warum also nicht die Rosinen herauspicken?

Sätze wie »Ich muss was aus mir machen« hören wir schon früh, durch das Bedürfnis unserer Eltern, uns auf die besagte Erwachsenenwelt vorzubereiten, in der nach bestimmten Regeln gespielt wird. Regeln sind gut und wichtig an dem Punkt, wo sie unser gemeinsames Zusammenleben sinnvoll unterstützen, indem sie als Spielregeln einen verlässlichen Rahmen bilden. Doch dort, wo aus dem Sicherheit bietenden Rahmen ein Gefängnis wird – und die Grenze ist ziemlich fließend –, dort werden Regeln zu einem Problem. Dann engen sie deine emotionale Freiheit und Unbeschwertheit ein – also im Erwachsenenalter die zentralen Qualitäten des inneren Kindes, auf die man zurückgreifen kann –, indem aus einem »Du könntest« ein »Du solltest« wird. Denn wenn ich etwas »sollte«, tue ich es momentan anscheinend nicht, also ist das, was ich im Moment mache, folglich falsch, und frei entscheiden brauche ich auch nicht mehr, denn »sollte« lässt nur eine Option zu.

Horche einmal in dich hinein und beantworte die folgenden beiden Fragen: Was hättest du im Leben bisher anders machen sollen? Was solltest du jetzt gerade eigentlich tun? Da fällt dir bestimmt einiges ein. Dabei ist die Antwort auf diese Fragen ganz simpel: Du hättest genau das tun sollen, was du bisher getan hast, denn du hast es schließlich getan. Warum an dem rütteln, was bereits geschehen ist? Du kannst es ohnehin nicht ändern. Darüber zu lamentieren wird dir nur Frustration einbringen, und die kann man auch leichter finden.

Genauso solltest du in der Gegenwart genau das tun, was du gerade tust, denn du tust es ja momentan. Alles andere ist ein Ablehnen dessen, was im Leben geschieht, nämlich gerade jetzt. Wenn du ablehnst, was du gerade tust, lehnst du immer auch dich selbst ab, schließlich ist dein Verhalten das Produkt deines Fühlens und Denkens, das du damit aburteilen würdest. Diese Selbstablehnung führt schließlich dazu, dass wir Liebe und Anerkennung bei Mitmenschen oder in Dingen suchen, die uns von dem Wunsch nach Selbstliebe ablenken und nach denen wir schnell süchtig werden: Essen, Drogen, Alkohol, Zigaretten, Arbeit, Sport, Sex, unser Partner, Freunde, Fans, Shopping und vieles mehr. Wenn du glaubst, irgendetwas davon zu brauchen, um glücklich zu sein, bist du davon abhängig. Besonders in der Partnerschaft äußert sich das Verlangen nach Liebe im Außen. Wir erwarten von unserem Partner, geliebt zu werden, und sagen so etwas wie: »Eine Beziehung ist Geben und Nehmen.« Aber wer keine Liebe zu sich und damit dem Leben, also dem, was geschieht, in sich trägt, kann nichts geben und ist nicht offen dafür, dass der andere nehmen darf.

Suche nicht im Außen nach Liebe

Dein Gegenüber wird dir niemals mehr Liebe geben können, als du dir selbst geben kannst. Der spirituelle Lehrer Osho sagte dazu treffenderweise, das sei wie die Begegnung zweier Bettler, die sich gegenseitig in die Tasche greifen. Sie sind leer; nichts zu geben, nichts zu nehmen. Ein Trauerspiel, das sich mit jedem Griff in die Tasche verschlimmert. Denn wenn dein Partner dich auch noch so sehr »liebt«, dein Unterbewusstsein wird sagen: »Das kann der/die doch nicht ernst meinen. Ich bin gar nicht liebenswürdig.« Damit wirst du unterbewusst das Verhalten des anderen (und damit häufig auch seine Person) als *falsch* ablehnen. Viele Klienten und Seminarteilnehmer erzählen uns Dinge wie: »Ich verhalte mich meinem Partner gegenüber schrecklich und merke es hinterher selbst. Manchmal macht er mich, ohne dass ich wüsste, warum, unglaublich wütend. Hinterher weiß ich gar nicht, was in mich gefahren ist.«

Beinahe ein Normalfall; wenn uns jemand »liebt« und wir dieses Verhalten unterbewusst nicht nachvollziehen können, sind wir oft ungerecht zu dieser Person und verstehen uns im Nachhinein selbst nicht mehr. Dieses Verhalten tut daraufhin nicht nur unserem Partner, sondern auch uns selbst weh. Dass etwas nicht stimmt und vielleicht sogar keine Liebe im Spiel ist, weißt du unter anderem, wenn du ab und zu oder sogar dauerhaft unterschwellig traurig bist über deine Beziehung oder deinen Partner, denn: *Es ist keine Liebe, wenn es wehtut.* Ein Satz, den du dir merken solltest, ist er doch der stärkste Gefühlsindikator für eine fehlerhafte Beziehung. Das kann sich äußern durch mittlerweile als »normal« wahrgenommene Gedanken wie »Er/sie schreibt mir keine SMS zurück«, »Er/sie sollte sich mehr Zeit für mich nehmen« oder »Sein/ihr Hobby ist viel wichtiger als ich«. Falls du nicht in einer geheimen Kommune hedonistischer Bonobos groß geworden bist und schon ein sozialwissenschaftliches Skandalbuch darüber verfasst hast, wirst du wahrscheinlich den ein oder anderen der genannten Gedanken schon einmal gehabt haben.

Vielleicht kennst du diese Gedanken sogar aus jeder deiner bisherigen Beziehungen. Du forderst etwas von jemand anderem, ohne selbst etwas zum Geben zu haben. Und darum *bedarf echte Liebe auch keiner Erwiderung.* Echte Liebe entsteht und wächst in dir selbst, und du kannst andere daran teilhaben lassen, sofern auch sie gelernt haben, sich selbst zu lieben. Dann bist du mit dir und dem, was ist, in Frieden, und dein Partner darf tun und lassen, was er möchte. Erwartungen à la »Geben und Nehmen« kannst du hier getrost fallen lassen. Es ist normal, dass diese oder ähnliche Konzepte in unserem Kopf herumschwirren. Da wollen wir uns keineswegs ausnehmen, das ist schließlich nur menschlich. Aber menschlich ist auch die Möglichkeit, hinter diese Bedürfnisse zu blicken und diese Gefühle anzuschauen und zu akzeptieren. Wir Menschen tun alles, um nicht nach innen schauen zu müssen, wo Selbstanklage und Selbstzweifel warten. Darum richten wir unseren Blick ganz bequem nach außen und nennen das dann »Erwachsensein«, passend zu unserer Dressur. Wenn du aber in deiner schmutzigen Wohnung stehst und wochenlang aus dem Fenster starrst, wird sie sich ganz bestimmt nicht von selbst reinigen – ganz im Gegenteil, der Schmutz wird mehr werden. Genauso verhält es sich mit den Problemzonen im Kopf. Wir sagen viel zu oft »Nein« zu Dingen, die wir erfahren, weil wir sie entsprechend unserer Erziehung und Konditionierung so unglaublich ernst nehmen. Wir erwarten eine freundlichere Welt, bessere Umstände, mehr Chancen und alles Mögliche, was wir noch nicht haben. Aber das äußere Leben ist immer nur ein Spiegelbild deines inneren Zustands und damit der Liebe zu dir selbst. Dort gilt es also mit dem Aufräumen anzufangen und nicht da draußen. Wenn du dir beim Schrauben in der Garage das Gesicht mit Öl beschmiert hast, beginnst du vor dem Badezimmerspiegel doch auch nicht damit, dein Spiegelbild zu putzen, oder?

Entziehe dich dem Imagekrieg und genieße den Frieden

Wir schulden dir noch eine Erklärung zur zweiten Dressurlektion: Achte in deinem Alltag darauf, wie oft deine Eltern,

Freunde, Kollegen oder sogar Fremde versuchen, dich zu erziehen. Ein Beispiel: Während einer Australienreise führte ich (Benjamin) einen Blog und bekam von einem Freund eine SMS mit dem Inhalt, dass ich ja ganz schön abgehoben sei, weil ich in einem Beitrag erwähnte, dass ich bestimmte Persönlichkeitsstrukturen anderer Menschen schnell durchblicken könne. Eine Unverfrorenheit, sich einfach selbst eine Kompetenz zuzuschreiben! Und das dann auch noch öffentlich zu äußern.

Erving Goffman hat das, was da passiert ist, vor knapp 70 Jahren als eine Art natürlichen Imagekrieg jeder Interaktion dargestellt, an dem wir alle auf aktive oder passive Art und Weise teilnehmen. Eigenlob verstößt gegen die unausgesprochenen Regeln sozialer Interaktion und führt in diesem Fall zur »aggressiven Ausgleichshandlung«, also dem prophylaktischen »Verbalangriff«, mit dem Minuspunkte für dich generiert werden sollen, um das soziale Gleichgewicht wiederherzustellen. In diesem Imagekrieg gibt es übrigens kaum Kriegsdienstverweigerer: Je öfter du dich in Gesprächen aufmerksam selbst beobachtest, desto mehr Beispiele für deinen eigenen Dienst an der Waffe wirst du finden.

Aber: Eigenlob stinkt nicht, es riecht vielmehr nach gesunder Selbstwahrnehmung. Denn mach dir nichts vor: Wenn du ganz ehrlich bist, fallen dir bestimmt viele Dinge ein, die du an dir selbst toll findest. Du traust dich vielleicht nur nicht, sie auch zu äußern, ja sie überhaupt als Gefühl zuzulassen! Die Liste ist wahrscheinlich weitaus kürzer als die Liste deiner dir selbst zugesprochenen Unzulänglichkeiten. Wenn deine mentalen Minuspunkte die Bibel sind, handelt es sich bei der Sammelstelle für Eigenlob wahrscheinlich eher um die Apokryphen.

Mitgemacht!
Eigenlob ist Ambrosia

Überzeug dich selbst davon, dass Eigenlob eine gute Sache ist, wenn du einfach die geltenden Konventionen ausklammerst.

1. Nimm dir ein Blatt Papier zur Hand und schreibe einmal alles auf, was du an dir selbst toll findest. Wann hast du etwas für andere getan? Was kannst du besonders gut? Wenn du jemand anders wärst, was würdest du an dir mögen? Welche Qualitäten hast du, die andere bereichern oder noch bereichern könnten? Nimm dir dafür ruhig Zeit, denn möglicherweise hast du diese Liste dein Leben lang vernachlässigt, und es gibt einigen Nachholbedarf.

2. Wenn du anschließend auf deine Liste schaust, spüre, wie es sich anfühlt, mit dir selbst einmal positiv ins Gericht zu gehen. Bewahre sie dir gut auf und ergänze sie nach Belieben!

Schuld daran ist unter anderem eben jener ständige soziale Imagekrieg, in dem wir bescheiden und selbstkritisch sein müssen, um nicht als Kanonenfutter vor den lauernden Kritik-Flinten unserer Mitmenschen zu enden. Wir wissen nicht, wem dieses Zölibat in Sachen Selbstakzeptanz helfen sollte. Komisch, Komplimente für andere sind doch sozial erwünscht, nur eben nicht für sich selbst.

Ein weiterer Selbstversuch für dich: »Ich bin toll!«

Wir sind sicher, dass du dich möglicherweise in irgendeiner Form unangenehm fühlst bei diesem Gedanken. Gleichzeitig würdest du dich wahrscheinlich darüber freuen, so etwas von deinen Mitmenschen gesagt zu bekommen. Wenn du es dir aber nicht einmal selbst zuschreiben kannst, würde das ja bedeuten, dass du deine freundlichen, Komplimente gebenden Mitmenschen innerlich jedes Mal als Lügner abstempeln müsstest. Das ist klassisches Philosophieren über Selbstliebe und seit mindestens 50 Jahren en vogue. »Liebe dich selbst!« schallt es von jedem Dach, »Hurra!« echot es zurück. Doch warum passiert nichts? Ja genau, wegen dieser beschriebenen sozialen Konvention, die das Eigenlob als soziale Kreuzigung stigmatisiert.

Es ist schon paradox, wie wir uns selbst Dinge verbieten und sie gleichzeitig anderen angedeihen lassen wollen. Gleichberechtigung wäre wohl angebracht. Wir meinen damit natürlich nicht, dass du dich ab heute immer mental selbst streicheln sollst, bis es nach einer umfassenden narzisstischen Nabelschau zum Orgasmus der Selbstliebe kommt. Mache lieber den Selbstversuch, dich eine Woche lang selbst zu loben und im inneren Spiegel deine hervorragenden Eigenschaften zu sehen, während du gleichzeitig anerkennst, was deine Freunde und Verwandten so draufhaben. Beides darf und muss geäußert werden, damit es glaubhaft wird und sich gut anfühlt. Also bloß nicht schüchtern zu dir selbst sein. Mitmenschen, die sich sehr an sich selbst erfreuen können, und zwar wirklich, nicht in aufgesetzter, gespielter Selbstliebe, erkennst du häufig daran, dass du sie heimlich doof findest, vielleicht sogar unterschwellig hasst. Das mag dich jetzt vielleicht schockieren, aber wir denken, dass du einige Beispiele finden wirst, wenn du den Gedanken zulässt. Das kann ein deutlicher Indikator dafür sein, dass es bei deiner eigenen Selbstliebe noch ein wenig Nachhilfe bedarf und dein Unterbewusstsein versucht, diesen vermessenen Mitmenschen abzuwerten, der da so gut mit sich selbst klarkommt, um dich nicht klein zu fühlen. Darum ist ein solches heimliches Hassgefühl oft ein guter Spiegel dafür, dass du dich um deine eigene Selbstliebe kümmern solltest.

Denn unsere Psyche versucht über selbstständig ablaufende Vergleichsprozesse immer, einen Ausgleich herzustellen, der nicht immer rund abläuft. Darum ist Vorsicht geboten, wenn du dich um deine Selbstliebe kümmern möchtest: Deine herausragenden Eigenschaften sind ihres Wesens wegen toll und nicht, weil du damit einen Vorsprung vor den anderen hast oder besser wärst als sie. Es geht immer um die Sache, nie um den Vergleich, denn der Vergleich wird dich in die andere Richtung führen, nämlich in Abgrenzung von anderen, Selbstüberhöhung und Angeberei, die sofort als das identifiziert werden, was sie sind: unwahr.

Selbstliebe beginnt mit Akzeptanz

Lieben bedeutet also immer auch Akzeptanz. Um dich selbst zu lieben, musst du dich akzeptieren mit allem, was dazugehört: mit deinen Vorzügen und deinen Schatten. Das bedeutet nicht, dass du dich nicht verändern darfst. Ganz im Gegenteil: Wenn du liebend auf dich selbst schaust, dann werden dir immer Dinge einfallen, die du verändern möchtest, denn immerhin liebst du dich und möchtest entsprechend das Beste für dich. Da du dich aber trotz der zu verändernden Dinge liebst, kannst du dir ruhig Zeit für diese Veränderungen lassen oder sie spontan wieder fallen lassen, wenn sich etwas anderes, Besseres ergibt.

Wenn das geschafft ist, wenn du dich selbst lieben kannst, dann bist du auch bereit, andere zu lieben. Der erste Schritt ist die Anerkennung deiner eigenen Vorzüge und Talente, denn wenn du sie nicht in dir sehen kannst, wer dann? Niemand kennt dich auch nur ansatzweise so gut wie du selbst.

Kurz gesagt:

➤ Nur weil du zu bestimmten Glaubenssätzen erzogen wurdest, musst du ihnen heute nicht mehr folgen.

➤ Wenn du Überzeugungen aus der Kindheit überprüfst, die sich schwer anfühlen, kannst du sie durch sinnvollere ersetzen, die sich gut anfühlen.

➤ Akzeptiere deine Stärken und konzentriere dich auf sie. Gib ihnen Raum und Aufmerksamkeit.

Dem Widerstand widerstehen – Entspannung finden

Komödien sind seit jeher ein Füllhorn der Heiterkeit für den stressgeplagten Europäer an sich. Einfach mal abschalten und das Lachen herauslassen, das im Alltag oft im Halse stecken bleibt. Komödien helfen uns dabei, zumindest für die Laufzeit des Films, eine zentrale Sache zu verstehen: Das Leben muss nicht immer so ernst genommen werden. Nein, es *sollte* nicht immer so ernst genommen werden. Beziehungsprobleme, weil der Partner vergessen hat, nach der Arbeit Eier mitzubringen? Da werden schon mal die großen Kanonen aufgefahren, das ist schließlich eine schlimme Sache, so ganz ohne Eier. Vielleicht hast du auch gerade bei der Eisdiele deines Vertrauens zwanzig Cent mehr pro Kugel zahlen müssen – völlig unverfroren! Wenn du Psychologe oder Psychiater bist, hast du vielleicht innerlich gebrummt, weil wir uns nicht darum kümmern, die Metaebene von der personalen Ebene zu trennen? Ertappt! Es scheint etwas grundsätzlich Menschliches zu sein, alles, was uns widerfährt, ganz furchtbar ernst zu nehmen und uns selbst als Mittelpunkt des Universums zu sehen, umkreist von einem schmutzigen

Schweif aus schlechtem Karma und Unglück. Dabei glauben wir zu wissen, wie etwas zu sein hat und wie nicht. Kein Wunder, werden wir doch schon im jungen Erwachsenenalter mit der flachsten Poesiealbum-Philosophie bombardiert, die man sich vorstellen kann: »Träume nicht dein Leben, lebe deinen Traum«, »Lebe dein Leben, denn du hast nur eins« oder »Lebe jeden Tag, als ob er dein letzter wäre«, doch wie genau man das umsetzen soll, das wird nicht dazu gesagt. Da fragt man sich schon mal, wie es um uns herum aussehen würde, wenn jeder seiner Fantasie freien Lauf ließe und genau das täte, was er am letzten Tag seines Lebens tun würde. Aber woher wissen Kinder eigentlich, dass wir nur einmal leben? Was geht mit dieser vermeintlichen Erkenntnis wohl im Kopf einher? *Huch, ich lebe nur einmal, jetzt muss ich aber loslegen wie die Feuerwehr, sonst verschwende ich noch meine Zeit mit Facebook und Onlinespielen*? Denn die Liste der Dinge, die wir in unserem Leben erledigen und vor allem besitzen sollten, ist nach der Vorstellung unserer Konsumgesellschaft unglaublich lang, und daher kümmert sie sich schon seit unseren frühsten Kindertagen darum, dass wir sie lernen und verinnerlichen. Wohin mit dem Druck, den das erzeugt?

Das sind die unbewussten Fragen des Alltags, die in Komödien so bearbeitet werden, wie wir es auch gerne täten: sie werden nicht ernst genommen. Wie könnte man auch?

Ein Beispiel: Vor einiger Zeit lief im Kino der Film »Der Ja-Sager« mit Jim Carrey. Es wurden nicht nur auf herrlichste Art und Weise Erfolgs- und Motivationstrainer auf die Schippe genommen, sondern zwei zentrale Lebensweisheiten thematisiert. Der Protagonist, der aus Angst und Vorsicht immer »Nein!« zu allem gesagt hat, weil er das Leben sehr ernst genommen hat und entsprechend ängstlich war, sollte versuchen, ab sofort kategorisch zu allem »Ja!« zu sagen. Eine klare Komfortübung à la

»Ich kann nicht heißt, ich muss« wie im vorangegangenen Kapitel. Als Zuschauer dachten wir in den schrägsten Situationen, »Du kannst doch jetzt nicht ›Ja‹ sagen«, doch Jim Carrey tat es, und es entwickelten sich die schrägsten, lustigsten und anrührendsten Situationen, die fortan sein Leben zum Positiven veränderten.

Natürlich aus der Feder eines Hollywood Drehbuchautors, doch es ist exemplarisch für das, was wir auf dem Weg zur Lebensfreude so schnell wie möglich lernen müssen: Akzeptanz und Leichtigkeit. Du hast bereits das praktische Handwerkszeug für die Erfüllung deiner Wünsche erhalten, und in diesem Kapitel erhältst du nun einen simplen Leitgedanken, der dich darüber hinaus spielend leicht durchs Leben geleiten kann und den wir immer wieder ansprechen werden.

Übe dich im Jasagen

Es scheint in der menschlichen Natur zu liegen, eher zum Neinsager zu tendieren als zum Jasager. Ähnlich wie die Neigung als Gesellschaft, alle lieben Jahre mal mit Steinen zu schmeißen, Regierungsgebäude anzuzünden oder gar Kriege zu führen, üben wir uns Tag für Tag im Leisten von Widerstand gegen das Was-ist – führen Krieg gegen die Realität. Was auf gesellschaftlicher und politischer Ebene manchmal notwendig zu sein scheint, kann uns auf persönlicher Ebene so richtig das Leben vermiesen. Warum? Weil es dämlich ist. Warum ist es dämlich? Weil es Zeitverschwendung ist, an etwas zu rütteln, an das sich nicht rütteln lässt. Das heißt nicht, dass man sich nicht um Veränderung bemühen kann oder sollte, wenn wir von problematischem Widerstand reden, dann meinen wir den Widerstand gegen das, was dir im Hier und Jetzt begegnet. Der römische Kaiser Marcus Aurelius sagte schon vor knapp 2000 Jahren: »Es wäre dumm, sich über die Welt zu ärgern, denn es kümmert sie nicht.« Was damals schon galt, gilt heute noch immer. Und was ein antiker Feldherr erkannte, können wir als moderne Bildungsbürger doch auch erkennen. Sich gegen das aufzulehnen, was dir in diesem Moment deines Lebens begegnet, ist, als wolltest du mit deinen Händen eine Betonmauer abreißen. Es wird dir nicht gelingen, weil es in der Natur von Beton liegt, viel schwerer und stärker zu sein als du. Das Einzige, was dir passieren wird, wenn du das nicht schnell genug einsiehst, sind blutige Hände und eine ganze Menge Frust.

Den vermeintlichen Mauern des Lebens Widerstand entgegenzusetzen ist also wenig hilfreich, zumal du keine Aussicht auf Erfolg hast. Das heißt aber nicht, dass du nun einfach stehen bleiben musst, wenn das Leben eine Mauer vor dich stellt, denn wenn du deinen Widerstand aufgibst, dann bist du in deinem Denken, Fühlen und Handeln frei, um kreative Lösungen zu finden: auf die Mauer klettern und die Aussicht genießen; drum herumlaufen – wer weiß, welche interessanten Entdeckungen du dabei machst; Tunnel buddeln oder die Mauer einfach bunt anmalen ... Möglichkeiten zur Veränderung gibt es viele. Man könnte sogar sagen, dass innerer Widerstand gegen die vermeintliche Realität heutzutage der Hauptverursacher von seelischen Schmerzen ist – umso wichtiger ist es zu lernen, damit umzugehen.

So tapfer du auch deinen inneren Widerstand gegen die in der Übung identifizierten Situationen oder Personen geleistet hast – die Ampel ist nicht schneller grün geworden, das Essen im Restaurant ist nicht früher gekommen, der Brief der Versicherung hat sich nicht in Luft aufgelöst, die Spaghetti haben sich nicht selbst vom Teppich erhoben und sind zurück auf den Teller geflogen, den Job hast du nicht bekommen, und deine Schwester ist immer noch die gleiche.

Mitgemacht!
Identifiziere alltägliche Widerstände

- Gehe einmal im Kopf deinen letzten Tag durch und mache dir bewusst, wo du überall Widerstand gegen die Realität geleistet hast. Hat dich die rote Ampel aufgeregt, die einfach nicht grün werden wollte? Vielleicht hat der Service im Restaurant viel zu lange gebraucht, bis endlich dein Essen auf dem Tisch stand? Kam wieder ein Brief von der Versicherung? Ist dir der Teller Spaghetti beim Abendessen auf den Teppich gefallen? Hast du einen Job nicht bekommen, den du unbedingt haben wolltest? Hast du dich über deine Schwester aufgeregt, weil sie mal wieder unaufrichtig zu dir war? Oft sind es die Kleinigkeiten, die dich zur Weißglut bringen können, wie ein Faden, der einfach nicht durch eine Öse passen will, so viel du auch daran herumfummelst? Erstelle diese Liste in deinem Kopf, und dir wird schnell deutlich werden, warum es sinnvoll ist, sich mit dem Thema Widerstand zu beschäftigen: Widerstand beschäftigt dich nämlich häufiger in deinem Leben, als dir wahrscheinlich bisher bewusst war. Wenn du lernst, mit Widerstand umzugehen, dann führt das zu einer tiefen inneren Entspannung.

Es ist erstaunlich, wie wir uns im Alltag häufig einreden, dass sich die Welt unseren Erwartungen entsprechend anzuordnen habe. Schon ein bisschen egoistisch, hm? Wenn es tatsächlich etwas bringen würde, sich nur genug über die herrschenden Umstände oder andere Menschen aufzuregen und alles würde sich zum Besseren wenden, dann wäre unser blauer Planet wohl ziemlich chaotisch bei knapp acht Milliarden Widerständlern mit unterschiedlichen Vorstellungen. Wir sind eben nicht der Mittelpunkt des Universums, um den die Milchstraße im Kreis rotiert wie ein dressierter Tanzbär. Außerdem tritt Widerstand in der Regel dann auf, wenn eine Situation nicht deinen Erwartungen entspricht, wenn die Gegenwart also anders ist, als du dir vorgestellt hast, wie sie sein würde. In unseren Gedanken malen wir uns so oft aus, wie die Zukunft aussehen sollte oder könnte – hält sich die Zukunft nicht daran, dann entsteht Widerstand. Eine Zeit lang herrschte die häufig noch immer populäre Vorstellung, mit einer gesunden »Wünsch dir was!«-Philosophie könne man alles erreichen. Wenn man sich nur richtig und wirklich, also zu 100 Prozent sicher sei, dass es auch klappt, könne man mit dem richtigen Wünschen alles in sein Leben holen, was man – genau – sich wünscht. Im Umkehrschluss würde das also bedeuten, dass, wenn du krank wirst, du eben nur zu 99 Prozent gewünscht hast, gesund zu sein, und nicht überzeugt genug warst.

Die Idee, sich sein Leben quasi »zurecht-zu-wünschen«, ist weder hilfreich noch von Erfolg gekrönt. Genauso verhält es sich mit dem »Positivdenken«. Alles positiv zu sehen ist genauso falsch, wie alles negativ zu sehen, und beides gründet zumeist in einem Widerstand gegen die Realität.

Du kannst Dinge nicht her- oder wegwünschen, aber deinen Widerstand kannst du aufgeben

Mittlerweile haben viele Menschen erkannt, dass sich hinter dem Wünschen oder Positivdenken nichts anderes als eben unnützer Widerstand verbirgt, dem man statt mit Wut oder anderen Unmutsäußerungen mit ganz, ganz kräftigem Wünschen Ausdruck verleiht. Dahinter verbirgt sich also kein esoterischer Heilspfad, sondern einfach eine Strategie des unzufriedenen Funktionierers, seinen Frust beizubehalten. Mittlerweile hat sich diese Strategie glücklicherweise in »die Magie« der Akzeptanz und der Dankbarkeit gewandelt. Aus »Nein!« und »Nein, lieber XY« muss eben ein klares »Ja! So ist es!« werden, das uns im besten Fall ein Lächeln auf die Lippen zaubert, jedoch zumindest ein inneres »Okay« zur aktuellen Realität entstehen lässt.

Jetzt sind wir natürlich gefragt, wie das wohl am besten funktioniert. Vielleicht hast du sogar schon inneren Widerstand verspürt, als du all das gelesen hast. Etwas wie »Ja, das hört sich ja alles toll an, aber so einfach ist das nicht!«. Natürlich ist es nicht einfach. Eben darum nicht, weil du sagst, es sei nicht einfach. Es kommt auf den richtigen Fokus an. Also verändern wir die hinderliche Frage ganz schnell zu einer hilfreichen: »Das klingt toll, wie kann ich das in mein Leben holen?«

Eine gute Frage, hier kommt die Antwort: Widerstände aufzugeben bedeutet in erster Linie, den Überblick zu bewahren. Falls du ein emotionaler Mensch bist, heul ruhig eine Runde, wenn etwas passiert, das dich im ersten Moment überwältigt. Es ist seltsam, dass diese menschliche Regung heutzutage oft als Schwäche abgelehnt wird. Wer sind wir, dass wir unsere evolutionären Grundzüge als Schwäche bezeichnen können?

Also, ab und zu auch mal zu heulen wie ein Schlosshund ist absolut angemessen, wenn du traurig bist. Sag »Ja« zu spontanen emotionalen Reaktionen, wenn sie in dir auftauchen, und lass sie danach wieder los. Mache keine Geschichte daraus, die sich selbst in Form von Widerstand am Leben erhält, indem du sagst, Weinen sei eine Schwäche und unangebracht. Akzeptiere sie, ohne dich in sie hineinzusteigern. Finde ein gutes Maß. Dabei bedeutet die Akzeptanz nicht, dass du nichts ändern kannst oder solltest! Es geht darum, den Widerstand gegen das aufzugeben, was im Moment ist und damit auch nicht verändert werden kann. Daraus die Motivation für eine zukünftige Veränderung abzuleiten, ist jedoch mehr als nur legitim. Nehmen wir zum Beispiel das berühmte Marmeladenbrot, das ja bekanntermaßen und gemäß Murphys Gesetz immer mit der Marmeladenseite auf dem Boden landet: Kann ich es ändern, dass das Brot mit der Marmeladenseite auf dem Boden gelandet ist? Nein. Muss ich es akzeptieren? Ja. Muss es so bleiben? Nein. Ich kann mich sowohl darum kümmern, nun doch noch zu meinem leckeren Brot zu kommen, als auch mir vornehmen, beim nächsten Frühstück achtsamer zu sein.

Das Leben ist nur ernst, wenn du es (zu) ernst nimmst

Unsere Uroma pflegte in ihrer ruppigen, aber immer gut meinenden Art zu sagen: »Heul du nur – was du heulst, brauchst du nicht zu pissen!« Das hört sich erst einmal gefühllos an, wahrscheinlich auch amüsant, allerdings steckt eine fundamental weise Aussage dahinter: Auch in einer solch emotionalen Reaktion lässt sich etwas Positives sehen, selbst wenn es nur ein Spaß ist, und vor allem: Nimm dich und deine Probleme nicht so furchtbar ernst. Die Welt, das Leben, deine Mitmenschen haben sich nicht gegen dich verschworen, so wichtig bist du nicht, sind wir nicht, ist niemand von uns. Wir sind alle Steinchen in einem großen Mosaik, jedes an seinem richtigen Platz. Keiner von uns kann von oben auf das Gesamtwerk herabblicken und etwas anderes behaupten. »Der Schnee fällt, jede Flocke an ihren Platz«, wie die Zen-Buddhisten zu sagen pflegen.

Eine Reaktion ist also immer okay, wenn sie sich jetzt gerade richtig anfühlt, aber mache keine Endlosmission daraus. Als

Drehbuchautor für das eigene Leben eignen sich diese Gedanken nämlich nicht. Sie schreiben nur Dramen, und ein bisschen mehr Abwechslung in der zerebralen Flimmerkiste darf es schon sein, oder?

Nach der instinktiven Reaktion, die eher körperlicher Natur ist, solltest du ab sofort versuchen, dir eine einzige Frage zu stellen, jedes Mal, wenn sich Widerstand in dir regt: *Wer weiß, wofür es gut ist?* Ein krasses Beispiel aus unserem Umfeld: Ein Freund entschied sich während des Studiums für ein Stipendium in Israel. Am Morgen seiner Masterprüfung in Tel Aviv rannte er wie jeden Morgen zu seiner Bushaltestelle direkt vor einem kleinen französischen Café. Dieser eine Tag hatte besonders schlecht begonnen; er stolperte über das Bobbycar vom Sohn seiner Nachbarin und verletzte sich den Zeh. Fluchend rannte er weiter zu eben jener Bushaltestelle (obwohl es wahrscheinlich eher ein besonders engagiertes Humpeln war) und kam genau zwei Minuten zu spät. Aus der Ferne sah er noch zwei junge Männer einsteigen, denen er zurief, die Tür aufzuhalten. Die jungen Männer waren aber nicht von der freundlichen Sorte und beachteten ihn nicht. Der Bus fuhr ohne ihn. Es war der letztmögliche Bus, der ihn pünktlich zu der Prüfung bringen konnte. Mit Tränen in den Augen und Gott, die Welt, das Schicksal, alle Busfahrer und unfreundliche Fahrgäste verfluchend, machte er sich zu Fuß auf den Weg zur Uni. Natürlich war es zu Fuß nicht zu schaffen. Also rief er das Sekretariat an, das sich aber ebenfalls als ungnädig erwies. Dann rief er einen Freund an, der ihm beipflichtete, wie schrecklich doch alles sei und dass sich nun alles gegen ihn verschworen haben müsse. Zu zweit ist Jammern schöner, auch wenn es gegen das Schicksal selbst geht, das sich natürlich nicht im Geringsten darum schert. Was als Nächstes geschah, ist so unglaublich, dass es sein Leben verändern sollte. Er hörte einen lauten Knall und an der nächsten Kreuzung sah er den ausgebrannten Bus seiner Linie, den er eben noch versucht hatte zu erreichen. Später stellte sich heraus, dass die beiden Männer, die ihm nicht die Tür aufhalten wollten, Selbstmordattentäter waren und den Bus mitsamt allen Fahrgästen in den Tod gerissen hatten.

Zugegeben, es ist das krasseste Beispiel dafür, keinen Widerstand zu leisten und das Schicksal seinen Job machen zu lassen, das uns persönlich je begegnet ist – aber es ist eben auch das kraftvollste. Es ist so umwerfend, dass es kaum zu glauben ist. Heute übt sich unser Freund in Dankbarkeit und ist einer der zufriedensten Menschen, die wir kennen. Das Schicksal hat ihm eine Hand gereicht, die er ergriffen hat. Nicht weil er am Leben geblieben ist, sondern weil er eine eindrucksvolle Lektion bekommen hat, die ihn lehrte, dass es sich niemals lohnt, eine Situation zu bewerten, sondern sie mit Geduld zu akzeptieren und zumindest neu zu betrachten, im besten Fall einfach so sein zu lassen, wie sie eben ist. »Hinterher weiß man immer mehr«, heißt es nicht umsonst im Volksmund. Er selbst sagte uns einige Zeit später, dass das Leben plötzlich so einfach geworden wäre, weil er sich nicht mehr aufregen müsse und seine Zeit jetzt eher damit verbringe, zu schauen, wofür etwas am Ende gut sein könnte. Und wir können nur bestätigen, dass es stimmt. Es lohnt sich also, erst einmal »Ja!« zu sagen zu allem, was dir begegnet, und dir kein Urteil über etwas zu erlauben, das du in seiner Gesamtheit gar nicht überblicken kannst.

Das Schicksal ist größer als du

Bescheidenheit ist hier tatsächlich eine Zier. Unser Freund nennt es seither in charmant-direkter Art »Gegenüber dem Schicksal keinen Dicken machen«. Im Prinzip doch eine ganz einfache Übung. Mach keinen Dicken und frage dich immer, wenn du dich über eine Situation oder einen Menschen ärgerst und ein inneres »Nein!« dazu hast: »Wer weiß, wofür es gut ist?«

Mitgemacht!
Widerstand in Akzeptanz umwandeln

Wenn du Widerstände identifiziert hast, ist es gut, den besagten inneren Satz »Wer weiß, wofür es gut ist?« als Allheilmittel gegen sie einzusetzen. Es ist, als nimmst du einem inneren Bild den Rahmen weg und erlaubst ihm damit, sich zu öffnen. Wenn du also ein inneres »Nein« verspürst, akzeptiere dieses »Nein« und siehe es als einen Hinweis, dass du Widerstand leistest und dir damit nur selbst schadest. Akzeptiere, dass du zu diesem Zeitpunkt nicht beurteilen kannst, ob das jetzt gut oder schlecht ist.

1. Notiere dir abends, wann solche Situationen aufgetreten sind und wie dein Widerstand aussah und was passiert ist, als du dich gefragt hast: »Wer weiß, wofür es gut ist?«

2. Wenn du dann einige Zeit später noch einmal nachblätterst, wirst du unter Umständen lachen, weil die Situation doch gar keine so schlimmen Auswirkungen hatte, im Gegenteil: Manchmal sind es sogar positive Auswirkungen. Du wirst bemerken, dass das Leben dir viel gewogener begegnen wird, sobald du es nicht mehr als Feind betrachtest, dem du Widerstand leisten musst.

Fortan wirst du erkennen, dass das Schicksal doch gar kein so grauenvoller Geselle ist, sondern ganz im Gegenteil ein gutmütiger Mitspieler in diesem Spiel des Lebens, das wir alle viel zu verbissen angehen. Noch mehr Widerstand in dir? Vielleicht mit einem Gedanken wie dem folgenden: *Und wenn dann doch nichts Gutes oder Schönes aus einer Situation entspringt, die ich ablehne? Es gibt so viele Dinge, an die ich mich erinnern kann, die gar nicht »einfach gut« wurden, sondern erst nach langer Zeit und mit Engagement meinerseits!* Wunderbar, auch dann ist der positive Aspekt deutlich: Die Situation hat dich dazu gebracht, etwas zu verändern. Wenn du richtig hinschaust, wirst du erkennen, dass in zunächst unangenehmen Situationen zumindest eine Chance auf Veränderung liegt. Zumindest dann, wenn du nicht voll und ganz von deiner inneren Ablehnung überwältigt bist, sondern dir durch Akzeptanz einen freien Kopf für Lösungen behältst. Das passt sehr gut zum Thema Fokus, über das wir schon gesprochen haben, nicht wahr? Das sollte dir verdeutlichen, wie wichtig dieser Punkt ist. Es ist immer der Fokus und worauf du ihn ausrichtest, was über die Qualität deines Lebens entscheidet. Wenn dir das gelingt, ist Akzeptanz nichts weiter als der natürliche nächste Schritt, der daraus erwächst, dass du es verinnerlicht hast, die richtigen Fragen zu stellen. Das Beste am Jasagen ist übrigens, dass es absolut nicht schwer ist, sondern so einfach, dass viele es nicht glauben wollen. Du brauchst zur Meisterschaft nur wie bei allen Dingen ein wenig Disziplin und Übung, bis es zu einem Selbstläufer wird. Ein Versprechen geben wir dir an dieser Stelle gerne mit auf den Weg: Bereits nach kurzer Zeit wirst du ein wahrer Akzeptanz-Junkie sein, denn es gibt kaum etwas, das die Qualität deines Lebens so schnell und auf so einfache Art und Weise nach oben katapultieren kann. Da wird aus der nächsten verdammten roten Ampel nicht mehr das rote Tuch für deinen persönlichen Drei-Minuten-Tobsuchtsanfall mit ausschweifendem Vokabular, sondern die nächste Dosis Lebensfreude. Die vielleicht einzige

Sucht, die dir an dieser Stelle ein Doktor persönlich verschreibt und jemals verschreiben wird.

Wir können das Leben eben nur rückwärts verstehen. Mache dich zum Beobachter des Lebens und staune wie ein Kind, was es für dich bereithält, statt dich über das zu ärgern, was geschieht. Dann wird dir mit ein bisschen Übung auch die Spaßbremse des nächsten Abschnitts, die Angst, weitgehend erspart bleiben.

Kurz gesagt:

- Widerstand ist oft selbstverständlich geworden. Mache ihn dir fortan bewusst, wann immer du ihn spürst.

- Lasse deinen Widerstand los, indem du akzeptierst, dass das Schicksal größer ist als du und es dir nichts als Kummer bringt, wenn du Situationen bewertest.

- Widerstandslosigkeit bedeutet Akzeptanz. Übe dich darin, indem du dich so oft wie möglich fragst: »Wer weiß, wofür es gut ist?«

- Widerstandslosigkeit und Akzeptanz sind NICHT gleichbedeutend mit Resignation und Lethargie! Vielmehr sind sie die Grundlage für positive Veränderung.

Angst – eine Zivilisationskrankheit heilen

Widerstandslosigkeit zu üben ist das A der Lebensfreude. Bis zum O gibt es allerdings noch ein paar weitere Schritte. Deine Ängste zu sehen und zu identifizieren kann dir verlässlich dabei helfen, Lücken in deiner Widerstandslosigkeit zu entdecken und sie zu schließen. Sie können dir auch aufzeigen, wo es sich lohnt, ihnen zu folgen. Wenn wir unsere angestrebte Lebensfreude als ein Haus sehen, das wir mit diesem Buch gemeinsam aufbauen, gilt wie auf jeder anderen Baustelle auch, als Erstes eine Blaupause davon zu erstellen und einen Bauplan anzulegen. Das haben wir mit den drei Schritten getan. Als Nächstes müssen wir den richtigen Boden finden. Den haben wir mit unserer Widerstandslosigkeit geschaffen. Als Nächstes sollten wir unser Fundament setzen. Dabei handelt es sich um die herausforderndste und gleichzeitig wichtigste Aufgabe, denn alles Folgende wird dir im Vergleich leicht von der Hand gehen und für ein stabiles Haus der Selbstliebe sorgen, in dem es sich zu leben lohnt. Damit dieses Fundament stabil bleibt und am Ende nicht alles zusammenstürzt, schauen wir uns in diesem Kapitel die Reste deiner Einschränkungen und Zurückweisungen als Kind an. Sie nennen sich Angst. Damit meinen wir nicht die sinnvolle Angst, die dir das Leben rettet, indem sie zum Beispiel verhindert, dass du die coole Szene aus dem letzten »Sex and the City« nachspielst und deine Ehe ruinierst – hier ist eine bremsende Angst eine echte Lebensversicherung. Nein, wir sprechen von der erlernten, aber unbegründeten Angst, die dich in deinem Leben einschränkt und deine Entwicklung behindert.

Diese Angst ist in vielerlei Hinsicht mit einer Epidemie vergleichbar, denn sie grassiert aufgrund mangelnder (mentaler) Hygiene und wird, da höchst infektiös, von Mensch zu Mensch übertragen. Die Inkubation beginnt früh mit der angesprochenen Dressur, die sich in Zurückweisungen wie »Du sollst nicht«, »Du kannst nicht«, »Du darfst nicht«, die unser Unterbewusstsein immer mit »Ich bin nicht richtig«, »Ich mache etwas falsch«, »Das, was ich tue, stört andere« übersetzt, äußert. Mit jedem weiteren Lebensjahr tritt dann ein krank machender Ping-Pong-Effekt ein, wenn andere dir im Streit deine Unzulänglichkeiten vorhalten und du ganz automatisch den Gefallen erwiderst. Zum Beispiel beim Lästern. Im Kindergarten äußert sich das vielleicht im Ausschluss eines Kindes aus der Spielgruppe, weil es neu dazugekommen ist oder weil es eine andere Hautfarbe hat. Noch auffälliger wird es in der Schule, wo die Kinder dann in bester Meine-Eltern-sind-meine-Helden-Manier damit beginnen, das Spiel der Erwachsenen nachzuspielen: Sie lästern und streiten, was das Zeug hält. Natürlich nicht mit all den sozialen Fassaden und der vorgehaltenen Hand, weil es sich ja »eigentlich nicht gehört«. Sie legen einfach los, machen andere fertig, weil sie eine andere Frisur haben, die falschen Klamotten tragen, an der Tafel einen Fehler machen, andere Interessen haben oder einfach als hässlich gelten. Das Spiel der frühkindlichen Zurückweisungen wird brav weitergespielt, bis jeder seine kritische Masse an Erregern erreicht hat. Nun beginnen sich die Ängste immer stärker zu äußern: *Ich bin anscheinend wirklich nicht richtig, so wie ich bin.* Folge: Ich will mich nicht mehr so zeigen, wie ich das eigentlich möchte, sondern so, dass ich dafür nicht abgewertet werde.

Meine Interessen entsprechen nicht denen anderer und werden nicht anerkannt. Folge: Ich bin ein Außenseiter und muss sie verstecken. *Ich entspreche nicht dem Schönheitsideal.* Folge: Ich muss mich schminken, mich operieren lassen, mir die Haare färben oder mich am besten gar nicht mehr zeigen.

Ein Freund von uns, der als Grundschullehrer arbeitet, hat uns einmal in einem Moment der absoluten Frustration, wie sie nur unser Schulsystem hervorzubringen weiß, gesagt: »Kinder sind fiese Schweine.«

Was soll man dazu noch sagen? Sie haben bei den Besten gelernt – uns Erwachsenen, die sie auf die ach so wichtige »Erwachsenenwelt« vorbereiten wollten. Schöne neue Welt, können wir da nur sagen. Hier sei allerdings angemerkt, dass es durchaus auch praktische Erziehungsmaßnahmen gibt, die einem Kind notwendige Grenzen setzen, da es sonst nicht überlebensfähig, geschweige denn sozialkompatibel wäre.

Ängste als Symptome unserer Erziehung

Trotzdem sollten wir uns in vielen Fällen nicht mehr darüber wundern, dass es immer mehr Symptome unserer lebensfeindlichen Erziehung gibt, und das ist gar nicht primär ein Versagen einzelner Eltern, sondern die Folge unserer gesellschaftlichen Strukturen, die Individualität predigen, aber nur Konformität und Leistung honorieren. Garniert wird das Ganze dann mit Hochglanzcover-Schönheitsidealen, die niemand erfüllen kann, weil sie jenseits von Photoshop nicht existieren. Kein Wunder, dass wir so viele Menschen mit Sozialphobien haben. Fast jeder hat zumindest in einem gewissen Maße soziale Ängste: Angst, sich zu zeigen, vor anderen zu sprechen, sich in Gegenwart anderer peinlich zu verhalten, denn man könnte ja abgewertet werden, so wie überall sonst auch. Diese Erziehung hört nicht etwa in der Kinderstube auf, wie du gesehen hast, sondern wird von uns allen unbewusst weitergeführt. In der Psychologie gibt es das sogenannte »Über-Ich«, hinter dem sich nicht etwa ein Superheld verbirgt, sondern unsere elterlichen Instanzen, die wir so sehr als Instanzen verinnerlicht haben, dass wir sie in uns sprechen hören.

Sogar Kleinigkeiten unserer sozial-beruflichen Strukturen sind darauf ausgelegt, eine Ansteckung mit (sozialen) Ängsten zu begünstigen. Schon in der Schule werden die Leistungen der Kinder und Jugendlichen von »sehr gut« bis »ungenügend«(!) bewertet. Damit werden sie ständig dazu gezwungen, sich nicht nur miteinander zu vergleichen, sondern auch zu (be)werten. Denn dass die Benotung schnell zu einer inneren Bewertung seiner selbst führt, weiß jeder, der schon einmal die eine oder andere schlechte Note mit nach Hause gebracht hat. Dabei ist hinlänglich bekannt, dass Vergleichen quasi der Königsweg zum Unglücklichsein ist. Dürfen wir uns dann wundern, wenn die

Menschen irgendwann Depressionen und Minderwertigkeitskomplexe entwickeln? Im Berufsleben werden wir in ein Hierarchiesystem gepresst, das uns erneut sagt, was richtig und falsch ist und wie wir uns zu verhalten haben. Sonst werden wir nämlich *abgemahnt*. Natürlich heißt es dann: »Unsere Wirtschaft würde nicht funktionieren, wenn jeder tun und lassen kann, was er will.« Die Frage ist aber, für wen dieses System der gegenseitigen Bewertung gut ist und gut sein muss. Monetärer Reichtum hin oder her, unsere Bevölkerung leidet unter einer solchen Vielzahl an Ängsten mit den verschiedensten Folgen, dass Psychiatrien und psychologische Praxen mittlerweile Wartelisten von über einem Jahr haben. Natürlich ist es innerhalb unseres Systems notwendig, eine funktionierende Hierarchie zu haben. Doch warum muss sie auf Angst basieren? Das ist ein sehr negativer Leitgedanke, und nahezu jede negative Emotion ist auf Angst zurückzuführen. Hier ein paar Beispiele:

Eifersucht und Neid: die Angst vor dem Vergleich mit jemand anderem, der/die gefühlt besser sein könnte als du.

Hass, Wut, Aggression: die Angst, dass jemand deine Sicherheit, dein Selbstbild, deine Kontrolle bedroht, die ohnehin immer nur eine Kopfgeschichte ist und damit nicht real.

Generelle Trauer: die Angst, nicht genug zu sein, etwas falsch zu machen im Leben und nicht mit deinen eigenen Vergleichsmustern mithalten zu können.

Und das sind nur einige wenige Beispiele moderner Ängste.

Die meisten akquirierten Ängste sind sozialer Natur und entstehen quasi als Abfallprodukt unserer sozialen Erwachsenenwelt. Von früh auf wird dir eingetrichtert, dass du der/die Beste sein sollst. Du sollst die besten Noten haben, das beste Studium absolvieren, den besten Job finden, den besten Partner von dir überzeugen. Durch die massive Vernetzung unserer Welt, in der lauter schöne Menschen über den Bildschirm flimmern, ein Genie nach dem anderen vorgestellt wird und wir den reichen und erfolgreichen Hollywoodsternchen hinterhersabbern geraten wir in andauernde Vergleiche mit anderen. Schön genug? Reich genug? Partner schön genug? Erfolgreich genug? Anerkennung genug? Natürlich ist es nie genug, alles basiert auf einer Doktrin des Wachstums.

Gib ängstlichen Gedanken nicht zu viel Raum

Wir besitzen in unserer westlichen Zivilisation so viel auf der materiellen Ebene, dass wir gar nicht mehr wissen, wohin mit unserer Zeit. Damit meinen wir nicht, dass wir alle faul auf dem Sofa sitzen. Ganz im Gegenteil. Wir brauchen uns nur eben nicht mehr um wesentliche Dinge wie Nahrungssuche und die Aufrechterhaltung unserer Unterkunft zu kümmern wie zum Beispiel Naturvölker, die noch ursprünglich leben. Stattdessen gehen wir Beschäftigungen nach, die keinen direkten Bezug zu unserem Lebensraum und unserem Überleben haben, und investieren dort all unsere Zeit und Energie. Unser Unterbewusstsein entfremdet sich dabei immer mehr von dem, was wir tun, und fragt: Was mache ich hier eigentlich und wozu ist es gut? Denn es sind abstrakte Dinge, die zum direkten Leben keinen Bezug haben.

Da wir uns ja um sonst nichts anderes mehr Sorgen machen müssen, fangen wir in unserer von basalen Überlebensängsten befreiten Freizeit damit an, unser Gedankenkarussell ordentlich mit Energie zu versorgen: Am Partner rumnörgeln, den Ikea-Katalog durchblättern und danach über den Kontostand fluchen, uns um unsere Zukunft sorgen, über die Kollegen herziehen oder mit unseren Freunden über Nichtigkeiten streiten.

Wir sorgen uns eben, weil es sonst nichts *Wichtiges, Echtes* zu tun gibt – höchst beliebte Beschäftigungen in unserem Land! Wenn du täglich mit dem reinen Überleben beschäftigt wärst, würdest du nicht einen Gedanken an solche Kleinigkeiten verschenken.

Mitgemacht!
Angst als Hinweis auf Kairos

Mit deinem Wissen über die Beschaffenheit von Ängsten und ihren Hintergründen kannst du Ängste leicht identifizieren.

1. Halte deine Ängste einen Moment fest, wenn sie dir im Alltag begegnen, und notiere dir dann auf einem Blatt Papier oder in einem kleinen Büchlein, ob die entsprechende Angst auf Kairos, den günstigen Moment, hinweisen könnte.

2. Überlege dir, wie du sie nutzen könntest. Was könnte es dir einbringen, wenn du sie überwindest? Vielleicht warst du immer zu schüchtern, den attraktiven Kellner in deinem Coffeeshop anzusprechen, in dem du jeden Mittag sitzt? Du wolltest es, hattest aber Angst, dich zu blamieren? Was würde es dir einbringen, es heute doch zu tun? Vielleicht ein Date? Vielleicht auch einfach nur die Zufriedenheit, deine Angst überwunden zu haben und damit dein Selbstvertrauen verbessert zu haben?

3. Mache es dir zur Gewohnheit, in Ängsten Möglichkeiten zu sehen, deinen Komfortbereich zu erweitern.

All diese vielen Dinge, die wir jetzt vor dir ausgebreitet haben, zeigen eines: Die Grenzen dessen, was wir tun, fühlen, erfahren können, schaffen wir uns im Kopf selbst. Diese Gitterstäbe heißen Angst, und du tust gut daran, im Leben immer an der Angst entlangzugehen und sie nicht auszuklammern, denn dann wird sie sich noch lauter Gehör verschaffen. Sieh sie dir an, aber nimm sie nicht so ernst, es ist nur ein Gedankenkonstrukt voller Schall und Rauch, das auch eine gute Seite hat: Sie zeigt dir, was es zu überwinden gilt, um dich im Leben wohler zu fühlen, mehr Lebensfreude zu finden. »Ich kann nicht heißt, ich muss«, du erinnerst dich? Kairos, der Moment der Chance, erscheint häufig in Gestalt eines angstvollen Zögerns – gib ihm Aufmerksamkeit.

Kurz gesagt:

➤ Viele Ängste sind antrainiert und eine ständige Wiederholung unnützer Gedanken. Mache sie nicht zu mehr, als sie sind: Gedanken, die du jederzeit ändern kannst.

➤ Du kannst dir deine Ängste zunutze machen, indem du sie als Indikatoren für nicht hilfreiche Glaubenssätze nutzt, die du *jetzt* überwinden kannst.

➤ Manche Ängste können dir zeigen, an welchen Stellen du dein Leben erweitern solltest, um nicht dem Stillstand zu verfallen.

Unzufrieden mit der Unzufriedenheit? JETZT zufrieden sein

Hallo, wie geht's? Wenn du diese Frage innerlich automatisch mit einem tief empfundenen Gefühl von umfassender Entspanntheit und Freude am Leben beantworten kannst, darfst du direkt über Los gehen und dir auf die Schulter klopfen, denn dann hast du deinen Weg hin zu echter Lebensfreude gefunden.

Nächster Versuch: *Hallo, wie geht's?*

Vielleicht denkst du: »Moin, moin, mir geht's blendend! Mein Mann ist auf der Arbeit, und die Kinder haben unseren Vielfraß auf vier Beinen mitgenommen.« Absolute Ruhe und Entspanntheit, zumindest bis die ganze Bagage wieder da ist, und der Stress und die Arbeit wieder losgehen. Möglicherweise sagst du, dass zum Glück Wochenende sei und es dir deshalb gut gehe. Und gleichzeitig werfen die Wolken der kommenden Arbeitswoche bereits ihre Schatten voraus, die deine Lebensfreude trüben. »Bäh, Montag muss ich das Aas von einem Chef wieder sehen. Die Kollegen sind auch schlimmer als eine Horde Faultiere mit ADHS, was sich in schrecklichen Lästeranfällen in der Küche äußert. Wenn der Anfall dann vorbei ist und der Speichel der gegenseitigen Abwertungen abgewischt wurde, werde ich mich ärgern, dass nicht schon Mittwoch ist, weil das bedeuten würde, dass ich schon die Hälfte geschafft habe.« Nicht jedes »Mir geht es gut« bedeutet »Mir geht es gut«. Denn jedes mentale »Aber«, das damit verknüpft ist, bedeutet gleichsam, dass es nicht von Dauer ist, sondern nur von der vorübergehenden Abwesenheit von etwas Belastendem geprägt ist. Dir geht es also nicht wirklich gut. Dir geht es nur eben nicht so schlecht wie zu diesem Zeitpunkt, der noch nicht gekommen ist, der dich aber ganz sicher nerven wird. Damit holst du ihn nämlich schon in deine Gegenwart und sorgst dafür, dass dein erdachtes Glück nur ein sehr kurzes, fragiles ist. Das ist vergleichbar mit einem schlechten Wetterbericht. Momentan ist es vielleicht sonnig, aber weil du gehört hast, dass später Regen aufkommt, ist das ganze Glück des Tages, den du schon mit Picknick und Grillen verplant hattest, für die Katz, weil du an den aufziehenden Regen denken musst.

Gut, vielleicht sagst du ja auch einfach »Mensch, Krämers, kommt zur Sache! Mir geht es kacke, darum habe ich doch diesen Wälzer von euch gekauft.« Klar, das ist auch eine »gute« Antwort. Zumindest ist sie ehrlich, und damit lässt sich schon so einiges anfangen, denn wenn du deinem Leben den nötigen Kick in Richtung Lebensfreude geben willst, ist Ehrlichkeit gegen dich selbst ein guter Ratgeber. Und ja, es geht darum, dich deinem Ziel näher zu bringen, das du mit allen Menschen teilst. Eben jener Lebensfreude, die übrigens nicht an dicke Autos, ein tolles Haus oder beruflichen Erfolg geknüpft ist. Wir erleben immer wieder, dass unsere Seminarteilnehmer denken, dass wir dazu da sind, ihnen zu kleinen Teilzielen zu verhelfen wie »Ich will reich sein«, »Ich will einen vorzeigbaren Partner haben« oder »Ich will ein Haus auf Mallorca haben«. Das klingt alles nachvollziehbar, aber lassen wir eine Wertung außen vor, stellt sich doch eine Frage: Und dann? »Dann bin ich glücklich!« Nein, das bist du nicht, das können wir mit großer Sicherheit sagen.

Denn: Natürlich gibt es Strategien und Wege, um etwas im Leben »zu erreichen«. Einen tollen Partner zu finden oder viel vom schnöden Mammon anzuhäufen. Aber wenn du davon überzeugt bist, dass deine Lebensfreude von etwas in der Zukunft abhängt, was du jetzt noch nicht hast, bist du einem Irrtum erlegen. Warum? Lebensfreude bedeutet Freude am Leben, also das, was jetzt geschieht. Alles andere existiert nur in deinem Kopf und hat nichts mit dem zu tun, was ist oder sein wird. Es ist lediglich eine Geschichte, die in Wasser geschrieben wurde. Das ist im Prinzip alles, was wir dir aber in all seinen Facetten aufzeigen wollen, schließlich sind es oft die einfachsten Dinge, die die längste Zeit brauchen, um akzeptiert und verinnerlicht zu werden. Außerdem ist es für uns Normalsterbliche, die noch nicht im Schneidersitz auf einem indischen Berg sitzen und von der Wonne der Schöpfung rosa Bäckchen haben, doch immer hilfreich, einen Leitfaden an der Hand zu haben. Schließlich ist nichts dabei, Hilfe anzunehmen, wenn es um die eigene Entwicklung geht. Du brauchst nicht alles alleine zu können, du brauchst dich nicht selbst zu optimieren und immer unzufrieden zu sein, wenn du nicht voller Lebensfreude bist und alle deine Ziele erreicht hast. Du brauchst nicht immer mehr zu tun, zu lesen, zu lernen, weil du meinst, damit endlich alles zu schaffen.

Gewissermaßen ist der unter spirituellen Glückssuchern verbreitete Hurra-Aktionismus, wenn es darum geht, die von mystischen Energien aufgeladenen Ärmel hochzukrempeln und endlich Erfüllung zu erlangen, mit einem Yuppie vergleichbar. Paradoxerweise sehen sich diese Glückssucher als das genaue Gegenteil dieser *Young Urban Professionals*, die jeden Tag damit verbringen, sich selbst zu optimieren.

Selbstoptimierung macht unglücklich

Jene eben genannten spirituellen Glückssucher haben das Selbstbild von Alternativen, Aussteigern und Über-den-Tellerrand-Schauenden, die nicht Teil des Systems sein wollen. Doch was machen diese spirituellen Yuppies, die gewöhnlichen Karrieristen und selbst ernannten Überflieger von heute? Sie arbeiten an sich selbst wie an einem Kunstwerk. Sie versuchen, sich immer weiter zu optimieren, nur auf einer eher materiellen, formenbasierten Ebene. Sie kümmern sich um neue Haarschnitte, eine noch schickere Visitenkarte, die ihre elegante, gebildete und sozial anerkannte Persönlichkeit unterstreicht, einen gut aussehenden Körper, eine Fortbildung nach der anderen, in der man die »Macht der Körpersprache« und die »Kunst der Kommunikation« lernt. Alles, um noch besser als andere zu werden. Es gehört nicht besonders viel Fantasie dazu, um zu erkennen, dass es dir auf dem Weg zur Lebensfreude schnell passieren kann, dass du in genau die gleiche Falle tappst und sie nur anders nennst, nämlich entweder spirituellen oder geistigen Fortschritt. Viele versuchen, diesen Weg zu gehen. Manche spirituellen Yuppies etwa biegen dabei direkt hinter dem Mond in Richtung Antares ab und machen es sich jedes Wochenende auf einer Matte zu Füßen ihres Meisters bequem, um bei jeder Weisheit, die dieser von sich gibt, in kosmischer Wonne aufzuschreien. Schließlich hat er die Selbstliebe schon gefunden, da wird seine Aura doch wohl auch ein bisschen allmächtige Weisheit abgeben können. Andere betreiben die Optimierung ihres geistigen Selbst damit, ihre Mitmenschen – hier nun wieder etwas übertrieben formuliert – danach zu bewerten, ob sie auf derselben Suche sind oder noch »total unbewusst und materialistisch«. Falls ja, sind sie »einfach noch nicht so weit wie ich«.

»Du bist gut, so wie du bist, und das ist gut so«, wird es dir schwarz auf weiß vorgehalten. »Du brauchst nicht zu leiden, weder wegen dir selbst noch wegen anderen.« Aber wer sagt dir, dass du gut bist, so wie du bist? Das klingt nach einer klaren Bewertung, auch wenn du innerlich vielleicht instinktiv »Homerun!« brüllst und dich freust, dass du endlich als »gut« anerkannt wirst. »Gut« ist das Gegenteil von »schlecht«, was bereits impliziert, dass das eine nicht ohne das andere existieren kann, und führt dich zuverlässig in die Irre. Was ist der Indikator dafür, dass du dir ein Schild mit dem Prädikat »gut« umhängen kannst? Dass andere oder du selbst vor einiger Zeit »schlechter« waren/warst als jetzt. Das wiederum bedeutet, dass du dich selbst und/oder andere vorher nicht als gleichwertig mit deinem jetzigen Zustand wahrgenommen hast und damit dich selbst ein Stück weit ablehnst. Achtung! Ablehnung und Liebe vertragen sich nicht. Also gilt es nach wie vor, dich selbst zu akzeptieren, gerne auch mit all den Ecken und Kanten, und zu sagen: Ich bin, und zwar so, wie ich jetzt bin. Dann geht es darum, das eigene Leben auf einer ganz praktischen Ebene zu leben und in eine geschmeidige Bahn zu lenken.

Kurz gesagt:

➤ Zukunftsprojektionen können dich unglücklich machen, weil du dir von der Zukunft mehr erhoffst als von dem, was jetzt geschieht. Hüte dich vor ihnen.

➤ Spiele mit den Dingen, die jetzt, in diesem Moment, vor dir liegen, und sei ganz bei ihnen, um Zukunftsprojektionen zu entgehen.

➤ Du musst dich nicht selbst optimieren, sondern kannst dich stattdessen selbst akzeptieren, so wie du jetzt bist, und nicht in einem Jahr, dann durchbrichst du den Kreislauf des Unglücklichseins.

Fazit

Bevor wir uns im nächsten Buchteil dem Ich und Du nähern, hier noch eine Zusammenfassung dessen, was du aus dem ersten Teil mitnehmen kannst: Setze dir konkrete Ziele, mit denen du deine Lebenssituation verbessern möchtest. Definiere sie klar in Gedanken und fühle dich in sie hinein, denn mit je mehr Sinnen du sie (vor)erfährst, desto konkreter sind sie. Außerdem hilft dir das, herauszufinden, ob du ein Ziel bereits erreicht hast, wenn es so weit ist. Nutze dazu die Paradiesfrage. Das Leben ist zwar ein Mysterium, aber es funktioniert nach gewissen Grundregeln, die du dir auf dem Weg zu deinen Zielen zu eigen machen kannst: Stelle die richtigen Fragen und setze damit einen klaren Fokus auf dein Ziel, um hilfreiche Strategien herauszufinden. Wenn du diese Strategien gefunden hast, geht es um eine klare, kleinschrittige Planung, um dich nicht in sinnlosen Dingen zu verfahren, die nur Zeit und Energie kosten. Wenn auch die Planung steht, musst du ins konsequente Tun kommen. Damit meinen wir nicht, auszubrennen wie eine überstrapazierte Glühbirne, sondern klar auf deine Ziele zuzuschreiten und deine Energie voll dafür einzusetzen.

Welchen Weg auch immer du gehen wirst, zu welchen Zielen auch immer, du wirst dabei klassischen Spaßbremsen begegnen, weil das Leben deine Entschlossenheit testet.

Halte dich nicht mit den Regeln anderer auf, die nicht zu dir passen. Dazu gehören Glaubenssätze, die andere dir zuordnen oder zugeordnet haben, wie »Du kannst dies und jenes nicht«, »Du hast deine Stärken woanders« etc. Lass dich nie in eine bestimmte Richtung dressieren, *du* nimmst das Leben aus *deinen* Augen wahr, und das tut niemand sonst. Dementsprechend solltest du es sein, der die Regeln aufstellt. Ausgenommen sind soziale Prozesse, in denen Vorfahrtgewähren und passives Fahren weiterhin eine große Rolle spielen sollten, aber dazu kommen wir nach diesem Fazit noch im Detail. Neben Glaubenssätzen, deiner Erziehung oder den Sprüchen anderer werden dir außerdem immer wieder Erfolgsverhinderer aus deinem eigenen Oberstübchen begegnen. Dazu gehören Widerstand und Angst. Mache sie nicht uneingeschränkt zu deinen Ratgebern. Wenn dir eine Lebenssituation widerstrebt, akzeptiere sie, als hättest du sie dir selbst ausgesucht, denn sie ist, wie sie ist, sonst wäre sie nicht da, und »Wegwünschen« hat noch nie funktioniert.

Im zweiten Schritt kannst du schauen, was genau du an dieser Situation verändern kannst, sodass sie dir besser gefällt. Alles andere entzieht dir nur Energie, und du kämpfst gegen Windmühlen. Daran ist schon einmal jemand verzweifelt, das brauchst du nicht zu wiederholen. Angst ist gut, wenn sie dich vor Dummheiten schützt, wie zum Beispiel von einer Klippe zu springen. Sie wird hingegen zur Qual, wenn du sie ungebremst drauflosplappern lässt und sie jede Lebenssituation inklusive jeder möglichen Chance mit negativen Glaubenssätzen bepflastert. Das passiert häufig wenn sie sich verselbstständigt.

Kontrolliere deine Gedanken und nicht umgekehrt

Behalte die Kontrolle und betrachte Angst als einen Hinweis darauf, dass du an die Grenzen deines Komfortbereichs gestoßen bist, der immer erweitert werden sollte, weil du der Angst sonst gestattest, dein Leben klein zu machen – was nicht zu sein braucht. Abgesehen davon ist das einer der Hauptgründe für Unzufriedenheit – quasi ein goldener Käfig, den du dir selbst gebaut hast.

Was du bei all diesen Dingen zur persönlichen Weiterentwicklung oder dem Erreichen von Zielen immer im Hinterkopf behalten solltest, ist, das Leben nicht so ernst zu nehmen. Dazu ein kurzes Beispiel:

Vor einigen Jahren wurde ich (Benjamin) als Sprecher zu einer Vortragsreihe zum Thema *Glücklichsein* in Münster eingeladen. Ich wählte für meinen Vortrag den Titel *Sein oder Nichtsein, das ist hier die Frage*. Die Zuschauer, größtenteils Studenten, erwarteten wahrscheinlich eine Aufbereitung von Hamlets Weltschmerz-Monolog. Doch meinte ich damit weitaus mehr. Ich begann meinen Vortrag damit, einen Luftballon so langsam aufzupusten, dass verunsicherte Gesichter gezogen wurden oder vereinzeltes Gelächter ertönte. Dann ließ ich ihn unter den klassischen Pupslauten der entweichenden Luft ebenso langsam wieder kleiner werden, bis das schrumpelige Etwas aus Gummi ebenso zerknittert dalag wie zu Beginn.

»Das ist dein Leben« oder so etwas Ähnliches habe ich damals gesagt. Zuerst bist du klein und schrumpelig, dann wird das Leben größer: dein Körper, deine Fähigkeiten, dein Besitz, deine Kräfte. Wenn du dann deinen Zenit erreicht hast, wird es wieder kleiner: Du wirst schwächer, häufiger krank oder gar schwer krank, du kannst dich weniger bewegen, Materie spielt immer weniger eine Rolle, und dann bist du tot und gehst ins Nichts zurück, aus dem du gekommen bist. Zuerst natürlich eine bedrückende Vorstellung, doch sie lehrt uns, dass das Leben häufig ganz viel heiße Luft ist und du nicht alles so furchtbar ernst nehmen solltest. Suche nicht nach einer höheren Bedeutung für »dein Leben«, sondern lebe es einfach. Womit du es füllst, ist für das große Ganze, das Mysterium, das noch niemand von uns je durchblickt hat und wahrscheinlich nie durchblicken wird, nicht relevant. Dann haben schwere Dinge wie eine schmerzvolle Vergangenheit, die Überzeugung, das Leben sollte »fair« sein, oder auch Zukunftsängste keine Chance mehr, deinen Alltag zu ruinieren.

Du kennst deine Zukunft doch bereits. Du wirst irgendwann sterben. Glaubst du, es ist wichtig, in dieser Zeitspanne irgendetwas »Besonderes« zu erreichen? Das ist es: zu erkennen, dass du jetzt bereits alles bist, nämlich das stattfindende Leben, das nicht aus Dingen und Überzeugungen besteht, sondern aus deinem Dasein. Sieh dich selbst als Luftballon. Breite dich ein wenig aus, vergnüge dich, verfolge ein paar Ziele und genieße deinen Erfolg. Aber nimm dich bei all dem nicht so furchtbar ernst und lege nicht alles in eine große Waagschale der Bewertungen. Denk daran, dass all das vergänglich ist, und wenn du es zu etwas anderem als heißer Luft machst, beschwerst du nur deine eigene begrenzte Zeit. Nimm es locker und verschwende deine Zeit nicht damit, dich und deine Mitmenschen unnötig mit Ballast zu beschweren. Wie das geht, zeigen wir dir jetzt.

Ich und Du – Nächstenliebe und Lebensfreude

»Seid niemand irgendetwas schuldig,
als nur einander zu lieben!
Denn wer den anderen liebt,
hat das Gesetz erfüllt.«
Paulus

Wir haben dir jetzt in hoffentlich verständlichen und gleichzeitig ausreichend detaillierten Erklärungen etwas über den gar nicht so steinigen Weg zur Selbstliebe gegeben. Im Folgenden möchten wir dir nun im zweiten Schritt das Werkzeug an die Hand geben, das dir dabei hilft, diese Selbstliebe auf die nächste Stufe zu heben, bevor wir zu Schritt drei übergehen.

Damit meinen wir, dass du dein verbessertes Lebensgefühl, deine Freude am Sein, mit anderen teilst, denn geteilte Freude ist doppelte Freude. Gemeinschaft hat eine starke transformatorische Wirkung, weil sie deine Lebensfreude zurückspiegelt und aufrechterhält, wenn sie entsprechend weit gediehen ist. Wenn du beginnst, dich auf deine Umwelt einzulassen, und zwar mit offenem Herzen und geduldigem Verstand, wirst du merken, dass erst in der Begegnung mit einem Mitmenschen der Schlüssel zu vollkommener Lebensfreude liegt. Anders als jahrelang postuliert, sind wir eben keine Insel, auf der wir nur ausreichend gerne Urlaub machen müssen. Es geht nicht darum, diese Insel immer weiter mit den zarten Pflänzchen unserer neu gefundenen Selbstliebe zu pflegen, bis wir uns wirklich erhaben und selbstoptimiert fühlen. Dieses Sonnen im Glanze des eigenen Entwicklungserfolgs wird dir ziemlich schnell die gerade erst gebräunte Haut verbrennen. Warum? Weil das Licht des Narzissmus nur auf den ersten Blick ganz ähnlich wärmt wie das der Selbstliebe. Wir raten dir also, dich nicht wie der gute alte Narziss in dein eigenes Spiegelbild zu verlieben, denn das wird häufig fälschlicherweise mit Selbstliebe gleichgesetzt, wenn sie wieder einmal als Heiliger Gral der Lebensführung besungen wird.

Vielmehr möchten wir dich dazu einladen, mit dem gesunden Wissen um deine Stärken und die gesunde Liebe für dich selbst in die Welt zu gehen– denn es gibt viel mehr zu sehen als nur dein Spiegelbild! Nachdem wir auf dieser Welt mit acht Milliarden Menschen leben, wirst du es immer mit Menschen zu tun bekommen, und zwar mit Menschen, die im Moment andere Pläne, andere Schwerpunkte und andere Selbstfindungsphasen haben bzw. durchlaufen. Austausch und Kontakt wird es also immer geben. Es bringt wenig, sich auf ein Podest zu stellen und zu sagen: »Ich habe so viel an mir gearbeitet und jetzt bin ich von Selbstliebe erfüllt und glücklich.« Ein wenig polemisch vielleicht, aber leider ein häufiger Gedankengang moderner spiritueller Yuppies wie uns selbst, die sich als Jäger und Sammler fernöstlicher Weisheitstraditionen durch den Dschungel der geistigen Selbstoptimierung gekämpft haben. Es geht auch nicht um irgendwelche Geheimnisse, die wir ergründen müssten. Es geht vielmehr darum, die Einfachheit in den Dingen zu erkennen und nach ihr zu handeln. Seien es die Schritte zu deinen Zielen aus dem vorangegangenen Kapitel oder die Schritte darüber hinaus: von der Selbstliebe zur Nächstenliebe.

All das sind Dinge, die ganz einfach sind, die jeder kann, jetzt und heute. Die Frage ist immer: Kannst du deinen neu gewonnenen Zustand halten? Häufig finden Suchende einen kurzen Moment der Einsicht, vollkommenen Glücks oder ganz einfach eine Erfolgssträhne, weil sie konsequent ihre Schritte gegangen sind. Dann aber holen alte Rituale und Konflikte sie wieder ein und unterbrechen die zarten Momente des Glücks wieder.

Selbstliebe und Nächstenliebe gehen Hand in Hand

In vielen Fällen liegt diese Unterbrechung daran, dass kein Frieden mit sich selbst oder den Mitmenschen geschlossen wurde. Da wird dann in einer umfassenden Akzeptanz der eigenen Gefühle und der sich präsentierenden Ereignisse geschwelgt und gleichzeitig aber über die Freundin geschimpft, die etwa so ein großes Ego habe und total »unspirituell« sei. Oder zu Hause überkommt einen der blanke Zorn, weil der »verdammte« Nachbar seine Hecke nicht geschnitten hat, obwohl man solche »niederen Gefühle« eigentlich schon als erledigt angesehen hatte. Es sind die Kleinigkeiten des Zusammenlebens und unbewusste Selbsterhöhungen oder -erniedrigungen gegenüber unseren Mitmenschen, die unsere Reise über die Selbstliebe zur Nächstenliebe und zur Lebensfreude immer wieder unterbrechen können. Wir tun also gut daran, uns um unsere Beziehung zu anderen Menschen, Gruppen, Gemeinschaften und der Art Homo sapiens im Allgemeinen zu kümmern.

In der Regel fallen uns zunächst die Dinge auf, die uns von unseren Mitmenschen unterscheiden, doch das ist nur die Spitze des Eisbergs. Damit betrachten wir nur die Oberfläche unseres Gegenübers und erliegen so schnell dem Irrglauben, dass es mehr Dinge gäbe, die uns trennen, als solche, die uns verbinden. Das Ganze wird dann noch von der modernen (Sehn)sucht nach Individualität gefördert, mit der wir uns noch mehr abgrenzen und in die Isolation befördern. Das ist der perfekte Weg zur Einsamkeit, auf den sich viele verirren. Es leben so viele Menschen auf unserem Planeten wie nie zuvor, und trotzdem haben wir es in unserer Gesellschaft geschafft, so viele einsame Menschen hervorzubringen wie noch nie zuvor in der Geschichte. Warum? Weil wir den Blick für die Dinge, die uns verbinden, verloren haben und damit auch einen ganz entscheidenden Teil unserer Menschlichkeit. Dein Nachbar oder Kollege, der dich immer so schnell in Rage bringt, lebt mit den gleichen tiefen Sehnsüchten (Grundbedürfnissen) wie du, auch er hat eine (Lebens)geschichte hinter sich, die ihn an den Punkt gebracht hat, an dem er jetzt steht – genauso wie du, nur war seine Geschichte anders als deine und hat ihn deshalb anders geformt.

Und trotz dieser Unterschiede zwischen uns, trotz all der abweichenden Details: Wir alle freuen uns über ein freundliches Lächeln, tröstende Worte, angebotene Hilfe oder einfach nur die Gewissheit, dass jemand da ist, der uns zuhört, wenn wir es brauchen.

Es gibt immer mehr Verbindendes als Trennendes

Wenn wir uns der Tatsache gewiss werden, dass uns mehr verbindet als trennt, wenn wir der Gemeinschaft ihren gleichwertigen Platz neben unserer Individualität einräumen, dann können wir nicht nur als Gemeinschaft profitieren, sondern jeder Einzelne wird enorm daraus schöpfen! Eine klassische Win-Win-Situation eben!

Die 68er-Generation würde dieser Text womöglich schockieren, weil sie so etwas denken könnte wie: »Die haben gut reden, die jungen Burschen – genießen sie doch die Vorzüge unseres vergangenen Kampfes für mehr Individualität und gegen die biederen Zwänge der klassischen Großfamilien.«

Ja, das ist durchaus eine Leistung, die wir anerkennen und die viele Vorteile für uns gebracht hat, für die wir tatsächlich dankbar sind. Und doch haben wir heute eine andere Situation, die andere Lösungen erfordert. Darum erlauben wir es uns an dieser Stelle, einen gesunden Mittelweg zu propagieren. Glücklicherweise brauchst du dafür keine Revolution anzuzetteln, es reicht vollkommen aus, wenn du für dich selbst anfängst – ganz ohne Steine zu schmeißen oder brennende Autoreifen, völlig unblutig, einfach nur mit einer großen Portion Freude am Leben – an deinem und dem um dich herum. Sei du der Wandel, den du dir wünschst, der in die Herzen Einzug hält, und andere werden deinem Beispiel folgen.

Das ist übrigens keine Verkündung aus einem fernen Utopia, sondern greifbare Realität, und wie du diese Chance am Schopf packst, verraten wir dir auf den nächsten Seiten.

Wir zeigen dir jetzt, was uns als Schlüssel zu der Verknüpfung von Selbst- und Nächstenliebe gute Dienste geleistet hat (und nach wie vor leistet). Ein Schlüssel, der die Tür zur echten Lebensfreude öffnen kann, die bisher vielleicht trotz ausreichender Lektüre, Satsang-Wochenenden und verschiedenen Seminaren verschlossen geblieben ist.

Als Erstes regen wir mit dir gemeinsam eine kleine Innenschau an, für die wir dich dazu einladen, eine ehrliche Bestandsaufnahme zu machen und zu schauen, wie du zu deiner Umwelt und ihren Gemeinschaften stehst und was diese eigentlich ausmacht. Als Nächstes schauen wir, was dich und deine Mitmenschen im Kern zu jeder Zeit verbindet und dein Herz öffnen könnte. Wir geben dir Strategien mit, die dir zu guten Beziehungen zu anderen Menschen verhelfen werden und dich so zu deiner erwünschten Lebensfreude tragen. Also los!

Bestandsaufnahme – die Reise zum Miteinander beginnt

Wir alle leben in einer Welt, in der unglaublich viel Kontakt möglich ist, in der erstmals in der Geschichte der Menschheit jeder die Möglichkeit hat, allen Menschen alles mitzuteilen. Außerdem sind wir mobil wie nie zuvor. Wir können, wenn wir wollen, jederzeit jeden Punkt dieser Erde erreichen und jeden Menschen besuchen. Und doch waren wir Menschen wahrscheinlich selten so einsam wie heute in unserer modernen Welt. Woran liegt das? Welche Herausforderungen gibt es im Umgang bzw. Kontakt mit deinen Mitmenschen und wie meisterst du diese Herausforderungen am besten? Genau das wollen wir uns in diesem Kapitel anschauen, denn niemand ist als Einsiedler geboren – na ja, fast niemand. In der Regel tragen wir alle ein mehr oder weniger stark ausgeprägtes Verlangen nach Gemeinschaft in uns, nach Kontakt zu anderen Menschen. Es ist ein essenzieller Bestandteil unseres Seins, unseres Menschseins. Wir organisieren uns automatisch in Gemeinschaften. Egal wo und wann auf der Welt sich eine neue Kultur entwickelte, immer beinhaltete sie eine Form von Gemeinschaft, eine Verbindung mehrerer Menschen miteinander. Es haben sich eben keine menschlichen Lebensformen auf unserer Erde entwickelt, die auf einer Absonderung und einem Leben ohne Kontakt zu anderen basieren – zumindest keine, die so gut funktioniert hätte, dass wir heute noch davon wüssten.

Bedenkt man, wie essenziell Kontakt zu anderen Menschen für die Entwicklung unseres Gehirns, unserer Psyche und unserer Gesundheit ist, so ist es doch ziemlich überraschend und erschreckend zugleich, wie wenig Zeit wir in eine gezielte Schulung unserer Kontaktfähigkeiten investieren. Na gut, wirklich überraschend ist es nicht, denn der glückliche Umgang mit meinen Mitmenschen ist der zweite Schritt, welcher nach der Selbstliebe kommt. Und diesen ersten Schritt, den der Selbstliebe, gehen die meisten Menschen einfach nicht..

Die meisten Menschen scheinen den Standpunkt zu vertreten, dass es Menschen gibt, mit denen man gut zurechtkommt, und solche, mit denen man nicht gut zurechtkommt. Das ist dann eben so und kann nicht verändert werden – basta! Was für eine unendlich traurige Sichtweise dieser Welt. Mit so einer Grundüberzeugung ausgestattet, steht dann auch einer nächsten Enttäuschung nichts im Wege: sie wird sicherlich kommen, denn solche Gedanken verhindern quasi zu einhundert Prozent die Lebensfreude. Die Welt ist immer im Wandel, in Bewegung, steht nie still, und daran solltest du dir mit deinen Überzeugungen ein Beispiel nehmen. Nicht gegen den Strom des Lebens schwimmen.

Da die meisten Menschen mit sich selbst wenig im Reinen sind, ist in unseren Augen an eine komplikationslose Kontaktaufnahme zu anderen gar nicht zu denken. Daher ist es so wichtig, zunächst bei sich selbst, beim *Ich* anzufangen, wenn du etwas im Kontakt mit deinem Gegenüber verbessern möchtest. Dazu kommt dann eine wichtige Wahrheit hinzu, wenn es um den Kontakt zu jemandem oder gar um Konflikte mit deinen Mitmenschen geht: Du kannst dein Gegenüber nicht steuern, nicht verändern und darüber hinaus auch nicht dazu zwingen, so zu sein, wie du ihn oder sie haben willst – und du solltest es tunlichst vermeiden, es trotzdem zu versuchen. Das Ergebnis wird immer Enttäuschung sein, die deine Beziehung, deine Gedanken und dein Leben vergiftet.

Doch auch wenn wir diese Wahrheit schon kennen oder sie schon so häufig am eigenen Leib erfahren haben, dass wir sie bereits erahnen, lassen wir uns doch allzu oft quasi durch unser

Gegenüber steuern, weil wir Bemerkungen oder Verhaltensweisen des anderen vor dem Hintergrund unseres persönlichen Denkens bewerten und auf uns selbst beziehen. Im großen Lehrbuch »Erfolgreich leiden und Konflikte erzeugen« (verfasst von Jedermann) wird das übrigens als angeborener Königsweg zum Unglücklichsein erwähnt.

Jeder hat seine eigene Realität – gut so!

Dir sollte klar sein, dass deine Realität nicht zwangsläufig die Realität des anderen ist und dass es doch mehr Dinge gibt, die dich mit deinen Mitmenschen verbinden, als Dinge, die dich von ihnen trennen. Oftmals sind wir Menschen allerdings so sehr in unserem eigenen (Lebens)drama gefangen, dass wir die Handlungen und Aussagen unseres Gegenübers im Sinne unserer eigenen Leidensgeschichte umdeuten und auf uns selbst beziehen, und das ist eine reichhaltige Quelle emotionaler Belastung und birgt ein hohes Konfliktpotenzial. Wie oft fühlst du dich durch die Aussage eines Freundes oder eines Bekannten angegriffen und erwiderst das gleich mit einem verbalen »Gegenangriff«? Erst am Ende des so aufgekommenen Streits klärt sich vielleicht, dass sich die ursprüngliche Aussage gar nicht auf dich selbst bezogen hat und gänzlich anders gemeint war, als du sie wahrgenommen hast. Das hast du sicherlich schon mehrfach in deinem Leben erlebt. Es geschieht jeden Tag mit den verschiedensten Konsequenzen. Trotzdem vermuten wir, dass du bisher wenig dagegen unternommen hast.

Wir beobachten täglich, dass ein Großteil unserer Mitmenschen wenig bis gar nichts gegen diese regelmäßige Konfliktquelle unternimmt. Da wir andere Menschen nicht verändern können, brauchst du dich darum nicht zu sorgen, denn du hast ja bereits begonnen, an deiner Kommunikation mit dir selbst zu arbeiten (Selbstliebe), und wendest dich jetzt der Kommunikation mit anderen zu (Nächstenliebe). Deine Reise zur Lebensfreude kommt damit ein gutes Stück voran.

Was du von nun an für jede Begegnung mit deinen Mitmenschen im Hinterkopf behalten könntest, wäre in etwa so formulierbar:

Konflikte mit anderen sind kein Kommunikationsproblem zwischen zwei Menschen, sondern in der Regel zunächst einmal ein Kommunikationsproblem mit dir selbst. Es sind deine eigenen Gedanken und Überzeugungen, die aus einer Aussage deines Gegenübers ein Problem für dich machen. Wie könnte es auch anders sein, es sind immer deine Interpretationen, die das Gesagte verarbeiten, und deine Interpretationen beruhen auf deiner persönlichen Geschichte und deiner erdachten Identität. Traue ihnen nicht, interpretiere nicht, höre einfach erst mal zu.

Sei kein Biber, baue keine Dämme

Viele Menschen sind nur deshalb einsam, weil sie Dämme bauen statt Brücken. Wir alle haben Dämme um uns herum errichtet, wie der fleißigste Biber im Fluss. Innere Mauern, mit denen wir uns von anderen abgrenzen. Damit schützen wir uns, verbauen uns die Möglichkeit echten Kontakts zu unseren Mitmenschen. Wie willst du dein Gegenüber richtig kennenlernen, wenn zwischen euch (d)eine gewaltige Mauer aus emotionaler Abschottung steht? Allzu schnell wird aus der Mauer, die dir Sicherheit bieten soll, eine Gefängnismauer.

> **Mitgemacht!**
> **Wen mag ich nicht und warum?**
>
> 1. Nimm dir Papier und Stift zur Hand und mache einmal spontan eine Liste von Personen, die du nicht leiden kannst. Sei es auf der Arbeit, im Sportverein, beim Malkurs in der Volkshochschule oder in der Verwandtschaft.
> 2. Notiere zu dem Namen, warum du sie nicht magst, was an ihrem Verhalten dich genau stört und wie dein inneres Verhältnis zu ihnen dein Leben einschränkt.
> 3. Schreibe auch auf, wie sich euer Zusammensein ändern würde, wenn du dieses Gefühl nicht hättest.
>
> Hebe die Liste gut auf, du wirst sie in der nächsten Übung wieder benötigen.

Aus Angst vor den Gefahren der bösen weiten Welt im Allgemeinen und den persönlichen Kontakten im Speziellen schotten wir uns ab – wie traurig. Anders als Bob der Baumeister nutzen wir dazu natürlich keine Steine, doch genauso wie er fahren wir schweres Gerät auf: Wir überhöhen uns selbst, werten andere ab, verletzen lieber andere, bevor sie uns verletzen, oder ziehen uns so weit zurück, dass wir vereinsamen und uns so niemand zu nahe kommen kann. Egal welchen Weg wir in diese vermeintliche Sicherheit wählen, es ist und bleibt am Ende ein Gefängnis, in das wir uns damit freiwillig begeben. Doch gerade bei uns in Deutschland wissen wir doch eines seit über 25 Jahren ganz genau: Die Mauer muss weg! Verlasse also dein

Gefängnis, reiße die Mauern ein. Es ist möglich, Brücken zu bauen, statt Dämme zu errichten, und genau dazu wollen wir dich anregen. Mit diesem Buch hast du schon die Fundamente für die Brücken in der Hand inklusive Bauplan. Also auf zu neuen Ufern, die es sich wirklich zu entdecken lohnt.

Da wir dir hier ja gerade eine Menge technisch-handwerklicher Metaphern zur Verdeutlichung des Themas geliefert haben, wollen wir versuchen, nun etwas plastischer und konkreter zu werden. Du musst nicht erst Diplom-Ingenieur für Kommunikationstechnik werden, um neue Brücken zu designen und schließlich bauen zu können – glücklicherweise ist das viel einfacher. Gehe mit offenen Augen durch deinen Alltag und du wirst feststellen, dass deine Mitmenschen dir ständig Angebote unterbreiten, Brücken zu ihnen zu bauen. Der Verkäufer im Supermarkt zum Beispiel, der so gestresst aussieht und durch den Markt rennt, als wäre er Harrison Ford in »Auf der Flucht«. Sein Blick streift dich zufällig? Schenke ihm ein aufrechtes und freundliches Lächeln und wünsche ihm einen schönen Tag – wahrscheinlich kann er gute Wünsche gebrauchen. Außerdem wird ein positiver und freundlicher Impuls von außen ihm sicherlich gut tun. Oder der Kollege bei der Arbeit, der beim Essen in der Kantine immer wieder so komische »Witze« von sich gibt, dass alle betreten zur Seite schauen. Schrecke nicht vor ihm zurück, so wie es die anderen tun – bewerte sein Handeln nicht vorschnell, sondern nimm es als eine freundliche Herausforderung an deine »Brückenbaufähigkeiten« an. Lass dich überraschen, welche positiven Anteile deines Kollegen du im wahrsten Sinne des Wortes entdecken kannst und wirst.

    Wenn du es schaffst, von voreiligen Beurteilungen abzusehen, dich auf die vielen Chancen zum Brückenbauen einlässt, die das Leben dir präsentiert, und wenn du ein wenig Experimentierfreude mitbringst, dann wirst du in kürzester Zeit zum echten Stararchitekten werden. Dieses Brückenbauen wird deutlich einfacher, wenn du erkennst, dass das andere Ufer deinem eigenen gar nicht so unähnlich ist und euch einiges verbindet – besonders eure Grundbedürfnisse.

Kurz gesagt:

- Wer Dämme statt Brücken baut, wird ein einsamer Biber.
- Jeder hat seine eigene Realität, und das sollte dich mit anderen verbinden, nicht abschrecken.
- Sei ehrlich gegen dich selbst und frage dich, warum dich bestimmte Menschen abstoßen oder wütend machen. Hinterfrage deine Gedanken und gehe ihnen auf den Grund.

Was uns Menschen verbindet: Grundbedürfnisse

Gibt es mehr, das uns verbindet, oder mehr, das uns Menschen voneinander trennt? Darauf gibt es im Allgemeinen sehr unterschiedliche Antworten. Und die Frage und ihre Antwort(en) sind deshalb wichtig, da von unserer Antwort darauf abhängt, wie wir mit anderen Menschen kommunizieren und, vor allem, wie wir mit Konflikten umgehen. Beantworte ich mir die Frage dahingehend, dass uns Menschen mehr trennt als verbindet, dann sind mir mein Gegenüber und seine Bedürfnisse eher fremd, dann fällt es mir schwer, seine Gedanken, Gefühle und Verhaltensweisen nachzuvollziehen. Lautet meine Antwort jedoch, dass uns Menschen mehr verbindet als trennt, dann ist mir mein Gegenüber plötzlich sehr viel näher, und es öffnet sich ein Raum für ein Verständnis und Miteinander.

Wie sieht es also aus? Trennt oder verbindet uns mehr? Rein biologisch betrachtet, gibt es mehr Dinge, die uns verbinden, als Dinge, die uns trennen. Die DNA zum Beispiel. Schaut man sich hingegen die Lebensgeschichte jedes Einzelnen an, dann gibt es, oberflächlich betrachtet, wahrscheinlich weitaus mehr Dinge, die uns voneinander trennen. Doch was stimmt denn jetzt? Wir würden sagen, dass die Dinge, die uns verbinden, auf jeden Fall stärker sind als die Dinge, die uns trennen. Wir halten uns heutzutage nur leider so sehr an Äußerlichkeiten auf, dass wir gar nicht mitbekommen, dass unsere Mitmenschen im Inneren die gleichen Dinge anstreben, die wir uns auch für uns selbst wünschen. Der Weg, den wir wählen (und gewählt haben), um hierhin oder dorthin zu kommen, unterscheidet sich oftmals, doch im Grunde genommen haben wir alle die gleichen Grundbedürfnisse, nach deren Erfüllung wir streben:

- das Bedürfnis nach Liebe,
- das nach Sicherheit
- und das nach Entwicklung.

Liebe

Das Bedürfnis nach Liebe ist wahrscheinlich das stärkste und umfassendste Bedürfnis, und im Grunde genommen beinhaltet es nicht nur das Bedürfnis, geliebt zu werden, sondern auch das Bedürfnis, andere zu lieben. Wir tragen in uns ein tief verwurzeltes Verlangen, die Liebe anderer zu erfahren und diese auch zurückzugeben. Dieses Bedürfnis besteht bereits von Geburt an und damit auch der Wunsch, all die Dinge wahrzunehmen, die uns diese Liebe vermittelt. Zum Beispiel Nähe, Geborgenheit und wohlwollende Reaktionen auf die eigenen Gefühle. All diese Dinge, die uns im Idealfall schon seit der Geburt durch unsere Eltern vermittelt wurden. Dieses Bedürfnis wirkt auf unsere Psyche, und seine Erfüllung ist daher für uns Menschen außerordentlich wichtig. Nur unsere Überzeugung, wie wir glauben, diese Liebe bekommen zu können, oder wo wir denken, dass wir sie gerade zu Unrecht nicht bekommen, und wie wir dann darauf reagieren, das ist individuell unterschiedlich. Nicht umsonst sind die Bücherregale voll von Büchern, in denen es um nichts anderes als das Thema Liebe geht – bevorzugt in ihrer romantischen Form.

Dabei verhält es sich mit diesem Grundbedürfnis leider genauso wie in den meisten Liebesgeschichten: Glück und Leid liegen unglaublich dicht beieinander. Eine gesunde Liebe, die unter Einbezug des unbeschwerten inneren Kindes und trotzdem erwachsen mit den anderen Grundbedürfnissen in ein gutes Gleichgewicht gebracht wurde, ist für alle Beteiligten das größte Glück auf Erden und sicherlich das größte Geschenk, dass du dir und deinen Mitmenschen machen kannst. Eine ungesunde Liebe, weil unausgeglichen und nicht ohne daran geknüpfte Bedingungen, ist genau das Gegenteil, denn sie führt in Leid und Elend so sicher wie das Amen in der Kirche. Darum ist es wichtig, den Kreislauf aus Geschichten zu durchbrechen, den die meisten Menschen zur Grundlage ihrer Beziehungen machen. Was ist bedingungslose Liebe? Sie interpretiert nicht, stellt keine Forderungen, ist von einer wachen Aufmerksamkeit für den anderen gekennzeichnet und hält ihn oder sie aus den eigenen Geschichten heraus.

Und jeder von uns trägt den Wunsch in sich, eine solche gesunde Liebe anderen zuteilwerden zu lassen.

Das kannst du am besten an der Haltung von Haustieren sehen. Viele Menschen halten sich einen Hund, den sie innig lieben. Dahinter steht der Wunsch, etwas oder jemanden mit seiner Liebe zu beschenken. Ein Hund oder eine Katze wehrt sich nicht, ist also ein dankbares »Opfer«. Oft wird darüber gespottet, dass viele Hundehalter nichts und niemanden so sehr lieben wie ihren Hund. Warum? Der Hund ist aufmerksam, erzählt dir keine Geschichten, ist immer im Augenblick verhaftet, klagt dich nicht grundlos an, außer du erfüllst seine lebensnotwendigen Bedürfnisse nicht. Er ist still, präsent und nimmt deine Liebe und Zuneigung einfach an. Das ist der Kern dessen, was die Faszination von Haustieren ausmacht und uns eindrucksvoll beweist, dass es genau diese Art von Zuneigung ist, die erfüllend ist. Danach gilt es zu streben, denn nur, wenn wir das Bedürfnis der anderen, Liebe zu geben, akzeptieren können, können wir sie auch geben und es entsteht ein erfüllender, lebenswerter Kreislauf.

Sicherheit

Ähnlich verhält es sich mit dem Bedürfnis nach Sicherheit. Dieses Bedürfnis äußert sich viel gestaltig, sowohl in Bezug auf die rein körperliche Sicherheit als auch in Bezug auf unsere materielle und emotionale Sicherheit. Wir schließen alle möglichen Versicherungen ab gegen Krankheiten, Haftungsansprüche, Autoschäden, Unwetterschäden oder Probleme mit dem Hausrat.

Ja wir schließen sogar Versicherungen auf unser Leben ab. Als wenn es möglich wäre, das Leben sicherer zu machen und unter Kontrolle zu bringen. Außerdem wollen wir sicher sein, dass uns niemand verprügelt, wir genug zu essen, zu trinken und Wohlstand für ein angenehmes Leben haben und dass wir nicht unangenehmen bzw. belastenden Gefühlen zum Opfer fallen.

Wenn du ein Paradebeispiel für ein missglücktes und ungesundes Umsetzen dieses Grundbedürfnisses Sicherheit sehen möchtest, kannst du es dir ganz einfach machen und dich umschauen: Nehmen wir das Geld: Es steht in unserer Welt so sehr für Sicherheit wie nichts anderes, und genau deshalb arbeiten sich so viele Menschen zu Tode, ohne dass sie die Vorzüge des Geldes nutzen könnten, weil sie nur damit beschäftigt sind, mehr davon zu bekommen. Das geschieht natürlich auf Kosten ihrer anderen Grundbedürfnisse und ihrer Lebensfreude, weil kein Gleichgewicht entsteht.

Generell ist das Grundbedürfnis der Sicherheit eines, das existenziell ist und auch unglaublich einschränkend sein kann. Insbesondere dann, wenn wir unsere emotionale Sicherheit zu sehr in den Fokus stellen. Dann besteht die Gefahr, dass wir uns im Kontakt mit anderen Menschen einschränken, einfach um zu gewährleisten, nicht verletzt zu werden. Und das funktioniert, wie Millionen vereinsamte Menschen in unserem Land beweisen! Es funktioniert allerdings nicht gut, denn der Preis für diese vermeintliche Sicherheit ist unglaublich groß, da kein Spielraum für Nächstenliebe und Miteinander bleibt.

Ein wichtiger Schritt zu mehr Lebensfreude besteht also darin, dem Grundbedürfnis von Sicherheit gerecht zu werden, ohne ihm alles zu opfern.

Entwicklung

Das dritte Grundbedürfnis ist komplexer, weniger einfach auf einen gemeinsamen Nenner zu bringen und ein Bedürfnis, das von allen Menschen unterschiedlich stark wahrgenommen wird, obwohl wir es alle in uns tragen. Doch oftmals ist gerade bei jenen, die es nicht wahrnehmen und ihm damit auch nicht nachgehen, der Quell für eine hohe Unzufriedenheit: Es ist das Bedürfnis nach Entwicklung. Es ist einfach ein integraler Bestandteil des Lebens, dass Entwicklung stattfindet, und somit ist Entwicklung auch eines unserer Grundbedürfnisse. In der Regel tun wir die verschiedensten Dinge, um etwas zu erreichen. Um uns weiterzuentwickeln, lernen wir dazu, trachten danach, morgen mehr zu wissen und mehr zu sein als heute. Dieses Grundbedürfnis nach Entwicklung will ständig gefördert werden, und doch ist dieses Grundbedürfnis nach Entwicklung eines, das insbesondere dem nach Sicherheit entgegensteht bzw. zumindest entgegenzustehen scheint.

Wie oft kommt es vor, dass wir denken: »Diese Ausbildung, die sollte ich jetzt machen!« oder: »Diesen beruflichen Weg sollte ich einschlagen!« oder: »So und so sollte ich mich in Zukunft entwickeln!« Dann geht gleich die innere Warnlampe an und weist uns darauf hin, dass es dort einen drohenden Konflikt mit unserem Grundbedürfnis nach Sicherheit gibt. Entwicklung bedeutet nämlich auch immer, dass ich mich nicht nur weiterentwickle, sondern dass ich mich auch aus Dingen herausentwickle, sprich Dinge hinter mir lasse. Ja, dass ich mich auf Neuland begebe und damit vertrautes Terrain hinter mir lasse. Vertrautes hinter mir zu lassen ist immer auch damit verbunden, eine einmal erlangte Sicherheit abzulegen, denn das Vertraute ist häufig für ein starkes Gefühl von Sicherheit verantwortlich. Es gaukelt uns vor, alles zu kennen und damit alles einschätzen zu können. Damit verbunden ist die Vorstellung, vorhersagen zu können, was geschehen wird oder wie man mit Problemen in dieser oder jener Situation umgehen wird.

Manchmal besteht sogar die irrige Vorstellung, in diesem Bereich gäbe es gar kein Problem, und doch ist es zwingend notwendig, diese »Pseudosicherheit« aufzugeben, um Entwicklung zu ermöglichen.

Alles, was du dir wünschst, findet nämlich außerhalb deines Komfortbereichs statt, sonst hättest du es nämlich schon längst. Oftmals ist es Angst, die uns an Entwicklung hindert und somit das Grundbedürfnis nach Sicherheit in den Vordergrund stellt.

An diesem Punkt wird schnell deutlich, dass wir unsere Grundbedürfnisse nie zeitgleich vollständig erfüllen können. Wir können sie lediglich bewusst wahrnehmen und dann offen damit umgehen, dass es zwischen ihnen Konflikte gibt, um dann den entscheidenden Schritt zu tun: unsere Grundbedürfnisse in einen bestmöglichen Ausgleich zueinander zu bringen. Dieses Gleichgewicht der drei Grundbedürfnisse ist eine wesentliche Grundlage auf deinem Weg zu mehr Lebensfreude. Da Leben aber auch immer Veränderung bedeutet, bedarf dieses Gleichgewicht immer wieder einer gewissen Feinjustierung, was auch bedeutet, sich von allzu statischen Lebenskonzepten zu verabschieden.

Der Dalai Lama empfiehlt zum Beispiel, jedes Jahr ein Land zu bereisen, in dem du noch nicht warst.

Mitgemacht!
Dich selbst im anderen erkennen

1. Lies dir noch einmal deine Liste aus Übung Seite 112 durch. Kommt das Gefühl der Abneigung schon wieder, wenn du die Namen siehst und das, was dich an den Personen stört?

2. Versuche dies: Nimm ein neues Blatt Papier, schreibe die Namen erneut von oben bis unten herunter und überlege nun für jede Person, ob sein oder ihr Verhalten der Versuch sein könnte, sich so eines der drei Grundbedürfnisse erfüllen zu wollen, die ihr beide gleichermaßen verfolgt, nur auf unterschiedliche Art und Weise. Besonders bei der Erfüllung des Wunsches nach Liebe gehen viele Menschen oft gefühlt seltsame Wege. Das liegt daran, dass sie erst einmal Aufmerksamkeit erzeugen müssen. Um geliebt zu werden, möchten sie erst einmal gesehen werden, und der menschliche Verstand hat ganz wundersame Strategien, um Aufmerksamkeit zu erzeugen.

3. Mache dir also ein paar Minuten Gedanken, welche unterbewussten Strategien, auch wenn sie dir fremd erscheinen mögen, die betreffenden Personen mit ihrem Verhalten verfolgen könnten und welches Grundbedürfnis dahinter liegt.

4. Spüre nach, was sich in dir verändert, wenn du siehst, dass sie genau wie du nach ihnen streben, nur eben anders als du. Kannst du nun ins Mitgefühl gehen, ohne dass du sie sympathisch finden musst?

Doch warum sind diese Grundbedürfnisse etwas, das für unser Miteinander und insbesondere die Kommunikation mit meinem Gegenüber so wichtig ist?

Es ist deshalb wichtig, sie zu kennen und zu wissen, dass jeder diese Grundbedürfnisse in sich trägt, weil sich darin eine grundlegende Gemeinsamkeit offenbart – etwas, das uns alle miteinander verbindet. Wenn ich weiß, dass mein Gegenüber die gleichen Grundbedürfnisse verfolgt wie ich, dann kann ich sein Verhalten besser nachvollziehen. Selbst wenn wir uns noch so sehr in einem Streit befinden und ich überhaupt nicht verstehen kann, warum mein Gegenüber dieses oder jenes tut, hilft mir dieses Wissen, um die Grundbedürfnisse zu verstehen, dass er mit größter Wahrscheinlichkeit gerade versucht, eines seiner Grundbedürfnisse zu erfüllen. Der Konflikt liegt dann wahrscheinlich darin, dass wir zwar die gleichen Grundbedürfnisse haben, dabei aber ganz unterschiedliche Strategien nutzen. Schließlich wurden wir anders sozialisiert, haben anders gelernt und andere Erfahrungen gemacht. Wie kannst du mit diesem Wissen noch echten Groll hegen? In diesem Spiel gibt es keine Schuldigen. Wenn wir befürchten, dass das Verhalten unseres Gegenübers uns in der Erfüllung unserer Grundbedürfnisse einschränken könnte, dann macht uns das in der Regel Angst, und Angst führt bei uns Menschen entweder zu Flucht oder Angriff. Das war schon so, als wir das Mammut über die Steppe gejagt haben, und das ist auch heute noch so. Achte in einem Streit einmal darauf: Du wirst dich unterschwellig immer als Täter oder Opfer sehen. Ob wir nun Mammuts über die Steppe oder Aktien übers Börsenparkett jagen – im Grunde besteht darin kein Unterschied – wir machen es, um unsere Grundbedürfnisse zu erfüllen bzw. weil wir glauben, dass wir sie damit erfüllen.

So fremd und vielleicht auch so unsympathisch dir dein Gegenüber also auch erscheinen mag, denk daran, dass euch die gleichen Grundbedürfnisse verbinden. Es gibt mehr, das uns Menschen miteinander verbindet, als Dinge, die uns trennen! Und selbst das ist nur relativ richtig, denn im Grunde genommen gibt es gar nichts, was uns trennt, außer die unterschiedlichen Geschichten, die wir uns im Kopf erzählen, und die äußere Form natürlich. Um diese Geschichten unter Kontrolle zu bringen und dich nicht von ihnen kontrollieren zu lassen, ist es wichtig, deinen Blick nach innen zu schärfen. Im Folgenden geht es darum, genau das zu tun und damit bewusst und spielerisch mit deinen Gedankenmustern umzugehen.

Kurz gesagt:

➤ Alle Menschen teilen drei Grundbedürfnisse: *Liebe*, *Sicherheit* und *Entwicklung*, haben jedoch unterschiedliche Strategien gelernt und entwickelt, um sie zu erreichen.

➤ Die Strategien anderer können dich wütend oder traurig machen, wenn sie nicht mit deinen übereinstimmen. Erkenne, dass trotz allem die gleichen Bedürfnisse dahinter stehen, um ins Mitgefühl zu kommen und Frieden zu schaffen.

Den Einfluss deiner Gedanken entblößen – versuch dich mal als Spanner!

Statt eines Fernglases, das auf nackte Tatsachen schaut, benutze du bitte ein Endoskop, da du dich ausführlich *selbst* bespannen sollst. Dass du dich selbst ausreichend sexy findest, um Gefallen daran zu finden, sollte an diesem Punkt sichergestellt sein. Aber Spaß beiseite (zumindest vorerst): Im Dschungel des bisweilen recht unübersichtlichen menschlichen Miteinanders tust du gut daran, dich akribisch selbst zu beobachten in Bezug auf diese Geschichten, die du dir täglich erzählst. Genau das wollen wir dir in diesem Kapitel näherbringen, denn so schaffst du die Grundlage für reflektiertes Handeln, das dich und dein Gegenüber weiterbringt und nicht behindert. Eine echte, sinnvolle Reaktion sollte nicht unkontrolliert aus deinem denkenden Verstand geschossen kommen. Das führt nämlich im schlimmsten Fall dazu, dass du im Affekt (verbal!) Leute erschießt. Die Munition ist äußerst schmerzhaft: Vorwürfe, Anschuldigungen, Beleidigungen, Opferbekundigungen, Heulkrämpfe, Vergleiche und Ähnliches.

Eine ruhige Selbstbeobachtung ist so etwas wie eine dich stets begleitende Lebensaufgabe, die du für immer in deinem Kopf verankern solltest. Den Grund dafür findest du in der Aufgabe selbst, indem du sie durchführst. Das gilt nicht nur für Kommunikationssituationen, sondern auch für Momente des Alleinseins. Du kannst es sogar genau jetzt ausprobieren.

Mitgemacht!
Katz und Maus spielen

1. Lege einmal das Buch zur Seite und schaue, was so alles durch deinen Kopf geht. Sobald du den unkontrollierten Gedankenstrom wahrgenommen hast, der ohne dein Zutun durch deinen Kopf rast, hast du den ersten Schritt bereits getan. Das dürfte dir – nehmen wir aus Erfahrung an – recht leichtfallen.

2. Als Nächstes probierst du es mit einer uralten Meditationstechnik aus, dem Zen, die dir dabei hilft, bewusster zu werden und deinen Geist und die Gedanken als zwei getrennte Dinge wahrzunehmen: Leg dich auf die Gedanken-Lauer, indem du im Kopf die Frage stellst: »Was denke ich wohl als Nächstes?« Eine tolle Erfahrung, denn du wirst wahrscheinlich das erste Mal etwas in deinem Kopf vorfinden, was du gar nicht für möglich gehalten hättest: einen Moment der Ruhe. Es ist, als fühlte sich der selbstständige Denker in deinem Kopf, der ständig etwas sagt, kommentiert, erinnert, in die Zukunft projiziert, plötzlich ertappt. Er schweigt mit einem Mal, scheinbar verunsichert, bevor er wieder aktiv wird und du bemerkst, dass er selbstständig Gedanken erzeugt. Vielleicht reicht es nur für einen kurzen Moment, doch damit hast du das Wichtigste schon erkannt und beobachtet: Gedanken verselbstständigen sich!

Diese kleine Erkenntnis aus deiner Übung, die für viele Menschen eine komplett andere Wahrnehmung des Lebens und ihrer Gedankenwelt erzeugt, kann dir zeigen, dass du nicht uneingeschränkt mit deinen Gedanken gleichzusetzen bist. »Ich denke, also spinn ich« ist dementsprechend eine weitaus treffendere Aussage, als Decartes' »Ich denke, also bin ich«. Dieser »Denker« erfreut sich übrigens an nichts so sehr wie an Emotionen – besonders an negativen. Darüber lohnt es sich nämlich immer zu plappern. Man kann wunderbar Bewertungen vornehmen, Ängste schüren, düstere Zukunftsvisionen ausmalen oder die Schmerzen der Vergangenheit am Leben erhalten. Je mehr du diesem Denker also zuhörst, desto stärker wirst du dich auf negative Dinge fokussieren. Gib dem Ganzen ein wenig Zeit, und Gedanken wie »Ich habe immer Pech«, »Alles wendet sich zum Schlechten«, »Man behandelt mich schlecht« oder »Warum passiert so was immer mir?« haben plötzlich Hochkonjunktur und sorgen dafür, dass jeder dieser Sätze wahr wird, weil du mit entsprechender Ausrichtung genau das natürlich in dein Leben holst. Allein darüber sind schon viele Bücher geschrieben worden.

Da du nun weißt, dass du einen verselbstständigten Denker in deinem Kopf hast, ist der erste Schritt zu geistiger Freiheit getan und damit auch die Grundlage für deine Spannerkarriere gelegt. Du hörst dem Denker in deinem Kopf nicht mehr wie ein Vorschulkind seinem Lehrer zu und übernimmst alles, was er sagt, als »wahr«. Wenn du also demnächst in Situationen gerätst, die mit emotionalen Schwankungen einhergehen, gehe innerlich einen Schritt zurück und schaue dir die aufsteigenden Gedanken interessiert, aber aus gesunder Entfernung an, bevor du auf etwas reagierst.

Das Rote-Ampel-Delikt als Wegweiser

Das *Rote-Ampel-Delikt* ist ein exemplarischer Klassiker: Nirgendwo auf der Welt findet man so viele Recht-und-Ordnung-Fetischisten wie in Deutschland, jedenfalls haben wir bei extensiven Reisen um die Welt noch nichts Vergleichbares gefunden. Da wird der einfache Gang zum nächstgelegenen Bäcker schon mal zur heiß gehandelten Tatort-Folge voller krimineller Machenschaften wie eben jenem Rote-Ampel-Delikt. Wenn du an der Ampel stehst und trotz rot leuchtendem LED-Vorbild über die leere Straße gehst, bekommst du schnell Dinge wie »Halt!«, »Unverschämtheit« oder einfach nur ein böses Kopfschütteln mit auf den Weg. Du krimineller, unverantwortlicher und grob fahrlässig lebensmüder Verkehrsteilnehmer. Diese starken Reaktionen werden dir bei ungünstiger innerer Verfassung wahrscheinlich sauer aufstoßen und können dich zu derben Antworten verleiten. So hört man dann auch oft wütende »Halt die Fresse!«-Antworten oder Schlimmeres. Vielleicht gehörst du aber auch selbst zu den selbst ernannten Ordnungshütern und bist der rechtmäßige verlängerte Arm der Ampelmännchen, die den täglichen Gang der Großstadtindianer regeln. Dann darfst du gerne einmal in dich hineinhorchen, bevor oder während du wie ein Vulkan eruptierst und verbale Lava spuckst.

Mach das Verhalten anderer nicht zu deinem Erziehungsauftrag, nur weil dein innerer Denker dich mit seinen Kommentaren dazu herausfordert. Mach es nicht zu deinem Problem. Beobachte die aufsteigenden Reaktionen und Gedanken lieber und entscheide dich, das Verhalten anderer nicht zu deinem persönlichen Theaterstück zu machen, schließlich wirst du nichts dadurch gewinnen, außer natürlich das Verhalten anderer gefährdet dich und deine Mitmenschen. Wenn du dich einmischst, ob als Ankläger oder Beschuldigter, machst du nur eine viel zu große Geschichte aus dem Ganzen. Als derjenige, der bei Rot geht und Anfeindungen über sich ergehen lassen muss, wirst du vielleicht Dinge denken wie »Deutsche sind so spießig«, »Die haben wohl nichts Besseres zu tun, als sich um anderer Leute Verkehrsverhalten zu kümmern«. Vielleicht erzählst du die Geschichte und ihren enormen Empörungswert deinen Liebsten, wenn du mit deiner Bäckerbeute zu Hause eingetroffen bist. Damit machst du deine erlebte Situation auch zu ihrer Geschichte und bläst sie immer weiter auf. Das liegt daran, dass dein innerer Denker sich weiter von deinen negativen Geschichten ernährt und immer weiterwächst, je mehr du ihn fütterst. Je dicker er wird, desto schwerer ist es, an ihm vorbeizuschauen. Du kannst ihn dir auch wie einen Luftballon vorstellen, den du immer weiter mit Luft aufpustest. Wie mit allen Dingen im Leben wirst du »besser«, je öfter du etwas tust.

Nach dem Beobachten kommt das Hinterfragen

Also gilt auch hier: Je öfter du deinen Gedanken freien Lauf lässt, ohne sie zu hinterfragen, desto mehr wird das Ganze zum Automatismus. Bald regst du dich immer früher selbst über die kleinsten Dinge auf, bis der Ballon so sehr angeschwollen ist, dass er knallend platzt. Oft platzt der innere Luftballon aus Wut und Frust übrigens dann, wenn es, von außen betrachtet, total überzogen und unangebracht wirkt (siehe auch »Die (Ab)rechnung bitte«). Schließlich kennen die Umstehenden die Vorgeschichte nicht und all die Situationen, die in ihrer Summe dazu geführt haben. Wir sind uns sicher, dass du weißt, was wir meinen, wenn du ein wenig in deinen Erinnerungen kramst.

Schließlich gibt es im Leben des modernen Menschen eine Menge Situationen und Orte, an denen einfach und nach Belieben faule Luft in deinen Denkballon gepumpt werden kann. Denke nur an das Servicewunder der Eisenbahn oder an Situationen im Straßenverkehr, wenn du das Gefühl hast, dauernd ungerechtfertigt angehupt zu werden, oder an einen Restaurantbesuch, bei dem du viel zu lange aufs Essen warten musst, oder ganz klassisch an das Weihnachtsfest im Kreise der Familie. Das Gute aber ist und bleibt, dass du es jederzeit in der Hand hast, deine Gedankenwelt deutlich wohltuender zu füllen. Den Anfang machst du, indem du zum erwähnten Beobachter wirst und dir vor Augen hältst, wie selbstständig dein Denken handelt und in deinem Geist herumturnt. Mach es dir zur Gewohnheit, erst einmal zuzuhören, Abstand zu nehmen und dann bewusst zu entscheiden, womit du deinen Kopf füllst. Sei die Schleuse deiner Gedanken, die sich die vorbeiziehenden Schiffe zuerst besieht und sie dann weiterziehen lässt. Deine Mitmenschen werden es dir danken, weil du damit zu einem Boten tatsächlicher Nächstenliebe werden kannst, der als Beispiel von echter gedanklicher Freiheit und Frieden mit dem Innen und Außen vorangeht.

Damit hebst du deine Beziehungen auf die nächste Ebene und steckst andere bald an, was zum Ende von Streitigkeiten, Missgunst, Neid und Stress führt. Warum? Weil deine Umwelt immer ein Spiegel deiner Gedanken ist und umgekehrt. Sobald du die Entscheidung getroffen hast, deine Gedanken nicht unkontrolliert von der Leine zu lassen wie einen bissigen Hund, wird auch deine persönliche Lebenswelt ihre Hunde zurückhalten. Mit dieser Beobachtungsfähigkeit wird es dir auch leichter fallen, deinen Glaubenssätzen auf die Schliche zu kommen und die Kontrolle über sie zu übernehmen. Das steht im Teil zur Nächstenliebe, weil du dieses Verhalten am allerbesten unter Menschen trainieren kannst und auch solltest, da die Fähigkeit der Selbstbeobachtung eine zentrale im menschlichen Miteinander ist.

Am besten machen wir gleich mit Glaubenssätzen weiter, denn die kannst du nur durch Selbstbeobachtung erkennen und dann glücklicherweise auch zu deinen Gunsten verändern.

Kurz gesagt:

➤ Schaue dir im Alltag deine inneren und äußeren Reaktionen auf Menschen, Situationen und Äußerungen an und beobachte, was sie in dir auslösen.

> Mach dir durch Gedankenbeobachtung bewusst, dass Gedanken von selbst in dir aufsteigen und dich kontrollieren.

> Nimm innerlich ein wenig Abstand zu deinen nicht hilfreichen Gedanken, die dich zu einer Reaktion zwingen wollen, und überprüfe sie auf ihre Nützlichkeit. So entsteht besonnenes Handeln.

Glaubenssätze in Gruppen- und Gesellschaftsprozessen

In diesem Kapitel hast du die Chance, dir deine Glaubenssätze bewusst zu machen und die Macht kennenzulernen, die sie über dein Leben und deine Zufriedenheit ausüben, und sie so abzuwandeln, dass sie hilfreich für dich sind und deinen Tag ein bisschen heller machen. Deine Glaubenssätze entscheiden nämlich darüber, wie du auf deine Mitmenschen schaust, wie du auf sie zugehst und wie du ihr Verhalten und ihre Kommunikation deutest. Gleiches gilt natürlich auch andersherum: Die Glaubenssätze deines Gegenübers entscheiden darüber, wie er die Welt wahrnimmt, wie er sich verhält und wie er deine Kommunikation und dein Verhalten interpretieren wird. An den Glaubenssätzen deines Gegenübers kannst du nichts ändern, sie werden sich nur dann verändern, wenn er oder sie dies von sich aus möchte, wozu zwar manchmal schon ein kleiner Wink reichen kann – garantieren kann das jedoch niemand. Es gibt dabei keine richtigen oder falschen Glaubenssätze, es gibt nur hilfreiche und weniger hilfreiche. Da sich Glaubenssätze immer auf unsere Realität beziehen bzw. diese maßgeblich mitgestalten, sind sie immer auch nur für unsere eigene Realität relevant.

Wenn du also in einer Konfliktsituation mit deinem Gegenüber steckst und dir einfach nicht erklären kannst, wie er oder sie so denken, reagieren oder handeln kann, dann ist es hilfreich, dir klar zu machen, dass dein Konfliktpartner höchstwahrscheinlich mit anderen Glaubenssätzen durchs Leben geht als du. Kannst du das Verhalten deines Gegenübers nicht verstehen, dann ist es wenig hilfreich, wenn du selbst einen Glaubenssatz hast, der den Konflikt eher befeuert, indem er zum Beispiel lautet: »Andere Menschen sind nur auf ihren Vorteil bedacht, und dazu ist ihnen jedes Mittel recht.« Wenn du einem solchen Glaubenssatz folgst, dann bedeutet jeder Konflikt zwangsläufig für dich und deine eigene Wahrnehmung einen »Angriff« durch dein Gegenüber. Das ist weder hilfreich noch angenehm noch wird es langfristig dazu führen, Kontakt zu anderen aufzunehmen oder dich in eine Gemeinschaft zu integrieren. Denn überall vermutest du dann Intrigen, Hinterhalte oder zumindest Menschen, die nicht vorurteilsfrei von dir betrachtet werden können.

Jeder Mensch handelt bestmöglich im Sinne seiner Möglichkeiten

Viel hilfreicher ist es da, wenn du dir einen Glaubenssatz aneignest, der ein positives Licht auf deine Mitmenschen und ihr Verhalten wirft. Eine aus unserer Sicht nützlichere Vorannahme wäre zum Beispiel: Jeder Mensch handelt bestmöglich – im Rahmen seiner aktuellen Möglichkeiten. Klingt zu positiv für dich? Vielleicht können wir es dir anhand von einem Kinofilm verdeutlichen. Sicherlich hast du schon mehrere Liebesfilme gesehen? Selbst wenn du Träger eines Y-Chromosoms bist und von deiner Liebsten für »Pretty Woman«, »Jenseits von Afrika« oder »P.S. Ich liebe Dich« aufs Sofa gezerrt werden musstest, wirst du es verstehen. Jede dieser Geschichten ist so spannend, weil du als allwissender Beobachter die verschiedenen Personen kennenlernst inklusive ihrer Geschichten, Hintergründe und Motivationen. Dir erschließt sich ihre gesamte Lebenswelt, anhand derer du sie lieben lernst. In der Geschichte selbst trifft sich das zukünftige Liebespaar und macht alle möglichen Phasen aus Streit, Liebe, Eifersucht und Leidenschaft durch zusammen mit all den anderen Süchten, die mit Eifer suchen, was Leiden schafft.

Du denkst vielleicht: »Oh nein, er darf nicht wütend auf sie sein! Wenn er doch nur wüsste, warum sie so gehandelt hat, sie wurde früher schon einmal enttäuscht, und es war genau dieselbe Situation für sie. Wenn er es nur wüsste, hätten sie jetzt nicht diese Probleme!« Du siehst immer die gesamte Geschichte und hast alle Informationen, die du für ein Bild der Gesamtsituation benötigst. Darum schaffst du dir keine Glaubenssätze, anhand derer du das Ganze leichtfertig interpretieren könntest, und empfindest Verständnis und Mitgefühl für alle Beteiligten. Könntest du den Figuren des Films etwas zurufen, würdest du wahrscheinlich so etwas sagen wie: »Glaub deinen Kopfgeschichten nicht, sie sind nicht wahr, weil du nicht alles weißt, was es zu wissen gibt.« Und damit hast du recht. Wenn du es jetzt auch schaffst, dein eigenes Leben und das deiner Umgebung auf dieselbe Weise zu betrachten, hast du das Kunststück vollbracht, etwas wirklich Bedeutsames von einem Hollywoodfilm zu lernen.

Prüfe die Glaubenssätze, die du hast, und zwar aus einer ähnlichen Vogelperspektive. Mit welcher Grundüberzeugung gehst du auf andere Menschen zu? Gibt es wichtige Erfahrungen in deinem Leben, die zu diesen Grundüberzeugungen geführt haben? Folgst du vielleicht Glaubenssätzen, die in deiner Vergangenheit einmal hilfreich waren, aber nun nicht mehr hilfreich sind? Manche Glaubenssätze haben wir auch quasi mit auf den Weg gegeben bekommen, zum Beispiel von unseren Eltern, Lehrern. Eventuell hast du sie nie hinterfragt – jetzt ist eine gute Zeit dafür. Generell kann man sagen, dass alle Glaubenssätze, die Angst in uns auslösen oder Gefühle starker Ablehnung, genau betrachtet werden sollten: Sind sie hilfreich oder nicht?

Wenn ich mir unsicher bin, dann hilft die Frage weiter, ob der Glaubenssatz wirklich wahr ist. Nicht im Sinne von »ziemlich wahrscheinlich wahr«, sondern im Sinne von »zu einhundert Prozent wahr«. Falls ich mir nicht zu einhundert Prozent sicher bin, dann sollte ich den Glaubenssatz zumindest mit einem großen Fragezeichen versehen und zunächst in der Praxis überprüfen. Dann übernimmst du selbst die Kontrolle über deine Kommunikation und ihre Handlungsgrundlagen.

Mitgemacht!
Identifiziere alltägliche Widerstände

- Nimm dir ein großes Plakat und einen Stift, mit dem du groß und gut lesbar schreiben kannst. Schreibe dann fünf Glaubenssätze auf, die dich in deinem Leben einschränken, unglücklich machen oder in sonst einer Form negative Konsequenzen für dich bewirken oder bewirkt haben.

- Schreibe unter jeden Glaubenssatz, welche negativen Folgen er für dich hat oder hatte.

- Suche dann nach der positiven Absicht, die jeweils hinter jedem Glaubenssatz steht. Falls es dir schwerfallen sollte, direkt eine positive Absicht des Glaubenssatzes zu finden, dann hilft dir vielleicht folgende Frage:

> Welches Grundbedürfnis versucht dieser Glaubenssatz in letzter Konsequenz zu erfüllen?
>
> - Streiche nun jeden als einschränkend identifizierten Glaubenssatz durch und ersetze ihn durch einen neuen, hilfreichen Glaubenssatz.
>
> - Suche einen guten Platz für dein Plakat, um es aufzuhängen, sodass dich deine neuen Glaubenssätze für die nächsten Tage und Wochen begleiten.

Kurz gesagt:

➤ Glaubenssätze entstehen durch unsere Erziehung und unsere Erfahrungen und sind vergangenheitsbezogen und nicht aktuell.

➤ Glaubenssätze können und sollten jeden Tag neu überprüft und auf das angepasst werden, was jetzt, in diesem Moment, geschieht und wahr ist.

➤ Kontrolliere deine Glaubenssätze und lass dich nicht von ihnen kontrollieren, denke daran, dass du immer nur deine Sicht auf eine Situation/ein Problem hast und nie das Gesamtbild.

Realitätsverdruss – Erwartungen vs. Akzeptanz

Du glaubst, dass alle um uns herum die Welt und die Ereignisse, die auf ihr geschehen, genauso wahrnehmen wie du? Das ist einer der alltäglichsten Glaubenssätze in den Köpfen der Menschen. Würde man dich so wie in diesem Fall fragen, sagst du vielleicht: »Jeder hat seine eigene Realität« und hast natürlich recht. Doch sobald es in den nächsten Streit geht, legst du genau wie deine Mitmenschen wieder deine persönliche Schablone an die andere Person an, um sie mit dem abzugleichen, was für dich richtig und falsch ist. Dabei sind wir alle die Konstrukteure unserer eigenen individuellen Realität. Eine Erkenntnis, die als »Konstruktivismus« die heutige Psychotherapie maßgeblich mitgeprägt hat. Auf den folgenden Seiten werden wir dir zeigen, wie du innerliche Erwartungen in Form von Glaubenssätzen in Akzeptanz dessen umwandeln kannst, was andere tun und denken und was um dich herum geschieht. Akzeptanz ist nämlich der erste Schlüssel zu tiefer Lebensfreude, der für jede Tür passt, die für dich aufgehen soll.

Wir Menschen behaupten oft, wir seien Realisten, da wir nur an das glauben, was wir auch sehen oder anfassen können. Wie absurd diese Behauptung ist, kannst du einfach feststellen, wenn du mit jemandem in besagten Streit gerätst. Dann ist Realität plötzlich nicht mehr das, was du siehst oder bewusst wahrnimmst, sondern deine ganz persönliche Wahrheit – *die eine* und nichts anderes. Es sei denn, du stimmst mit der Erkenntnis überein, dass es immer nicht nur eine, sondern mindestens zwei Realitäten gibt. Das ist übrigens ein hilfreicher Weg, um einen guten Kompromiss zu finden. Wir dürfen uns glücklich schätzen, wenn sich unsere Realität und die unseres Gegenübers in möglichst vielen Bereichen überschneiden, sodass wir in vielen Punkten unserer Wahrnehmung von Realität übereinstimmen und damit höchstwahrscheinlich auch im Rahmen unserer gemeinsamen Kommunikation häufig übereinstimmen. Nicht umsonst sprechen wir im gegenteiligen Fall gerne davon, dass wir »aneinander vorbeireden«.

Sei *deine* Realität

Menschen sind jedoch nur in der Lage, ihre ganz eigene Realität wahrzunehmen. Die Unterschiede in der Wahrnehmung anderer kennen sie nur aus deren persönlichen Schilderungen. Es gibt keine Möglichkeit, sie selbst zu erleben oder selbst zu fühlen. Wir können also nie zur Gänze wissen, wie sich die Realität für unser Gegenüber gerade anfühlt, und deshalb ist es so schwer, sich dessen bewusst zu bleiben, dass die eigene Realität nicht unbedingt etwas mit der Realität deines Gegenübers zu tun hat. Das kann immer wieder dazu führen, dass er oder sie Entscheidungen trifft oder Verhaltensweisen an den Tag legt, die du überhaupt nicht nachvollziehen kannst. Diese Entscheidungen oder Verhaltensweisen sind dementsprechend gut dazu geeignet, Konflikte in dir oder mit dir selbst auszulösen. Weil wir nicht in der Lage sind, die Realität unseres Gegenübers aus erster Hand zu erfahren und zu erleben, hat sich in so vielen Menschen, wahrscheinlich sogar in uns allen, die Überzeugung festgesetzt, dass andere die Welt so wahrnehmen müssten wie ich und dementsprechend auch so denken, fühlen und handeln müssten wie ich. Tut er das dann nicht, was natürlich zwangsweise so sein wird, läuft das der tief in uns verwurzelten Grundüberzeugung so sehr entgegen, dass Konflikte die Folge sind. Wenn wir wirklich tief greifend etwas an unserer Kommunikation mit anderen verändern möchten, dann muss das der allererste Schritt sein.

Der Moment, in dem wir akzeptieren, dass unser Gegenüber die Welt anders wahrnimmt, anders sieht und damit auch anders denkt und fühlt als wir, ist ein Moment des echten Fortschritts in der eigenen Kommunikation. Mit ihm können wir das zukünftige Miteinander auf ein bereicherndes Level anheben, auf dem gegenseitiger Austausch zu einer echten Bereicherung wird. Es geht dabei nicht nur um Toleranz – denn wie würde man die andere Meinung und Sichtweise nicht tolerieren wollen? Wie will ich denn etwas gegen die Gedanken meines Gegenübers unternehmen? Abschalten funktioniert nicht, wir reden ja nicht mit einem Fernseher, und das klappt ja schon bei den eigenen Gedanken nicht. Wie heißt es so schön: »Die Gedanken sind frei«, und deshalb kann ich die Gedanken meiner Mitmenschen nicht verändern – ich kann ihnen höchstens andere, mögliche Gedanken aufzeigen und sie damit eventuell davon überzeugen, dass sie ihre Gedanken selbst ändern können. Das, worum es wirklich geht, ist Akzeptanz.

Wie im Kleinen, so im Großen

Im ersten Teil des Buches haben wir bereits unter der Überschrift »Dem Widerstand widerstehen – Entspannung finden« darüber gesprochen, welche Auswirkungen Widerstand und Akzeptanz auf dein persönliches Lebensgefühl haben. Doch Akzeptanz nimmt auch eine zentrale Rolle in zwischenmenschlichen Beziehungen ein, für die sie genauso heilsam ist wie für deine persönliche Lebensfreude. Versuche zu akzeptieren, dass dein Gegenüber die Welt anders wahrnimmt, anders darüber denkt und fühlt und dementsprechend auch anders handelt, als du es tust. Das bedeutet nicht, dass du unbedingt mit all den Dingen, die dein Gegenüber sagt oder denkt, einverstanden sein musst, aber du solltest akzeptieren, dass es so ist. Darin liegt eine große Herausforderung. Doch das zu schaffen ist auch eine große Chance für ein gutes Miteinander und dein persönliches Wachstum. Erst auf der Basis dieser Akzeptanz, wenn dein Gegenüber sie bei dir verspürt und sich somit die Chance auf eine gegenseitige Akzeptanz ergibt, erst darauf können ein positives Aufeinanderzugehen und ein jeweiliges Umdenken basieren.

Wenn du wirklich möchtest, dass sich dein Gegenüber oder seine Art der Kommunikation verändert, liegt die einzige Chance dafür darin, ihn so zu akzeptieren, wie er ist. Wenn du diese Akzeptanz zum Ausdruck bringen kannst, werdet ihr beginnen, gemeinsam offen über alternative Denk- und Handlungsweisen zu sprechen. Zu deiner Akzeptanz sollte auch gehören, zu akzeptieren, dass dein Gegenüber vielleicht eine andere Entscheidung trifft, als du sie vor dem Hintergrund deiner Realität, vor dem Hintergrund deiner Gedankenwelt, deinen Erfahrungen und der Prioritäten, die du setzt, treffen würdest.

Mitgemacht!

- Nimm dir kurz einen kleinen Zettel zur Hand und schreibe drei Namen darauf. Und zwar die Namen von drei Freunden, von denen du weißt, dass ihr in einem Punkt gänzlich anderer Meinung seid.

- Triff dich jeweils mit jedem der drei Freunde und bitte sie, dir ihre Meinung zu dem entsprechenden Thema mitzuteilen.

- Stelle nur Fragen, um zu ergründen, warum sie so denken. Ergründe so den Unterschied zwischen ihrer Realität und deiner. Kommentiere es nicht.

> - Wenn der Drang in dir aufsteigt, deine Meinung und Argumente dagegen anzubringen, widerstehe ihm. Höre einfach zu und akzeptiere den unterschiedlichen Blick auf die Realität.

Es gibt in unserem Leben eine starke Kraft, wenn wir die Akzeptanz integrieren und so mit weniger Widerstand durch den Alltag gehen. Der Weg dorthin bedarf einiger Übung. Hilfreich ist es oftmals, wenn du zunächst versuchst, dir der Tatsache bewusst zu sein, dass die Dinge, die du wahrnimmst, nur für dich selbst so sind, wie du sie eben wahrnimmst, und dass andere Menschen sie womöglich komplett anders sehen. Andere Wahrnehmung, andere Gedanken, andere Verhaltensweisen, ganz einfach. Wenn ich mir dieser Tatsache bewusst bin, kann ich beginnen zu akzeptieren und muss keine Angst mehr davor haben, dass die Menschen um mich herum auf eine Art und Weise reagieren, die ich als Angriff auf mich selbst interpretiere. Das ist das nächste große Problem.

Wenn es um die Auseinandersetzung mit einem Gegenüber geht, neigen wir dazu, alles, was unser Gegenüber tut, auf uns selbst zu beziehen. Wir nehmen uns gerne ausgesprochen wichtig. Wir neigen außerdem dazu, den Fehler, die Schuld oder was auch immer für eine angebliche zwischenmenschliche Katastrophe herrscht, komplett bei uns oder beim anderen zu sehen. Dabei ist die Suche nach einem Schuldigen sinnlos, denn Schuld bezieht sich immer auf etwas Vergangenes, also etwas Unveränderliches, und steht zugleich einer Lösung in diesem Moment im Weg. Noch problematischer wird es, wenn wir davon ausgehen, dass der andere so gehandelt hat, um uns persönlich eins auszuwischen und um uns Schlechtes zu wollen. Dann siehst du dein Gegenüber als Feind, was dich in Gedanken immer weiter in diese Richtung treiben wird. Dieser innere Ablauf ist weit verbreitet. Aber die Wahrheit ist doch, dass das, was andere tun und sagen, erst einmal etwas mit ihnen und ihrer eigenen Realität zu tun hat. Die Kunst besteht darin, möglichst schnell die hilfreichen und damit relevanten Gesprächsinhalte für mich zu identifizieren und damit auch gut zu trennen, welche Gedanken und Emotionen angemessen sind und welche ich eventuell nur deshalb habe, weil ich etwas in die Reaktionen meines Gegenübers hineininterpretiere, das mehr mit meiner als mit seiner Realität zu tun hat.

Natürlich kann das, was andere mir sagen, wichtige Hinweise für mich bereithalten, denn oftmals kann es mir einen Hinweis darauf geben, wie ich unter Umständen mein Verhalten modifizieren sollte. Doch wenn ich entweder alles auf mich beziehe oder davon ausgehe, dass der andere etwas bewusst macht, um mich zu schädigen, mache ich mir das Leben nur unnötig schwer. Das gilt insbesondere für das Leben in einer Partnerschaft, um die es auf den folgenden Seiten gehen soll.

Kurz gesagt:

- Jeder hat seine eigene Realität.

- Nutze deine Realität nicht als Schablone zur Bewertung anderer, sie haben ihre eigene Realität, mit der du nichts zu tun hast.

- Die Akzeptanz dessen, was andere sagen und tun, bedeutet emotionale Freiheit. Sie ermöglicht sinnvolles, liebenswürdiges Handeln zur rechten Zeit.

Partnerschaft: »Mensch ärgere dich nicht« für Fortgeschrittene

Wenn wir über deine zwischenmenschlichen Beziehungen sprechen, können wir ein Thematisieren der Partnerschaft nicht außen vor lassen, die für die meisten Menschen der Mittelpunkt des Lebens ist. In diesem Kapitel werden wir mit dir gemeinsam auf die Dynamiken von (Liebes)beziehungen eingehen und darauf, wie du sie so gestalten kannst, dass du und dein Partner damit glücklich werdet, denn mit einer Partnerschaft verhält es sich ein bisschen so wie mit einem Lottogewinn: Alle Welt träumt davon, doch wenn einen das Glück schließlich ereilt, sind bei Weitem nicht alle glücklich damit. Es gibt kaum etwas, das uns so sehr mit unseren eigenen Unzulänglichkeiten konfrontiert wie eine Partnerschaft. Wenn man wissen will, wo in der eigenen Kommunikation Entwicklungsbedarf besteht, dann braucht man unbedingt eine Partnerschaft. Das klingt vielleicht plakativ, ist in unseren Augen bei nüchterner Betrachtung aber wahr. Wenn du dich einmal umschaust, und sei es nur im eigenen Familien- und Bekanntenkreis, dann wirst du feststellen, dass viele Beziehungen nach dem »Mensch ärgere dich«-Prinzip funktionieren, denn wenn zwei nicht erwachsen gewordene innere Kinder so eng aufeinandertreffen, wie es in einer Partnerschaft der Fall ist, dann führt dies regelmäßig zu eskalierenden Konflikten.

Bei nüchterner Betrachtung bewegen sich diese Konflikte dann auch meistens auf einem Sandkasten-Niveau von »Er hat mir dies und jenes weggenommen« und »Sie gibt mir nicht das, was ich will«. Es sind überzogene Erwartungen an den Partner, die zu diesen Konflikten führen, und besonders die Erwartungen wie »Mein Partner macht mich glücklich«. Oder noch schlimmer: «Mein Partner *muss* mich glücklich machen». Genauso gerne werden Aussagen wie »Ich brauche sie/ihn!« oder »Er/sie ist alles, was ich habe« formuliert. Das alles sind im Grunde genommen nur hohle Worthülsen, die sich bei genauerem Hinschauen schnell als kompletter Blödsinn herausstellen. Doch leider neigt unser Verstand dazu, Dinge, die er nur oft genug gehört hat, ungefiltert und unüberlegt als wahr zu erachten. Wenn man sich also nur lange genug eben jenen Blödsinn einredet oder in deutschen Schlagern vorträllern lässt, dann glaubt man ihn irgendwann auch, und das, was ich glaube, entscheidet darüber, wie ich mich fühle.

Wenn ich aber überzogene Erwartungen an meinen Partner habe und mich bzw. mein Glück von ihm abhängig mache, dann kann ich letztendlich nur enttäuscht werden. Überlege einmal, was du deinem Partner da aufbürdest, wenn du ihn für die Erfüllung deiner Lebensfreude verantwortlich machst. Darum hat er oder sie niemals gebeten, und wie könnte jemand anders es dir auch anbieten? Die Wahrscheinlichkeit, dass du die Schuld bei ausbleibender Lieferung dann bei deinem Partner suchst, ist enorm groß, und noch viel größer ist auch die Wahrscheinlichkeit, dass du deine eigene Einstellung und dein Verhalten nicht änderst. Damit wirst du ziemlich sicher in der nächsten Partnerschaft die gleichen Fehler wiederholen und damit auch nur das gleiche Ergebnis erzielen.

Damit wollen wir nicht sagen, dass Partnerschaft eine dumme Idee ist, und damit Werbung für One-Night-Stands oder Promiskuität machen. Nein, wir wollen lediglich darauf hinweisen, dass eine Partnerschaft quasi die Königsdisziplin der Kommunikation darstellt und wir daher diesem Bereich der zwischenmenschlichen Beziehung viel Aufmerksamkeit schenken sollten. Schließlich kannst du daran schnell wachsen.

Drei Schritte zu einer glücklich machenden Partnerschaft

Aber was genau ist zu tun? Dazu allein könnte man eigene Bücher verfassen, doch wollen wir uns hier möglichst kurz fassen und bringen es einfach auf drei Schritte, die du mit diesem Buch machen kannst:

Erstens: Den ersten Teil dieses Buches lesen, ihn verinnerlichen und, am allerwichtigsten: das dort Gelernte anwenden, bis du es nicht nur mit dem Verstand verinnerlicht hast, sondern es auch fühlst und seinen Nutzen bestätigen kannst.

Zweitens: Deinem Partner das Buch geben und ihm anbieten, Teil eins zu lesen, zu verinnerlichen, zu fühlen und dann anzuwenden.

Drittens: Gemeinsam Kapitel zwei lesen, sich darüber austauschen, wo in der gemeinsamen Beziehung immer wieder Konflikte auftauchen, und gemeinsam vereinbaren, zu üben, diese nicht immer auf die gleiche Art und Weise zu begehen, sondern zusammen daraus zu lernen und sich weiterzuentwickeln.

Probiere etwas Neues!
  Bevor ich mich um die Perfektion meiner Partnerschaftskommunikation kümmern kann, muss ich bestmöglich mit mir selbst im Reinen sein. Daher der Hinweis, Kapitel eins zu lesen, zu verinnerlichen und anzuwenden. Gleiches gilt natürlich auch für deinen Partner. Es hilft sehr wenig, wenn nur einer der beiden Partner anfängt, an sich zu arbeiten und sich zu verändern. Das führt anfangs häufig sogar dazu, dass Partnerschaftskonflikte noch heftiger werden. Wenn du alles gemeistert hast, ist es freilich einerlei, ob dein Partner ähnliche Kenntnisse anstrebt

oder schon besitzt, denn dann ist es immer ausreichend, wenn einer von euch weise ist. Immer wieder haben wir Teilnehmer in unseren Seminaren und Coachings, die hinterher berichten, dass sie nun angefangen hätten, viele positive Entwicklungen bei sich zu vollziehen, doch dass ihr Partner davon gar nichts wissen wollte und es nun sogar eher schwieriger in der Beziehung geworden sei.

Wenn ein Partner sich weiterentwickelt und der andere dies nicht tut, dann besteht die Gefahr, dass früher oder später der Moment kommt, in dem das zu einem ausgewachsenen Konflikt führt. Dann lässt sich die Veränderung und das Bemühen etwa um bessere Kommunikation und das Erreichen eigener Ziele nicht länger verdrängen oder als »komische Phase« abtun, dann hagelt es oftmals Kritik und, ein Rosenkrieg kann sich entwickeln.

Der langen Rede kurzer Sinn: Es ist wichtig und richtig und hilfreich, wenn beide Partner sich entscheiden, an sich selbst und ihrer Kommunikation zu arbeiten. Damit erklärt sich Punkt drei, das gemeinsame Lesen und Anwenden der Inhalte dieses Kapitels. Macht ein schönes gemeinsames Projekt daraus. Versteht euch als Detektive und beobachtet, welche Techniken aus diesem Buch ihr gerade anwendet, und gratuliert euch gegenseitig dazu, denn dazu wird es allen Grund geben. Geht mit Spaß und Freude an die Sache und erlaubt euch auch Fehlversuche. Die wird es geben. Das gehört dazu und ist Teil des Lernens und Ausprobierens.

Die eigentliche Kunst einer glücklichen Beziehung besteht vor allen Dingen im gegenseitigen Vertrauen. Wir glauben nicht, dass man für eine glückliche Beziehung alles füreinander tun muss oder dass man alles miteinander teilen muss. Sei es nun materieller Natur oder geht es auch nur um Informationen – auch in der Partnerschaft bleibt man ein eigenständiger Mensch.

Es ist aber unabdingbar, dass man sich vertraut, dass man sich sicher sein kann, dass man selbst seinem Partner vertrauen kann, und dass der Partner einem auch vertraut und vertrauen kann.

Ein anderer essenzieller Bestandteil einer gelingenden Partnerschaft ist die Bereitschaft, den anderen zu lieben, wie er ist, oder sich zumindest gänzlich von der Vorstellung zu verabschieden, den anderen verändern zu wollen bzw. zu können. Allein die Idee, dass der andere sich so verändern müsse, wie ich mir dies vorstelle, ist mehr als nur absurd und stellt eine unglaubliche Belastung für eine Partnerschaft dar. Letzteres gilt übrigens für alle Beziehungen, egal ob sie partnerschaftlicher, freundschaftlicher oder familiärer Natur sind. Wie wir schon besprochen haben, ist es ein grundlegender Irrtum, davon auszugehen, dass man jemand anderen verändern könnte.

Du kannst dich nur selbst verändern

Weder kann ich mein Gegenüber verändern noch kann mein Gegenüber mich verändern. Die einzige Person, die ich verändern kann, bin ich selbst. Dieser Satz ist so zentral, dass wir ihn noch einmal wiederholen: Die einzige Person, die du verändern kannst, bist du selbst.

Natürlich kannst du deinen Partner bitten, etwas zu verändern, und ihn vielleicht auch darum bitten, sich bzw. Verhaltensweisen von sich zu verändern, doch die Veränderung als solche kann nur dein Gegenüber selbst bei sich vornehmen. Dabei ist es immer wieder erstaunlich, welch hohe Ansprüche wir an unseren Partner haben, wenn es darum geht, dass er/sie sich verändern soll, und wie wenig wir oftmals selbst bereit oder in der Lage sind, uns zu verändern. Außerdem: Wenn du deinen Partner so haben willst, wie er in deinem Kopf zu sein hat, ist er es ja jetzt noch nicht – warum bist du dann mit ihm zusammen?

Wenn es um die Arbeit mit unseren Klienten geht, dann taucht immer wieder der Wunsch auf, andere zu verändern und das am besten sofort. In den ersten Stunden einer gemeinsamen Therapie oder eines Coachings geht es eigentlich immer darum, ein Ziel für die gemeinsame Arbeit festzulegen, und ein großer Teil der Klienten formuliert dann ein Ziel, das sie nicht erreichen können. Weil es von Veränderungen einer anderen Person abhängt, wenn dies nicht sogar das direkte Ziel ist, das festgelegt wird. Dann besteht unsere Aufgabe darin, zu unterstützen und einen Weg zu finden, das Gewünschte aus eigenem Antrieb zu erreichen. Ist dies erreicht, kommt der zweite nicht minder herausfordernde Schritt, die Motivation und Geduld aufzubringen, sich selbst zu verändern, um das gewünschte Ziel ins Leben zu holen.

Generell kannst du dir merken: Es verändert sich nur dann etwas in deiner Welt, wenn *du* es veränderst. Wenn also etwas in deiner Beziehung falsch läuft, dann ist es an dir, etwas daran zu verändern. Wenn du möchtest, dass deine Beziehung anders als bisher verläuft, dann musst du dich anders verhalten als bisher.

Mitgemacht!
Sei die Veränderung, die du dir wünschst

- Versuche einmal, einen Tag lang *so* zu sein, wie du deinen Partner gerne hättest, und sage nicht: Ich will, dass er oder sie von nun an so und so ist. Dann wird das mit der Zeit auch bei ihm oder ihr eintreten. Aus »Du musst liebevoller mit mir sein«, einer klaren Anschuldigung, wird dann vielleicht »Ich werde liebevoller mit dir sein«, also eine gute Idee.

> Wenn dir das gelingt, wirst du auch mit Sicherheit eine Veränderung erreichen. Ob du das gewünschte Ergebnis erreichst, lässt sich natürlich nicht sicher vorhersagen, da gerade im Rahmen einer Partnerschaft ja mindestens zwei Menschen beteiligt sind, aber wenn du anfängst, in der Beziehung etwas anders zu machen, hast du zumindest die Chance, etwas zu erreichen. Tu es für einen Tag und wenn du denkst, du kannst das nicht, tu einfach so, als wärst du jemand, der es kann. Schaue abends vorm Schlafengehen, ob sich der Tag so besser angefühlt hat und wie dein Partner reagiert hat.

Veränderst du dich nicht, verändert sich auch deine Beziehung nicht. Und wenn du bemerkst, dass sich etwas ändern muss, dann hast du eine unendliche Vielzahl an Möglichkeiten. In der Regel ist Nichtstun die schlechteste davon. Allerdings ist Nichtstun die am häufigsten gewählte Strategie, da sie vielen Menschen zunächst als die am wenigsten riskante erscheint, obwohl natürlich das Gegenteil der Fall ist. Nichtstun ist nicht die Lösung, selbst wenn es manchmal einen Abschied bedeutet, aber dann bitte nicht im Zorn, schließlich ist es *deine* Entscheidung, an der nicht dein Partner »schuld« ist. Wenn du dieses Kapitel gelesen hast und im Moment gar nicht in einer Partnerschaft bist, kannst du diese Zeilen einfach auf deine Familie übertragen, denn die haben wir alle, und auch dort gelten die gleichen Grundregeln, wenn auch in etwas anderer Form, worauf wir im nächsten Kapitel eingehen werden.

Kurz gesagt:

➤ Eine Partnerschaft ist eine große Herausforderung, die das Potenzial in sich birgt, uns einiges über uns selbst und menschliches Miteinander zu lehren.

➤ Versuche nicht, deinen Partner zu verändern, verändere stattdessen dich und bringe das in eure Beziehung, was du dir von der Beziehung wünschst.

➤ Befolge die drei Schritte zu einer gelungenen Partnerschaft mithilfe dieses Buches, wenn du es möchtest.

Familie als Chance – die gemütlichste Zwangsjacke der Welt

Die eigene Entwicklung kann nur gelingen, wenn sie auch die anderen Menschen um dich herum mit einbezieht, weil wir niemals alleine sind und sei es nur in Gedanken. Darum lernst du in diesem Kapitel die Dynamiken einer Familie kennen und bekommst von uns einige Tipps an die Hand, wie du deine Kommunikation mit ihr verbessern kannst und damit die Liebe in eurer Mitte hältst.

Die eigene Familie, seien es Vater, Mutter, Geschwister, Ehemann oder die eigenen Kinder, ist das zentrale Puzzlestück, das unser Bild von menschlichem Miteinander am maßgeblichsten geprägt hat und auch weiterhin bestimmt. Dein erster Bezugspunkt, die erste Gruppe, mit der du in Kontakt stehst, ist immer deine Familie. In ihr tun wir unsere ersten Schritte mit unseren Mitmenschen, bei ihr lernen wir die Vorzüge und Hürden zwischenmenschlichen Kontakts kennen. Gemeinsam wollen wir nun einen Blick auf deine eigene Beziehung zur Familie werfen und natürlich einen Blick darauf, wie sie deinen Umgang mit anderen geprägt hat. Daraus lassen sich außerdem einige allgemeine Schlüsse ziehen, die maßgeblich zum Gelingen einer guten innerfamiliären Kommunikation beitragen. Nun denkst du wahrscheinlich: Zwei Brüder, die gemeinsam ein Buch schreiben und Seminare anbieten – was sollen die schon über familiäre Schwierigkeiten und Probleme wissen, wo sie doch zu den wenigen Glücklichen gehören, die sich so gut verstehen, dass sie gemeinsam erfolgreich arbeiten können? Du darfst uns ruhig glauben, wir haben Zeiten miteinander erlebt, in denen wir uns nicht einmal die Butter auf dem Brot gegönnt haben und in denen wir vor allen Dingen Experten in der aggressiven und gegeneinander gerichteten Kommunikation waren. Und noch heute ist es so, dass wir ganz genau wissen, wie wir den jeweils anderen zur Weißglut treiben können. Doch haben wir auch gelernt, wie gute Kommunikation miteinander gelingen kann, und wir haben erfahren, um wie viel reicher und angenehmer das Leben ist, wenn man innerhalb der Familie eine gute Kommunikation übt. Das macht aus dem Wissen darüber, welche Knöpfe wir für einen Wutanfall beim anderen drücken müssten, eine noch stärkere Verbindung, weil wir im Frieden bleiben, ob wir diese Punkte nun sehen oder nicht. Das Beste daran ist, dass jeder dazu fähig ist, wenn er sich nur darum bemüht.

Eine rundum heile Welt gibt es nur im Fernsehen

Das Erste, wovon du dich verabschieden solltest, wenn es um das Thema Familie geht, sind Bilderbuchvorstellungen von der sogenannten heilen Welt, in der Papa Bär und Mama Bär in bester Laune durch die bunten Heftseiten tanzen.

Wovon du dich als Nächstes verabschieden solltest, ist die Vorstellung, dass die Familie der richtige Rahmen ist, um die eigenen Egoismen zu kultivieren. Eine Familie lebt von den drei großen »R«:

- *Rücksichtnahme,*
- *Rückhalt* und
- *Reibungswärme.*

Natürlich gehört noch einiges mehr dazu, aber die drei großen »R« sind definitiv von zentraler Bedeutung. Schauen wir uns an, warum.

Rücksichtnahme: Eine Familie ist zumeist auch räumlich, aber immer emotional ein eng abgesteckter Raum, in dem so einiges stattfindet. Das bedeutet, innerhalb der Familie bewegst du dich in einem engen Verhältnis zu den anderen (vor allen Dingen, während ihr gemeinsam lebt), und das macht es unabdingbar, dass ihr aufeinander Rücksicht nehmt. Ihr müsst darauf achten, *wie* ihr etwas sagt und was ihr tut und was das für die anderen bedeutet. Dazu gehört auch, dass ihr bereit seid, eigene Interessen aus Rücksicht auf die Interessen der anderen zurückzustellen. Das klingt banal? Es ist banal! Und gleichzeitig sehen wir bei fast jedem Klienten diese Thematik in seiner Ursprungsfamilie. Vielleicht wird dieser Punkt so oft übersehen, weil er so banal ist. Oder aber, und das erscheint uns wahrscheinlicher: Die eigenen Ziele und Wünsche erscheinen einfach wichtiger als die der anderen Familienmitglieder. Hinzu kommt außerdem, dass jeder in der Familie jeden Vorzug und auch jeden Schatten des anderen auswendig kennt. Vor diesem Hintergrund lohnt es sich, dir immer wieder klar zu machen, dass Rücksichtnahme und der manchmal damit verbundene Verzicht oftmals nur ein geringer Preis für die Vorzüge eines funktionierenden familiären Miteinanders sind.

Rückhalt: Das ist eine so zentrale Stärke der Familie, dass man sie gar nicht genug betonen kann. Gelingt es innerhalb einer Familie, einen derartigen Rückhalt zu gewährleisten, dass jeder in der Familie weiß, wenn es hart auf hart kommt, ist meine Familie für mich da, dann kannst du darauf wirklich zählen. Wenn diese Gewissheit tief in dir verwurzelt ist, dann erwächst daraus eine unglaubliche Kraft, dann kannst du selbstsicher durchs Leben gehen. Eben weil du weißt bzw. dir sicher sein kannst, dass für den Fall, dass deine eigenen Ressourcen nicht ausreichen, du auf ein großes Unterstützernetzwerk hoffen kannst. Dabei ist es unerheblich, wie groß deine Familie ist oder wie gut finanziell ausgestattet – entscheidend ist, dass du darauf vertrauen kannst, dass der Rückhalt besteht. Du spürst keinen Rückhalt in deinem System? Dann springe direkt zum nächsten Punkt und vielleicht wirst du danach doch wieder hierher zurückkehren können.

Reibungswärme: Niemand kennt deine Schatten so gut wie die Menschen, mit denen du aufgewachsen bist. Niemand kennt deine »wunden Punkte« so gut wie deine Eltern und Geschwister, und deshalb kann auch niemand so gut wie sie den Finger in deine Wunden legen. Niemand ist in der Lage, uns so schnell und so zielstrebig auf die Palme zu bringen, das gilt nicht nur für dich. Warum das eine Stärke ist, wenn deine Familienmitglieder die Menschen sind, denen es am leichtesten fällt, dich aufzuregen oder mit dir in einen ausgereiften, wachsenden Konflikt zu geraten? Weil sie es dir ermöglichen, in einem vertrauten und sicheren Rahmen immer wieder auf die Punkte hingewiesen zu werden, an denen du selbst arbeiten solltest. Hier eröffnet sich dir die Möglichkeit, immer wieder aufs Neue zu überprüfen, ob du dich weiterentwickelt hast oder ob du immer noch an den gleichen Dingen arbeiten musst wie früher.

Schluss mit dem Katastrophisieren!

Jetzt fragst du dich wahrscheinlich, warum wir die Familie so positiv schildern, wo wir doch zu Beginn dieses Abschnitts noch darauf hingewiesen haben, dass du die Familie nicht übermäßig idealisieren solltest? Zum einen darfst du von der Familie nicht zu viel erwarten. Wenn du Erwartungen an deine Familie hast, die unrealistisch sind, sprich die heile Welt mit immer eitel Sonnenschein, dann kannst du nur enttäuscht werden. Familie findet im Leben statt, und Leben bedeutet nun einmal immer auch neue Herausforderungen, denen es sich zu stellen gilt, und Konflikte und unerwartete Schwierigkeiten. Zum anderen ist es wichtig, sich zur Familie und insbesondere zu der Zeit der eigenen Kindheit in der Familie keine Geschichten zu erzählen – vor allen Dingen keine katastrophisierenden Geschichten! Das gilt insbesondere für die Vergangenheit in deiner Familie, die du nicht verändern kannst. All die klassischen Glaubenssätze zur familiären Vorgeschichte wie »Meine Eltern haben mich nicht ausreichend geliebt!« oder »Meine Mutter war nie für mich da, wenn ich sie gebraucht habe« oder, oder, oder, sie sind ebenso wenig wahr wie hilfreich.

Was aber tun, wenn die familiäre Vergangenheit voll leidvoller Erinnerungen und Erfahrungen ist? Was, wenn die drei großen »R« sich in deiner eigenen Familie oder familiären Vergangenheit nicht finden lassen? Zunächst einmal: Nicht verzagen.

Der erste und wichtigste Schritt ist es, Frieden zu schließen mit der eigenen Vergangenheit bzw. mit der eigenen familiären Vorgeschichte. An dieser Stelle kommen in unseren Seminaren und Coachings in der Regel die großen »ABER«-Schreie. Wenn es dir auch so geht, dann lehn dich einen Moment zurück und überlege mit uns gemeinsam: Was bedeutet es, Frieden zu schließen? Mache dir in Bezug auf deine Eltern zum Beispiel klar, dass auch sie als zauberhafte Babys auf die Welt gekommen sind. Unbeschriebene, niedliche Blätter, die irgendwann Opfer ihrer Lebensgeschichte geworden sind, bevor sie etwas tun konnten, das dir vielleicht geschadet oder dich traurig gemacht hat. Sie waren einmal frei von Geschichten und Vorstellungen und sind nicht von selbst und freiwillig so geworden, wie sie sind.

Soll das heißen, leidvolle Erfahrungen in der Vergangenheit gutzuheißen oder gar zu rechtfertigen? Nein. Mit dem Friedenschließen mit der Vergangenheit verhält es sich ein bisschen so wie mit dem Friedenschließen nach einem Krieg.

Für Frieden braucht es einen ersten Schritt: deinen

Der erste Schritt besteht darin, aufzuhören zu kämpfen, also damit aufzuhören, Vorwürfe zu formulieren oder gar weiterhin Auseinandersetzungen zu führen. Der nächste Schritt darf bzw. kann die Trauer sein um die Schmerzen, die du empfunden hast, bzw. die Verluste, die du erlitten hast (um in der Kriegsmetapher zu bleiben), zu verarbeiten. Dann kommt der Punkt, der für die meisten Menschen am schwierigsten umzusetzen ist: die Aussöhnung. Viele Menschen glauben, dass Aussöhnung bedeutet, dass auch das Gegenüber dazu bereit sein muss, bzw. auch die Person, mit der du im »Krieg« warst, zur Versöhnung bereit sein muss. Das ist ein Irrtum. Wenn es um die Versöhnung mit deiner eigenen Vorgeschichte, also der familiären Vergangenheit, geht, dann ist es ausreichend, wenn du dich entscheidest, deinen Frieden damit zu schließen und dich mit deiner Vergangenheit auszusöhnen.

Doch was bedeutet das Aussöhnen nun konkret? Im Grunde genommen nichts anderes als die Akzeptanz, dass es Teil deiner Vergangenheit ist, dass das, was geschehen ist, dir widerfahren, nun aber vergangen ist. Es ist Teil deiner Geschichte, nicht mehr und nicht weniger. Wie viel Einfluss du dieser Geschichte auf dein Leben im Hier und Jetzt gewährst, und Leben ist immer nur hier und jetzt, das darfst du selbst entscheiden. Je besser es dir gelingt, mit deiner Vergangenheit Frieden zu schließen, umso besser wird es dir gelingen, diese Entscheidung wirklich frei zu treffen. Das ist der Weg zu innerem Frieden. Äußerer Friede, zum Beispiel nach einem Konflikt mit einem Familienmitglied, Partner oder einem guten Freund, ist ebenfalls an eine wichtige Entscheidung gebunden: die (Grund)bedürfnisse aller Beteiligten wahrzunehmen. In der Regel kommen dann Konflikte auf, wenn du und dein Gegenüber jeweils eines oder mehrere eurer Bedürfnisse nicht gewahrt seht. Gelingt es dir, die Bedürfnisse deines Gegenübers in Erfahrung zu bringen und ihm wiederum deine Bedürfnisse mitzuteilen, dann kann eine gute Lösung gefunden werden. Biete deinem Konfliktpartner eine Lösung an, die euer beider Bedürfnisse berücksichtigt, und du wirst erstaunt sein, wie oft sich so wirklicher Frieden schließen lässt.

Mitgemacht!
Inneren und äußeren Frieden schließen

- Mache eine kurze Bestandsaufnahme deiner aktuellen Konflikte. Welche unausgesprochenen oder zumindest ungeklärten Konflikte belasten dich aktuell? Falls dir keinerlei Konflikte einfallen sollten – super! Entspann dich und komm einfach zu dieser Übung zurück, wenn in Zukunft ein Konflikt entstehen sollte. Solltest du zur Mehrheit der Menschen gehören, die diverse Konflikte haben, dann wähle zunächst einen, der irgendwo in der Mitte angesiedelt ist, also weder total katastrophal noch vollkommen unbedeutend erscheint.

- Wenn du dich für einen Konflikt entschieden hast, den du klären möchtest, dann mache zunächst deinen Frieden mit dem, was bisher geschehen ist – es ist geschehen und kann nicht geändert werden.

- Mache dir nun bewusst, in welchem deiner Bedürfnisse du dich verletzt gefühlt hast, sodass es zu dem Konflikt gekommen ist. Lasse dich dabei nicht von vermeintlichen Fehlern des anderen ablenken, sondern bleibe ganz bei dir und deinen Bedürfnissen und Wünschen.

- Wende dich dann an deinen Konfliktpartner, teile ihm mit, dass du euren Konflikt gerne lösen möchtest, und frage ihn anschließend nach seinen Bedürfnissen. Welche Bedürfnisse hat er verletzt gesehen und was wünscht er sich?

- Fragen nach einer Schuld oder dem Gewinner oder Verlierer haben hier nichts zu suchen, das sind Metaphern des Konflikts und nicht des inneren und äußeren Friedens.

- Erarbeitet dann eine gemeinsame Lösung, welche möglichst alle Bedürfnisse berücksichtigt.

Wenn dir das einleuchtet, kann wahrer Frieden in die Beziehung zu deiner Familie einziehen. Frieden benötigt jemanden, der den ersten Schritt macht und dabei konsequent ist. Ghandi ist ein Beispiel dafür, dass das selbst auf gesellschaftlicher Ebene funktionieren kann. Er wird als einer der größten Menschen der Geschichte verehrt und gefeiert, und gleichzeitig fetzen sich oft diejenigen, die eben noch seiner Überzeugung applaudiert haben, wie die Kesselflicker mit ihren Familien. Auch das gehört zum Leben. Ist es dir möglich, Frieden mit der eigenen familiären Vergangenheit zu schließen und sie als das wahrzunehmen, was sie ist, nämlich vergangen, dann öffnen sich dir viele neue Möglichkeiten für die Gestaltung deiner familiären Kontakte und Beziehungen. Die drei »R« werden sich erfüllen und dir die Nestwärme geben, die du dir wünschst, und dann hast du gemeinsam mit den vorangegangenen Kapiteln einen riesigen Schritt in Richtung echter Nächstenliebe gemacht.

Kurz gesagt:

- ➤ Die eigene Familie ist eine Herausforderung, die du annehmen solltest, denn du hast keine Wahl und stellst dich ihr in Gedanken ohnehin immer.

- ➤ Eine Familie ist nicht immer eitel Sonnenschein, das ist eine falsche Erwartung von Familie.

- ➤ Für Frieden in der Familie braucht es einen Friedensstifter, und der solltest immer du sein (das gilt natürlich für alle Familienmitglieder).

Nächstenliebe l(i)eben lernen

Nächstenliebe ist so etwas wie der viel zitierte Weltfriede. Jeder wünscht es sich ganz offiziell, während er im Keller die Klingen wetzt. Politiker rufen die Wahrung des Friedens als oberste Maxime des Staates aus, bevor sie kurze Zeit später ihre Kürzel unter hochdotierte Rüstungsverträge setzen oder in ein Land einmarschieren, das reich an Rohstoffen ist. Und wie so oft gilt: wie im Großen, so im Kleinen und umgekehrt. Sicherlich wünschst auch du dir ein friedfertiges, liebevolles Umfeld, das von Verständnis, Geduld und einem liebevollen Miteinander geprägt ist? Wenn du ganz ehrlich bist, verbringst du aber wahrscheinlich weitaus mehr Zeit damit, deine sozial-emotionalen Feldzüge zu planen als deinen nächsten karitativen Einsatz. Gerade im Arbeitsumfeld vieler Menschen erreichen diese Feldzüge häufig eine generalstabsmäßige Planungsintensität. Da wird gelästert, was das Zeug hält, um andere schlecht dastehen zu lassen und sich für kurze Zeit überlegen zu fühlen. Ein Verhalten, das denen von Drogensüchtigen ähnelt, die im Prinzip wissen, dass sie sich damit nichts Gutes antun, aber noch diesen einen Schuss setzen wollen, weil er sich doch für einen Moment lang so befriedigend anfühlt. Witzig: An anderen Tagen wird dann über diejenigen gelästert, die lästern. Paradox, nicht wahr?

Wir werden noch im Zuge der »Lästerfalle« darüber sprechen, möchten dich an dieser Stelle aber einleitend schon einmal darauf aufmerksam machen, dass tatsächliche Nächstenliebe immer in Greifreichweite ist. Du brauchst es nur zuzulassen und zu lernen, deinem Gewissen zu lauschen, das dir leise, aber bestimmt sagt, wenn du anfängst, etwas zu tun, das dir und der Gemeinschaft nicht gut bekommt. Dieses selbstschädigende Verhalten ist vergleichbar mit Süßigkeiten, der verbotenen Frucht der Moderne. Jeder weiß, dass es ungesund ist, dick und krank macht, und trotzdem wird die Frucht gepflückt. Das Wissen darüber, etwas »Verbotenes« zu tun und damit aus dem Paradies vertrieben zu werden, ist da, und trotzdem wird es getan. Ein Sündenfall wider besseren Wissens, der die Qualität unserer Gemeinschaft als Menschen tagein, tagaus schädigt und sich am Zustand unserer Welt ablesen lässt. Wie im Innen, so im Außen. Dass unsere Umwelt zerstört wird, Gier und Egoismus regieren und Ungerechtigkeit grassiert, sind nur die äußerlichen Symptome unseres inneren Krieges mit anderen, dessen klassische Ausprägungen wir dir im Folgenden aufzeigen wollen.

Wir – über das Selbst hinaus

*»Wir sind zur Gemeinschaft geschaffen
wie Füße, wie Hände,
wie die untere und die obere Zahnreihe.«*
Marcus Aurelius

Über die Bedeutung der Beziehungen zu unseren Mitmenschen bzw. über die Bedeutung der Beziehung zu unserem Gegenüber und wie wichtig eine gute Kommunikation dazu ist, haben wir nun schon viel gesagt. Doch wie gut du dich auch in der Kommunikation schulst, wie gut du auch dein eigenes Empfinden und Verhalten reflektierst und wie gut es dir auch gelingen mag, dich um ein harmonisches und erfolgreiches Miteinander mit deinem Gegenüber zu bemühen, so unausweichlich ist es doch, dass Konflikte entstehen.

In diesem dritten Buchteil werden wir dir die häufigsten schmerzhaften Situationen im Zusammensein mit anderen und jeweils einen Ausweg aus ihnen zeigen. Unser Ziel ist es, dich für jede mögliche Alltagssituation, in der du deine Mitmenschen als Belastung oder Ärgernis empfindest, zu wappnen und dir das Rüstzeug an die Hand zu geben, das du brauchst, um Freunde, Familie und Bekannte zu einer Gemeinschaft der Lebensfreude zu machen, die sich gegenseitig ergänzt und in die Liebe bringt. Konflikte, die entweder in uns oder in unserem Gegenüber aufkeimen, werden oft zu einem gemeinsamen Konflikt, wie ein Luftballon, den man gemeinsam mit viel heißer Luft aufpustet, bis er platzt. Die Wurzeln liegen in begrenzenden Gedanken, Vorverurteilungen und Verletzungen, die vielfach in unsere

Kinderstube gehören. Oft versuchen wir, Konflikte zu lösen, indem wir uns streiten, aber wie soll das funktionieren? Eine Überflutung löst man schließlich auch nicht mit noch mehr Wasser, ein Virus bekämpft man nicht, indem man noch mehr Viren injiziert. Wir werden dir zeigen, wie du in Gemeinschaft wachsen kannst und deine Talente, Stärken und Ideen zum gegenseitigen Nutzen einsetzen kannst, der dich und dein Umfeld auf ein neues Level der Lebensfreude heben kann.

Nächstenliebe braucht Verständnis

Um einen Streit zu lösen, müssten wir zunächst einmal verstehen, was das Problem des anderen ist, und das wird in vielen Fällen gar nicht deutlich. Warum? Weil es an der Fähigkeit mangelt, das eigene Problem ehrlich, konkret und wertfrei vorzutragen ohne Anschuldigungen und Verurteilungen, mit denen man nur die Alarmglocken im Kopf des anderen auslöst. Gleichzeitig fehlt es häufig an der Fähigkeit, richtig zuzuhören und nicht einfach sofort auf das zu reagieren, was wir hören. Ein erster Schritt, der Abhilfe schaffen kann, ist, zu wissen, welches im Kern die häufigsten Konflikte sind, die uns wie aufgeschreckte Hühner aufeinander losgehen lassen. Erst dann wird klar, dass es sich immer wiederholende Muster sind, die wir nach ihrer Aufdeckung gut umgehen können, indem wir sie nicht stumpf jedes Mal abarbeiten, sondern sie auflösen und durch neue, hilfreiche ersetzen. Dann kann der Hahnenkampf des Alltags aufhören.

Das Folgende ist also so etwas wie ein Praxisleitfaden für das, was wir dir bis jetzt über das menschliche Miteinander mitgeteilt haben. Jeder der Konflikte hängt natürlich auf die eine oder andere Art und Weise mit den anderen zusammen, doch kannst du sie ruhig gesondert voneinander betrachten, das wird dir im alltäglichen Leben dabei helfen, dich auf einen von ihnen zurückzubesinnen, wenn er dir begegnet, und entsprechend zu reagieren.

Wurzelbehandlung – Geschichten aus der Kinderstube überprüfen

Ich bin zu dick, zu dünn, zu hässlich, zu klein, zu groß, nicht sportlich genug, mein Busen ist zu klein. Alltägliche Geständnisse des geschädigten Ichs, das damit mehr oder weniger valide Ausreden erfindet, um nicht in den Spiegel schauen zu müssen. Endlich hat es einen Grund, sich nicht mehr nackt sehen zu müssen und nicht mehr die Badeanstalt zu besuchen. Das klingt wie ein Problem aus dem Selbstliebeteil dieses Buches. Doch ist diese Selbstwertproblematik einer der Hauptgründe dafür, dass unsere zwischenmenschliche Kommunikation jeden Tag aufs Neue gehörig ins Stocken gerät und zu Konflikten führt. Doch wie entsteht sie überhaupt? Paradoxerweise lernen wir diese mentale Selbstkasteiung aus der Gemeinschaft und tragen sie anschließend selbst wieder in die Gemeinschaft. Ein sich selbst aufrechterhaltender Teufelskreis, der bei unseren Eltern seinen Ursprung hat und den wir als Eltern wieder an unsere eigenen Kinder weitertragen.

Ein ebenso anschauliches wie krasses Beispiel aus unserer Arbeit: Eine Frau hatte als junges Mädchen eine recht kleine Brust, genau wie ihre Mutter, und litt darunter. Sie hatte ihren Vater beim Fernsehen dabei beobachtet, wie er die Figur einer bekannten Schauspielerin lobte, die recht große Brüste hatte. Das Mädchen lernte also am Beispiel seines Vaters: Männern gefallen große Brüste, und ich habe kleine – also habe ich ein Problem! Die Darstellung in den Medien tat natürlich ihr Übriges dazu, dem Mädchen einzureden, es sei nicht schön genug, da seine Oberweite gegenüber den Stars und Sternchen eher zierlich anmutete. In diesem Fall wurde das eingebildete Problem auch noch dadurch verstärkt, dass der Vater ihr zugesagt hatte, ihr zu ihrem 18. Geburtstag eine Brustvergrößerung zu schenken, als sie ihn einmal auf ihre Sorgen bezüglich ihrer Brüste angesprochen hatte. Sie hatte also nicht nur einen eingeredeten und eingebildeten kleinen »Schönheitsfehler« – er wurde durch den Vater bestätigt und sollte operativ behoben werden. Wasser auf die Mühlen eines ohnehin schon durch viele andere Aussagen geschwächten Selbstwertgefühls. Mit dem 18. Geburtstag hatte ihr Vater sein Versprechen dann eingelöst, und der jungen Frau wurden operativ die Brüste vergrößert. Doch war das die Lösung des Problems? Fühlte sie sich anschließend besser? Nein, nicht wirklich! Sie litt weiter an Selbstwertproblemen – plötzlich entdeckte sie an sich andere »Problemzonen« – immer in kritischer Betrachtung ihres eigenen Körpers, ob dieser dem Schönheitsideal entspricht. Die kritische Einschätzung ihres Vaters immer noch im Hinterkopf.

Das ist nur ein Beispiel von täglichen Situationen, in denen Kinder, Jugendliche oder junge Erwachsene durch Beobachtung und gutes Zuhören von ihren Eltern lernen. Nichts prägt so sehr wie das Erleben des eigenen Elternhauses, was dich kaum überraschen wird. So weit, so bekannt.

Die Frage lautet jetzt natürlich: Wie können wir diesen Kreislauf durchbrechen? Unseren eigenen Kindern bessere Eltern sein und unseren Freunden, Geschwistern und Bekannten angenehmere Zeitgenossen, die sich nicht von den Verletzungen ihrer Kindheit leiten lassen?

Blicke ehrlich in die eigene Kindheit

Zuerst einmal ist es ratsam, sich die eigene Erziehung bewusst zu machen: Was haben meine Eltern wirklich gut gemacht? Worauf kann ich bei ihnen stolz sein? Diese Dinge, die mir an ihnen und ihrem Verhalten gefallen haben, modelliere ich, indem ich sie dankbar übernehme, denn ich weiß, sie funktionieren gut. Als Nächstes kannst du dich fragen, was sie nicht so gut gemacht haben, auch da wirst du wahrscheinlich eine Menge finden. Das ist in Ordnung, schließlich ist eine perfekte Erziehung ebenso utopisch wie eine Staffel »Star Trek«. Das, was dir also nicht gefallen hat, machst du in deinem eigenen Leben gegenüber anderen anders. Ein echtes Kunststück, denn dabei solltest du dich trotzdem geliebt und zugehörig fühlen, selbst wenn du es eben anders machst, als deine Eltern es dir beigebracht und damit in gewisser Weise empfohlen haben. Für dich mag es erst einmal klingen, als sei das doch ganz einfach; das, was gut war, mache ich auch, das, was schlecht war, mache ich eben anders. Doch du wirst merken, dass es sich tatsächlich um eine Herausforderung handelt, denn nichts ist so schwierig, wie sich aus dem Feld der eigenen Eltern und ihrer Glaubenssätzen, zu lösen, die uns seit jeher mitgeprägt haben.

Viele Menschen versuchen, sich zumindest vordergründig massiv von ihren Eltern und anderen prägenden Einflüssen abzugrenzen, unterliegen dabei jedoch einem Missverständnis unseres modernen Gemeinschaftsempfindens, nämlich dem Glaubenssatz, wir seien ganz besonders individuell. An jeder Straßenecke begegnet uns Werbung, die darauf abzielt, unser Individualitätsempfinden zu bestärken. Zum Beispiel bei der Parfümerie um die Ecke: »Ein Duft so individuell wie du«. Ein trauriger Irrtum, sind wir doch immer auch Teil eines größeren Systems. Warum? Wenn du auf die Genetik schaust, wird dir auffallen: Du bist schon rein biologisch zu einem Drittel dein Vater, zu einem Drittel deine Mutter und zu einem Drittel etwas Neues, Eigenes, was sich an der jeweiligen Übereinstimmung der DNA ablesen lässt. Wenn du also deine Eltern ablehnst, was heutzutage absolut en vogue zu sein scheint, lehnst du immer auch ein oder zwei Drittel von dir selbst ab. In der Therapie sorgt dieser Teil so häufig für wahre Entrüstungsstürme wie kaum etwas anderes. Das liegt daran, dass uns unsere Eltern in den wichtigsten Phasen unseres Lebens, nämlich der Kindheit und des Erwachsenwerdens, tägliche Begleiter und Rollenvorbilder waren, auf deren Rücken wir gerne all unseren Schmerz abladen. Nur scheint dieses Abladen von Altlasten niemanden so richtig zu befreien, geschweige denn sie zu erleichtern. Das kann auch nicht funktionieren, da wir eben immer auch uns selbst ablehnen, wenn wir unsere Eltern oder Teile von ihnen ablehnen. An dieser Stelle spürst du vielleicht schon inneren Widerstand aufkommen. Bei unserer Arbeit wird es häufig sogar laut, und es kommen sofort Einwände, die gut nachzuvollziehen sind: Ich wurde geschlagen, vernachlässigt, abgelehnt oder Schlimmeres, wie soll ich meinen Vater/meine Mutter denn lieben können?

Erwarte von deinen Eltern nicht, perfekt zu sein

Perfekte Eltern gibt es nur im Lehrbuch, und selbst darüber kann man streiten, wurde es doch von jemandem geschrieben, der selbst nie perfekte Eltern hatte. Was hilft, ist, wie so oft im Zwischenmenschlichen, eine Prise Verständnis, so schwer es in Einzelfällen auch sein mag: Auch sie haben ihre ganz eigenen Geschichten und Erlebnisse, die sie zu dem gemacht haben, was sie sind. Sie hatten ein eigenes Leben, das sie geprägt hat, lange bevor wir überhaupt auf die Welt gekommen sind, und sind nicht so geworden, wie sie sind, weil sie sich dazu entschieden haben. Sie wurden selbst erzogen, vielleicht selbst misshandelt oder vernachlässigt und mit den Neurosen ihrer Eltern belastet. Doch wir haben in unserem Kopf häufig ein überhöhtes Bild von Eltern, das uns vor Augen hält, wie sie zu sein haben oder wie wir sie gerne hätten. Ein Anspruch, dem sie nicht gerecht werden können, denn sie sind Menschen wie du und ich mit all ihren Fehlern, Verletzungen und Glaubenssätzen. Erwarte nicht von ihnen, dass sie zu jeder Zeit stärker waren, als du es bist, und jede Lebenssituation klaglos meistern konnten oder können. Das ist keine Rechtfertigung, das soll und kann es nicht sein, doch es ist eine hilfreiche Betrachtung; die Versöhnung mit der eigenen Vergangenheit. Für jemanden, der von seinem Vater geprügelt wurde, der das bis heute nicht bereut, geschweige denn sich entschuldigt hat, ist es natürlich ungleich schwieriger, einen inneren Frieden mit ihm und damit mit sich selbst herbeizuführen. In diesem Fall ist es vielleicht besser, Abstand zu halten, einfach weil es gesünder und vernünftiger ist, um sich selbst vor körperlichem und seelischem Schaden zu schützen. Das ist angemessen, denn sein Verhalten ist verletzend und falsch.

Trotzdem bleibt immer eine Sache, die jedes Kind auf dieser Welt von seinen Eltern bekommen hat, so schlimm die eigenen Eltern auch gewesen sein mögen, und das ist das Geschenk des Lebens. Dieses Geschenk, das durch kein anderes Geschenk und nichts auf dieser Welt übertroffen werden kann, sollten wir immer und jederzeit dankbar und mit Liebe annehmen, selbst wenn es im gelebten Leben besser ist, Abstand von Eltern zu halten, die schädlich für uns sind. Denn Dankbarkeit ist eine Stärke, die uns in der Liebe hält, und nichts macht uns glücklicher als ehrlich empfundene Liebe. Wenn du sie deinen Eltern schenken kannst, obwohl sie dich schlecht behandelt haben, dann wirst du daraus eine ungeahnte Stärke beziehen, die dir niemand nehmen kann. Denn damit hast du Frieden in deinem eigenen System geschaffen, für den es keine Mithilfe oder das Verständnis anderer braucht. Lediglich deine innere Akzeptanz und Dankbarkeit sind erforderlich, und wenn du sie erst einmal erreicht hast, werden sie sich auf andere übertragen.

Zum Beispiel auf deine eigenen Kinder, und das ist genau der Schlüssel, mit dem du zu Hause ein gesundes »Wir« erzeugst, an dem deine Kinder wachsen können. Kinder lernen von ihren Eltern.

Wenn dich etwas ärgert, schau zuerst nach innen

Generell ist es bei jeder Interaktion zwischen Erwachsenen sinnvoll, in jeder schmerzhaften, ärgerlichen oder nervigen Situation nach innen zu schauen und einen Vergleich zur eigenen Kinderstube zu ziehen. Das liegt daran, dass die Antwort darauf eng mit dem bereits angesprochenen Umgang mit den eigenen Eltern und den eigenen Erlebnissen in der Kindheit zusammenhängt.

Ein Beispiel: Jemand, der einen Alkoholiker zum Vater hatte, wird in vielen Fällen schreckliche Erfahrungen gemacht haben, die vielleicht mit Aggression und Gewalt einhergingen, die wir niemandem wünschen. Oft sagen Kinder von einem Alkoholiker Dinge wie: »Er kam immer in unterschiedlicher Laune nach Hause, manchmal aggressiv und gewalttätig, manchmal traurig, manchmal gefühllos – es war nicht einschätzbar.« Bohrt man ein wenig nach mit der Frage, ob es auch etwas Gutes gehabt habe, dass der Vater ein Alkoholiker war, kommt meistens eine Sache zutage: »Ja. Ich kann das Gras wachsen hören. Ich bemerke bei anderen Menschen seither recht schnell, in was für einer Stimmung sie sind, bevor andere es merken. Vielleicht bin ich etwas empathischer dadurch, weil ich sehr sensibel für verschiedene Stimmungen bin.«

Das Problem bei solchen und ähnlichen Kindheitsgeschichten bleibt jedoch, dass sie sich wie Kletten in unseren Alltagsbeziehungen festsetzen, solange wir uns nicht von ihnen gelöst haben. Denn bis dahin führt uns der unbewusste Wunsch, das Erfahrene aufzuarbeiten, in die immer gleichen Beziehungen, die nichts anderes sind als die Simulation der eigenen belastenden Kindheit. Kinder eines Alkoholikers, die vielleicht geschlagen wurden, suchen sich als Frau dann zum Beispiel einen Partner, der ebenfalls Alkoholiker ist und/oder sie schlägt. Männer werden vielleicht selbst handgreiflich ihrer Freundin gegenüber. Alles das, was wir in unserer Kindheit erlebt haben, nehmen wir mit in unsere Beziehungen als Erwachsene und leben mit anderen das gleiche System nach, das wir zu Hause schon einmal durchgemacht haben. Zumindest so lange, wie wir die eigenen schmerzhaften Erfahrungen nicht aufgelöst haben.

Darum lässt sich festhalten, dass, wenn du total verärgert oder traurig bist, mit Wut, Zorn oder Trauer auf etwas reagierst, es mit Sicherheit mit dir selbst zu tun hat und mit dem, was du glaubst und an Überzeugungen mit dir herumträgst. Überzeugungen natürlich, die du dir aufgrund deiner Erfahrungen in deinem bisherigen Leben angeeignet hast. Neunundneunzig Prozent aller Erfolgsverhinderer in zwischenmenschlichen Beziehungen gehören mit ziemlicher Sicherheit in deine eigene Kinderstube, und du tust gut daran, dich selbst und deine Kommunikationsstrategien und Glaubenssätze daraufhin zu überprüfen.

Mach einen Schritt zurück, bevor du reagierst

Wenn du dich mit jemandem streitest (bevorzugter Sparringspartner ist wahrscheinlich dein Partner) und du bemerkst, wie diese körperlich spürbare Wut in dir aufsteigt, die bereits nach kurzer Beziehungszeit schon durch die kleinsten Dinge wachgerufen wird, sage dir innerlich »Stopp!«. Stelle dir die Frage, wie alt du dich jetzt in diesem Moment gerade fühlst. Wie alt war ich, als ich das erste Mal in einer ähnlichen Situation war und eine ähnliche Wut verspürt habe. Der Partner, der vergessen hat, dir deine Lieblingszeitschrift mitzubringen, obwohl du ihn mindestens eintausend Mal daran erinnert hast, war früher vielleicht deine Mutter, die sich geweigert hat, dir ein Überraschungsei vom Supermarkt mitzubringen. Das hört sich für dich vielleicht unglaublich an, schließlich bist du ja erwachsen, hast eigene Versicherungen abgeschlossen und kannst mittlerweile selbst kochen. Aber wenn du ein bisschen genauer in dich hineinfühlst, wirst du schnell merken, dass die Parallelen schnell gezogen sind, denn deine Reaktionsmuster sind exakt dieselben geblieben. Die Strategie hat sich nie verändert, und was schon damals nicht funktioniert hat, wird auch heute als erwachsener Mensch nicht funktionieren, schließlich hat niemand Lust, sich in einer Beziehung, ob als Partner oder Freund/Freundin, mit einem Kind herumzuschlagen.

Merke also in entsprechenden Situationen: Ah ja, das ist die Parallele zu meiner Kindheit, als ich auf etwas Ähnliches genauso reagiert habe wie jetzt gerade, und das ist unangemessen. Denn ich stehe gerade nicht vor meinen Eltern/Geschwistern/Kindergärtnerinnen/Lehrern, sondern vor einem gleichberechtigten Erwachsenen, der nichts für die Muster kann, die ich in meiner Kinderstube gelernt habe. Es ist nicht mehr angemessen in dieser Situation und schon gar nicht zielführend. Ich muss meine Strategie ändern und mein altes Verhaltensmuster durchbrechen.

Das ist der Schlüssel zum Erwachsensein, indem du dein inneres Kind im täglichen Miteinander mit deinen Mitmenschen ins Erwachsensein übersetzt. So löst du dich aus einem andernfalls endlosen Teufelskreis deiner Kindheit. Probiere es aus, es wird jeden Streit verändern, wenn du dir diese Muster erst einmal vor Augen führst und merkst, was es heißt, dich wirklich selbst zu reflektieren. Dann kann sich dein Verhältnis zu anderen entspannen und Frieden zwischen euch einkehren, den ihr beide sehr genießen werdet. Das ist einer der wertvollsten Schlüssel zu einem gelungenen, erfüllenden und hilfreichen Miteinander, das dir und anderen dabei helfen wird, rundum glücklich zu sein und ein wenig für uns alle mit zu strahlen.

Kurz gesagt:

➤ Viele Streite entstehen durch Altlasten aus der Kindheit, die du für mehr Leichtigkeit über Bord werfen darfst.

➤ Streitmuster, denen du heute folgst, sind häufig die gleichen, die du als Kind erlernt oder benutzt hast.

➤ Wenn du in einen Streit gehst, gehe innerlich einen Schritt zurück und ziehe den Vergleich zu deiner Kindheit, wo du auf ähnliche Weise reagiert hast. Mache dir klar, dass du dieses Muster verändern solltest, um nicht immer die gleichen Streite damit durchzuspielen.

Du enttäuschst mich! – Vorwürfe verwerfen lernen

Dies ist wohl einer der häufigsten Vorwürfe, auf denen ein Konflikt mit einem Gegenüber beruht. Der Vorwurf, dass der andere uns enttäuschen würde. Dabei ist es doch spannend, wenn man sich allein einmal das Wort Vorwurf anschaut: Bildlich betrachtet, sagt dieses Wort doch nichts anderes aus, als dass ich etwas nehme und dem anderen vorwerfe – quasi vor die Füße. Und doch vergessen wir allzu oft, dass der Vorwurf viel mehr mit uns zu tun hat als mit unserem Gegenüber, und das sollten wir bei allen Vorwürfen bedenken, vor allen Dingen bei dem Vorwurf »Du enttäuscht mich«, denn im Grunde genommen enttäuschst uns ja nicht unser Gegenüber, denn unser Gegenüber war mit hoher Wahrscheinlichkeit gar nicht aktiv an der Täuschung beteiligt und auch sehr wahrscheinlich nicht der gleichen Täuschung erlegen wie wir, sondern korrekterweise muss es heißen: »Ich bin enttäuscht.« Das wiederum bedeutet im Grunde genommen nichts anderes, als dass meine Täuschung, der ich erlegen war, widerlegt wurde, sprich das Ende meiner Täuschung herbeigeführt wurde.

Immer wenn wir enttäuscht sind bzw. Enttäuschung in uns fühlen, dann sollten wir dies als Chance begreifen, zu überlegen, wie es dazu kommen konnte, dass ich dieser Täuschung überhaupt erst nachgegangen bin. Wie konnte es dazu kommen, dass ich mich so habe täuschen lassen? Wieso habe ich etwas glauben wollen, das ich nicht sicher wissen konnte? Schnell wird dann deutlich, dass Enttäuschung viel mehr mit mir selbst als mit meinem Gegenüber zu tun hat, denn in der Regel ist das, was bei uns »enttäuscht« wird, eine enttäuschte Erwartung. Ganz im Sinne des Wortes sollten wir also dankbar sein, dass wir ent-täuscht wurden, uns also jemand von einer Täuschung befreit hat.

Überlaste dein Gegenüber nicht mit Erwartungen

Nämlich der Täuschung, dass wir eine Erwartung haben sollten, die vom anderen auch gefälligst erfüllt werden soll. Doch warum sollte unser Gegenüber sich so verhalten, wie wir es erwarten? Warum sollte unser Gegenüber so denken und fühlen, wie wir es vermuten bzw. uns wünschen? Das führt direkt wieder zu dem Punkt am Anfang dieses Kapitels über die Tatsache, dass unsere Realität nicht der unseres Gegenübers entspricht, und gerade weil dem so ist, verhält sich unser Gegenüber anders als erwartet, und das muss dann zwangsläufig zum Ende meiner Selbsttäuschung führen. Einfacher wäre es natürlich, mein Gegenüber zu fragen, bevor ich meine Erwartungen definiere und bevor dann ein Gefühl unangenehmer Enttäuschung aufkommt. Doch obwohl wir alle schon die Erfahrung gemacht haben, dass der beste Weg, enttäuscht zu werden, darin besteht, Erwartungen gegenüber jemandem zu hegen, ohne diese mitzuteilen, tun wir genau das immer wieder. Insbesondere in Beziehungen scheint das ein weit verbreitetes Muster zu sein.

Immer wieder erleben wir auch in unserem Coaching Paare, die berichten: »Nein, ich habe ihm/ihr nicht gesagt, was ich mir wünsche, weil ich wollte, dass er/sie das von alleine macht als Zeichen, wie sehr er/sie mich liebt.« Diese Einstellung ist so irrsinnig wie weit verbreitet. Damit so ein Ansatz in der Kommunikation untereinander funktionieren kann, wäre es notwendig, dass unser Gegenüber Gedankenleser ist, doch bisher haben wir keinen einzigen Menschen getroffen, der wirklich Gedanken lesen konnte. Solange dies der Fall ist, raten wir davon ab, gerade in Beziehungen Erwartungen zu hegen, ohne sie zu kommunizieren, denn das führt so sicher wie das Amen in der Kirche zu Enttäuschungen, und diese Enttäuschungen führen dazu, dass man bei dem Ausgangssatz ankommt: »Du enttäuschst mich.« Ein Teufelskreis! Wobei du nach dieser Lektüre natürlich weißt, dass es »Ich habe mich getäuscht« heißen muss. So nimmst du die Verantwortung zu dir zurück und damit dahin, wo sie hingehört.

Übernimm selbst die Verantwortung für deine Gefühle

Die Liste der Konflikte, die mit »Du bist«, »Du hast«, »Du machst« etc. anfangen, ist wahrscheinlich unendlich lang. Für alle gilt oben Gesagtes: Dass in der Regel nicht unser Gegenüber die Verantwortung für unseren Gefühlszustand trägt, sondern wir selbst. Es ist also auch nicht richtig, zu sagen: »Du machst mich wütend.« Es muss heißen: »Ich bin wütend«, und es ist nicht richtig, zu sagen: »Du nutzt mich aus.« Richtiger wäre es, zu sagen: »Ich lasse mich ausnutzen, und das macht mich wütend.«

Doch in dieser Kommunikation bzw. in der Verfeinerung der Kommunikation liegt nur ein Teil der Lösung für Konflikte des Miteinanders.

Ein anderer Teil der Lösung ist etwas pragmatischer: Wähle deine Kontakte mit Bedacht. Wir sind uns sicherlich einig darin, dass alle Menschen gleich viel wert sind, das haben wir schon geschrieben. Wir sind uns einig darin, dass alle Menschen einen guten, liebevollen Kern haben und dass jeder Mensch einen respektvollen Umgang verdient. Und doch sind wir uns auch einig darin, dass trotz aller Kommunikationsstrategien, trotz aller Arbeit mit eigenen Anteilen und aller Bemühungen um gute Kommunikation nicht jeder Mensch mit jedem Menschen immer und zu jeder Zeit gut zurechtkommt. Deswegen ist es wichtig und sinnvoll, sich gut zu überlegen, mit wem ich meine Zeit verbringe, auf wen ich mich einlasse und wie ich meinen Freundeskreis gestalte. Denn bereits im Kreis der eigenen Freunde wird es genügend Lernaufgaben geben, die sich mir in Form von Konflikten stellen werden. Da alles Lernen aber auch Zeit und Energie fordert, ist es sinnvoll, dass ich mir gut überlege, für wen bzw. für welche Beziehungen ich diese Energie aufbringen möchte. Es ist einfach gut zu wissen, dass ich mit jedem Menschen auskommen kann, aber nicht mit jedem Menschen auskommen muss. Wir sollten nicht nur unsere Feinde, sondern vor allem auch unsere Freunde mit Bedacht wählen.

Das liegt übrigens auch daran, dass wir Menschen die Angewohnheit haben, uns unterbewusst gegenseitig zu beeinflussen. Achte einmal darauf, wann du Verhaltensweisen, Sprecharten, bestimmte Vokabeln oder Ansichten nutzt, die eigentlich von jemandem stammen, mit dem du viel Zeit verbringst. Wir machen uns häufig Dinge derer zu eigen, mit denen wir viel zusammen sind. Nicht umsonst sagt man im Life-Coaching treffenderweise, du seist der Durchschnitt der Handvoll Menschen, mit denen du deine meiste Zeit verbringst.

Kurz gesagt:

➤ Du kannst dich immer nur selbst enttäuschen, wenn du von anderen etwas erwartest. Gestehe ihnen zu, dass sie ihre eigenen Vorstellungen und Charakterzüge haben.

➤ Übernimm jederzeit selbst die Verantwortung für deine Gefühle, wenn du dich von jemandem enttäuscht fühlst.

Die Angst und die anderen

Ein weiterer Punkt, der immer wieder zu zwischenmenschlichen Konflikten führt, ist Angst. Keine Angst wie »Ahhh, ich habe Angst vor Spinnen«, »Da ist eine paranormale Aktivität in meinem Bauch, und ich finde die Toilette nicht« oder »Ich habe Angst, dass meine Frau einen Hund mit nach Hause bringt«, sondern eher eine Angst, die sich um eigene innere Verletzungen dreht. Die Angst, vom anderen verletzt zu werden, ist zumeist auf einer so tiefen emotionalen Ebene in uns verwurzelt, dass wir uns ihrer Auswirkungen häufig nicht bewusst sind – obwohl sie viele unserer Entscheidungen beeinflusst. Es ist jedoch gut, seine Ratgeber zu kennen und ihre Meinungen einschätzen zu können, darum dieses Kapitel. Wenn du in letzter Zeit Nachrichten geschaut oder die Tageszeitung aufgeschlagen hast, wird es dich nicht überraschen, dass Angst die Welt zu regieren scheint.

Das Bild von der Welt da draußen, das sie uns liefern, ist ziemlich bedrohlich. Überall wird von Lug und Trug und Auseinandersetzungen berichtet. Dadurch, dass die Welt immer mehr vernetzt ist, dass sie medial immer dichter zusammenwächst, können die Medien unsere Gier nach schockierenden Bildern und Geschichten rund um die Uhr, 24/7 und quasi in Echtzeit befriedigen. Jeder Krieg, Raub, Mord, Finanzbetrug, Autounfall oder Atombomben-Beinaheabwurf ist nur einen Fernbedienungsknopfdruck weit entfernt. Mit Überschriften wie »Blutiges Schulmassaker«, »Horror-Tsunami«, »Todesflut«, »Überfallopfer an Rollstuhl gefesselt« gieren die Boulevardmedien nach den schwelenden Ängsten in uns, um sie mit neuer Nahrung zu versorgen. Da sind wir froh, dass wir nach dem letzten Kinobesuch nicht ausgeraubt, vergewaltigt und zusammengeschlagen wurden. Wie haben wir das bloß überstanden? Wenn wir all die menschlichen Dramen und ihre Verursacher jeden Tag pünktlich um 20:00 Uhr zu uns ins Wohnzimmer einladen, wen wundert es dann noch, dass wir uns so schwer damit tun, anderen zu vertrauen? Wen wundert es, dass sich unser Weltbild derart verändert, dass wir Menschen lieber auf Distanz zueinander gehen? Dass wir den großen Schatz der Gemeinschaft immer tiefer verbuddeln, bis ihn auch der schlitzohrigste Pirat nicht mehr finden kann?

Lass die Angst nicht dein Leben kleiner machen

Wir haben so eine Angst davor, dass unsere Mitmenschen uns etwas antun könnten, in seelischer oder auch körperlicher Hinsicht, dass wir uns immer weiter zurückziehen. Wir werden immer vorsichtiger, wollen »vorfühlen«, bevor wir freundschaftliche Kontakte eingehen und uns auf jemanden einlassen. »Mein Vertrauen gewinnt man nicht so einfach« gilt heute schon als sozialer Ritterschlag, mit dem der eine oder andere sich gerne brüstet. Dabei ist das nichts anderes als eine Geste der Hilflosigkeit und die Offenlegung emotionaler Wunden. Die Angst vor all den möglichen Gefahren in unserem Leben führt zu einer ungesunden Grundskepsis unseren Mitmenschen gegenüber.

Bist du auf der Suche nach dem perfekten Rezept für eine sättigende Portion Isolation und Einsamkeit, dann ist dir schnell geholfen: Nimm eine Prise Selbstunsicherheit, vermische sie mit einer ordentlichen Portion gesellschaftlich anerkanntem Konkurrenzdenken, überbacke das Ganze mit der Erinnerung an vergangene Konflikte als Beweis für die Gefahren durch andere und garniere den ganzen Käse am Ende mit einer täglichen Portion Nachrichten über die Schlechtigkeit dieser Welt. Et voilà, es ist angerichtet, das echte Dinner for One.

Betrachtet man diesen ungenießbaren Auflauf einmal aus einer etwas nüchterneren Risiko-Nutzen-Perspektive, dann wird schnell deutlich, dass sich die meisten Menschen eher für eine Minimierung des Risikos entscheiden und damit einen geringeren Nutzen billigend in Kauf nehmen. Nach dem Motto »Lieber wähle ich das vertraute, selbst geschaffene Unglück als das unbekannte Glück«.

Und doch gibt es durchaus positive Gegenbeispiele, die zeigen, dass sich ein freundliches und mutiges Aufeinanderzugehen durchaus bezahlt machen kann. Zum Beispiel verzeichnen soziale Angebote wie die Mitfahrzentrale und das kostenfreie Couchsurfing einen immer größeren Zuwachs, dem wir nur applaudieren können. Ein erfreuliches Zeichen, dass das Bedürfnis der Menschen, einander zu helfen, miteinander in Kontakt zu treten und auch einander zu vertrauen, im Grunde genommen ungebrochen ist. Nimmt man heutzutage einen Anhalter mit, dann wird man schnell für mutig oder bescheuert gehalten, weil das doch so schrecklich unsicher sei – aber eine kurze Absicherung via Online-Mitfahrzentrale und schon ist es unproblematisch. Das macht zwar eigentlich keinen Sinn, scheint aber in unserer Gesellschaft gut zu funktionieren, schließlich haben die Nachrichten doch erst neulich wieder etwas über ein Sexualdeliktraubmordmegamonsterverbrechen mit einem Anhalter berichtet. Über die neunundneunzig guten, berührenden Dinge hört man ja nichts, weil sie die übermächtige Angst in den Köpfen von uns Menschen nicht bedienen und bestätigen.

Im Denken frei bleiben

Bleib frei und optimistisch im Denken! Meist genügt es schon, bei dem Grundsatz zu bleiben, dass du andere nur so behandeln solltest, wie du selbst behandelt werden möchtest. Wahrscheinlich möchtest du nicht, dass man dir mit Angst und Misstrauen begegnet, und stattdessen möchtest du einen kleinen Vorschuss an gutem Willen bekommen. Genau das solltest du dementsprechend auch anderen gönnen und du wirst sehen, dass sich eure Beziehung deutlich verbessert und an Tiefe gewinnt. Es macht nämlich keinen Sinn, die ganze Beziehung lang Angst vor etwas zu haben, das vielleicht gar nicht eintritt. Vielleicht passiert es in zehn Prozent der Fälle, dass du betrogen wirst. Das ist doof, aber noch doofer ist es, wenn du dich in einhundert Prozent der Fälle genauso betrogen gefühlt hast, obwohl nichts passiert ist. Genieße also lieber die neunzig Prozent und ruinier dir nicht rein prophylaktisch alles selbst, um dich dabei als Sieger vor dem Schicksal zu fühlen, schließlich hast du es »ja gewusst«. Das Einzige, was du dann getan hast, ist, dich selbst für eine Geschichte in deinem Kopf zu bestrafen, die nicht aus dem großen Durchblick entstanden ist, sondern aus deiner inneren Angst. Sie ist also nicht nur für dich selbst schädlich, sondern führt dich auch in problematische Beziehungen zu deiner Umwelt und deinen Mitmenschen.

Kurz gesagt:

➤ Soziale Angst ist nur in Ausnahmefällen ein guter Ratgeber, hör nicht auf ihn.

➤ Verstehe die Angst als einen Pessimisten und ordne entsprechende Gedanken nicht als grundsätzlich wahr, sondern eben als pessimistisch ein.

➤ Angst macht dein soziales Leben klein, weil ein kleines Leben mehr Sicherheit verspricht und weniger Angriffsfläche bietet, höre nicht auf sie, und das volle Leben wird sich dir öffnen.

Identifikation loslassen

Seinen Personalausweis stets dabeizuhaben, gilt als Bürgerpflicht, damit man dich im Fall der Fälle auch identifizieren kann. In dieser Tatsache steckt ein so grundsätzlicher Fehler, dass er bezeichnender nicht sein könnte. Denn wenn dich jemand fragt, wer du bist, wird die Antwort auf diese eigentlich ganz einfache Frage zu einer Aufzählung: Ich bin männlich, siebenundzwanzig Jahre alt, Autor, Coach, Sohn von wunderbaren Eltern und, und, und. Doch das ist nie das, was ich bin. Alles das, was wir aufgezählt haben, sind Dinge, die erlebt wurden, ein Leben beschreiben, wie ein Lexikoneintrag. Doch sich anzumaßen, zu wissen, wer wir sind, würde bedeuten, dass wir Durchblick hätten, warum wir am Leben sind, warum das Universum uns ausgespuckt hat und welches unser Daseinszweck ist, bevor es uns wieder verschluckt. Selbst wenn wir wüssten, wer wir sind, mit allen Konsequenzen dieser Frage, wäre es wohl kaum möglich, diese Erkenntnis in Worte zu fassen.

Eckhart Tolle sagte dazu treffenderweise: »Worte reduzieren die Wirklichkeit auf etwas, was der menschliche Verstand erfassen kann, und das ist nicht gerade viel: Die Sprache besteht aus Grundlauten, die von den Stimmbändern erzeugt werden, das sind die Vokale a, e, i, o, u. Hinzu kommen die Konsonanten, die durch Luftdruck gebildet werden: s, f, g usw. Glaubst du, dass eine Kombination von derartigen Grundlauten jemals erklären könnte, wer du bist oder welchen tieferen Sinn das Universum oder auch nur ein Baum oder ein Stein haben?«

Klingt doch einleuchtend, oder? Selbst für den Verstand, der ja fast immer auf alles eine Antwort parat hat. Das Problem: Unser Verstand ist ein absoluter Rechthaber und will auch immer dann recht haben, wenn er die Wahrheit gar nicht kennt.

Ganz so, wie wir selbst und unsere Mitmenschen von Zeit zu Zeit. Und was verklickert uns unser Verstand, wenn wir uns fragen, wer wir sind? Er zählt auf, was wir in unserem Leben alles erlebt haben, welche Meinungen und Standpunkte wir vertreten, was wir mögen und nicht mögen, und sagt am Ende dann: Voilà, das bist du. Diese unbewusste Frage nach dem, was wir sind, stellen wir uns meistens dann, wenn wir in Kontakt mit anderen treten, denn dann geht es in das Identifikationsspiel, das jedem unbewussten Dialog zugrunde liegt.

Identifikationen loslassen

In diesem Spiel gibt es nur Verlierer, weil die Spielregeln auf falschen Tatsachen beruhen. Du glaubst, dass dein Ich konservative Politiker nicht leiden kann, und dein Gegenüber glaubt, dass sein Ich *nur* konservative Politiker leiden kann? Als Nächstes wird gestritten wie im Hühnerstall, da ihr euch mit euren jeweiligen Standpunkten und Meinungen identifiziert und keinen Deut zurückweichen wollt. Schließlich hieße das, das eigene Selbst, das, was du denkst zu *sein*, abzuwerten und zu verraten. Ein tragischer Irrtum, dem du erlegen bist, einfach nur weil du meinst, etwas zu sein, was du nicht bist. Ein Standpunkt ist ein Standpunkt, mehr nicht. Er ist ein Gedankenkonstrukt, das aus dem menschlichen Verstand emporgestiegen ist – dem Verstand, der nichts über den Sinn und Unsinn des Lebens weiß und lediglich das sagt, was ihm in den Sinn kommt. Ein schlechter Berater, wenn du uns fragst, weil er dafür sorgt, dass du dich innerlich und äußerlich von deiner Umwelt abgrenzt. Alles, was nicht zu deiner erdachten Identität passt, wird als schlecht, doof, nervig, unnütz, ärgerlich usw. abgestempelt. Denn wenn du dich über deinen Verstand erst einmal selbst mit einem Stempel versehen hast, werden nur noch ähnliche

Stempel akzeptiert, ganz wie auf dem Amt. Das führt zu Abgrenzung von anderen, zu Streit mit Fremden und dir Nahestehenden und letztendlich zu einem traurigen Ich, da ein Teil von dir natürlich genau weiß, dass du die ganze Zeit umsonst traurig, wütend oder unglücklich bist, schließlich bist du einem Trugschluss aufgesessen. Lass Meinungen ruhig Meinungen sein und mache sie nicht zu einem Teil von dir selbst. Identifiziere dich mit nichts, was von außen und/oder deinen Gedanken stammt. Du bist auf der Welt und atmest, und das ist alles, was du mit hundertprozentiger Sicherheit sagen kannst. Alles andere sind gedankliche Konstrukte, die auf deinen Erfahrungen, deiner Erziehung und den Meinungen anderer basieren.

Reiche Menschen sind besonders häufig von einer falschen Identifikation betroffen, denn wenn die Identifikation mit Dingen und Gedanken eine Sucht wäre, säßen sie in einer ganzen Kokainfabrik. Nichts füttert den rechthaberischen Verstand so sehr mit neuer Nahrung wie materielle Dinge und gut dotierte Jobs. Schließlich kann man sich damit brüsten und die eigene Identität auf ein mentales Podest heben, das wir mit den Augen sehen können. Sie haben einen Porsche, eine Zweitwohnung in Mailand ... du weißt schon, das gute alte »mein Haus, mein Auto, mein Boot«. Gegenstände werden so stark mit der eigenen Identität gleichgesetzt, dass eine Beschädigung oder gar der Verlust davon einem körperlichen Schmerz gleichkommt. Da wird geschäumt und gewütet, wenn ein Kratzer im Lack ist oder das Auto gar gestohlen wurde, schließlich wurde ein Teil des eigenen Selbst angekratzt bzw. gestohlen. Die Folge ist das nur allzu vertraute Unglücklichsein. Dem, was du bist, kannst du nichts hinzufügen – eigentlich ganz einfach und recht logisch. Du bist ohne alles, außer deinem Leben, auf die Welt gekommen, und das ist damit auch das Einzige, was du mit an Wahrscheinlichkeit grenzender Sicherheit über deine Identität sagen kannst. Vielleicht noch, dass du beizeiten wieder im Nichts vergehen wirst, wenn dein Körper seinen Geist aufgibt und dir all das wieder nimmt, was nicht zu dir gehört.

Von Kindern lernen

Kleine Kinder haben dieses Problem noch nicht. Wenn ihr Fläschchen runterfällt, weinen sie, weil sie nichts mehr zu trinken haben. Wenn du die Flasche aber nicht aufheben würdest, würde das Kind auch nicht die Flasche selbst vermissen, höchstens den Inhalt, weil es Durst oder Hunger hat. Das macht Sinn. Aber wir schlauen Erwachsenen mit dem universellen Durchblick schreiten natürlich schnell und mit großem Tamtam ein und geben dem Kind erst einmal einen Namen. Das verwirrt Kinder aus gutem Grund, schließlich sind sie nicht dieser Name. Entsprechend fangen sie an, von sich selbst in der dritten Person zu sprechen und sagen Dinge wie: »Anna möchte spielen.« Erst nachdem ihr immer weiter eingetrichtert wird, dass sie sich mit dem Wort »Anna« zu identifizieren hat, das ihr Ich sei, beginnt sie eine Identität aufzubauen, die auf geistigen Stempeln basiert. Dann fängt sie an, ihr Spielzeug mit dem Etikett »meins« zu versehen, und fügt es in Gedanken ihrem Selbst hinzu, das nun um einen Gegenstand reicher geworden ist. Jetzt beginnt sie, dass die Sache nicht mehr gegessen ist, wenn etwas runterfällt und getreu dem Motto »Aus den Augen, aus dem Sinn« quasi nicht mehr existiert. Stattdessen wird geschrien, bis das Spielzeug wieder da ist. Dieser Zustand des Identifizierens mit Dingen, Meinungen und Ansichten setzt sich dann wie selbstverständlich immer weiter fort, nur dass die abgestempelten Dinge sich ändern. Die Rassel wird vielleicht zum besagten Porsche und die Trinkflasche zur Stadtvilla, die einen an den Rand des Wahnsinns bringt, sobald ein Wasserschaden eintritt.

Abgesehen davon, dass die Identifikation mit Dingen dich angreifbar macht, weil das Leben die Angewohnheit hat, dich darauf aufmerksam zu machen, dass das nicht du bist, und sie dir wieder wegnimmt, vergiftet sie deine Kommunikation und damit auch deine Lebenswelt. Du identifizierst dich mit deiner Bildung und denkst, du wärst klüger als jemand anders. Gerade wir Europäer tun das sehr gerne, weil wir uns mit einigem Eifer in der Rolle des modernen Intellektuellen sehen – gerne lästern wir aus dieser Perspektive über den »ungebildeten Amerikaner«. Du identifizierst dich vielleicht auch mit einer Rolle wie Vater, Mutter, Kind, Kollege, Freund, Sportler und legst dich damit selbst in mentalen Schubladen ab. Du reagierst in jeder Rolle unterschiedlich und reagierst auch auf die Rollen anderer unterschiedlich. Beispielsweise behandelst du eine Putzfrau vielleicht als dir unterlegen, weil ihre Rolle dir weniger groß und aufgebläht vorkommt als die deine, als die Person, die sie bezahlt. Du identifizierst dich mit deinem Geschlecht und einer Nationalität, Vorlieben, Abneigungen, religiösen Ansichten. Deine Nationalmannschaft soll gewinnen, weil sie aus Deutschland kommt, und die andere verlieren, weil sie nicht aus Deutschland kommt und sich mit anderen Dingen identifiziert.

Überprüfe deine Meinungen

Du identifizierst dich mit Meinungen, die dir vorgelebt wurden oder die in deinen Augen zu einer deiner Rollen passen. All das bist selbstverständlich nicht du, sondern nichts anderes als Gedankenkonstrukte, die dem Ich-Gefühl entspringen und sich selbst viel zu ernst nehmen. Da jeder Mensch höchst unterschiedlich ist, prallen bei jedem Kontakt diese Ich-Gefühle und ihr Geplapper von Identifikation aufeinander und sorgen für reichlich Reibung, schließlich ist nichts davon aufeinander abgestimmt und passt leider nicht wie ein Puzzle zusammen. Es entsteht ein Grabenkrieg, der alle Parteien unglücklich macht, Kraft und vor allem Lebensfreude kostet, denn unterbewusst weißt du längst, dass da gerade Unsinn im Gange ist, von dem du dich aber einfach nicht lösen kannst.

Die beste Übung, um diese Identifikation aufzubrechen, ist, deine Identität nachgeben zu lassen. Versuche gar nicht erst, sie sofort loszulassen und zu sagen, dass du dich ab heute mit nichts mehr identifizierst. Das wird nur dazu führen, dass du dich jetzt mit dem Bild der Person identifizierst, die ab heute keine Identität mehr hat und besser ist als alle anderen, die noch dieses »kindische Spiel spielen«. Wenn jemand eine andere Meinung hat, unterwerfe dich einfach mal und sieh, was passiert. Lass deinem Gegenüber seine Rechthaberei, selbst wenn du sicher bist, dass du selbst im Recht bist. Denn ein Fakt, so wahr er auch sein mag, ist immer derselbe, ob ihr nun darüber sprecht oder nicht, und benötigt deine Fürsprache nicht. Es bringt nichts, sich verbal aufzuplustern, weil du Angst hast, dein Selbst könnte herabgesetzt werden, wenn dein Standpunkt in Gefahr gerät. Kein Grund also, darüber graue Haare zu bekommen, weil es ein sinnloser Schlagabtausch ist, der nichts an den gegebenen Umständen ändert. Gib doch einfach mal nach und begib dich nicht in den Identitätskrieg da draußen, denn dann wirst du selbst zum Ausweg aus diesem Dilemma, und andere werden deinem Beispiel folgen. Spüre in dich hinein, wie es sich anfühlt, wenn die Energie deiner sich aufplusternden Gedanken hochkommt und unbedingt reagieren will. Spüre, wie es sich anfühlt und wie übermächtig es wirkt, dann wirst du erkennen, welch starke Automatismen du angesammelt hast. Wenn du es dann schaffst, dich zurückzunehmen, nicht zu reagieren und diesem Drängen nicht nachzugeben, sondern es einfach nur zu beobachten und vorüberziehen zu lassen, dann wirst du zu einer echten, wachen Bereicherung für jede menschliche Beziehung. Das ist es, was Jesus meinte, als er sagte: »Wenn dich jemand auf deine rechte Wange schlägt, so wende ihm auch die andere zu«, und: »Wer sich selbst erhöht, wird erniedrigt werden, und wer sich selbst erniedrigt, wird erhöht werden.« Sei der Friede, und der Friede wird zu dir kommen. Das ist eine Qualität, die sich weit über ein Gespräch auf die Qualität des Lebens aller ausdehnt. Das ist eine der transformatorischen Quellen der zwischenmenschlichen Beziehung, wenn du eingesehen hast, dass Krieg immer im Kopf durch dein Denken entsteht, genau wie Frieden. Er beginnt in dir.

Kurz gesagt:

- Die Identifikation mit Dingen, Namen, einer inneren Einstellung oder Meinung ist niemals mehr als ein Gedankenkonstrukt und damit nicht du.

- Wenn du dich dabei ertappst, wie du eine Identifikation verteidigst, schau sie dir genau an und mache dir bewusst, dass du sie jederzeit loslassen kannst.

- Wenn du eine Identifikation loslässt, lässt du immer auch den Streit los und lädst damit den Frieden und die Lebensfreude in deine Gemeinschaft ein.

Rollenspiele – spielend leben

Zum Thema Rollen werden wir noch ein paar Dinge hinzufügen, passt es doch so sehr zum Thema Identifikationen. Wir alle leben verschiedene Rollen, darüber haben wir bereits gesprochen – doch wir sind nicht alle Rollen*spieler*, wie es uns manches sozialwissenschaftliche Buch weismachen möchte. Das ist schade, denn die meisten unserer lieben Mitmenschen identifizieren sich derart stark mit ihren verschiedenen Rollenbildern, dass das spielerische Element ganz verloren geht. Alles wird ernst und starr, schwer und belastend.

Doch abgesehen davon, sich zurückzunehmen und die eigenen Identifikationen zu hinterfragen, gibt es noch andere Möglichkeiten, über diesen eingebildeten Ernst der Rollenspiele hinauszuwachsen. Kinder beherrschen diese fabelhaft. Warum sie das so gut können? Wir wissen es nicht genau – es spielt aber auch keine Rolle, warum es so ist, solange du bereit bist, dir davon bei deinem inneren Kind einiges abzuschauen. Und da spricht ja schließlich nichts gegen, wenn du es nur willst. »So will ich es, so befehl ich es: statt des Grundes genügt der Wille«, sagte einst der römische Satiriker Juvenal und erschuf damit einen martialischen Grundsatz, der zwar satirisch die Einstellung der damaligen Politiker aufs Korn nahm, doch gleichzeitig jede hilfreiche (innere) Verhaltensänderung auf den Punkt bringt. Es reicht, ein Problem zu erkennen und den Willen zu haben, es zu ändern. Wer sich rückwärtsgewandt nur um die Herkunft des Problems kümmert, kann dann vielleicht eine Arbeit darüber schreiben, hat das eigentliche Problem aber nicht beseitigt. Dabei ist es gut, seine Energie auf die Verbesserung der Umstände zu lenken. Du brauchst nicht zwangsläufig alles zu ergründen und zu verstehen, um es zu verändern. Ist etwas nicht hilfreich, mach es anders.

Die Rolle zu einer passenderen ändern

Wir sind so gefangen in der Welt unserer eigenen Rolle(n), dass wir oftmals nicht mitbekommen, dass wir Handlungsalternativen haben – dass wir uns anders verhalten können, als wir im ersten Moment denken. Das geht natürlich nicht nur dir alleine so, sondern ist weitverbreitet, quasi die Regel. Wir haben von unserem Gegenüber eine gewisse Vorstellung, wie er sich verhalten wird – und sind immer wieder unzufrieden, wenn wir feststellen, dass er oder sie sich doch nicht so verhält, wie wir es prognostiziert haben. Unser festes Rollenverständnis engt uns also in zweierlei Hinsicht ein: Es schränkt unsere eigenen Handlungsoptionen, unsere Kreativität ein und es lässt uns weniger offen für die Handlungen des Gegenübers sein. Warum weniger offen? Weil wir Erwartungen an es haben. Du erwartest vielleicht, dass sich jemand seiner Rolle entsprechend konform verhält, und wenn er es nicht tut, dann bist du sauer. Zum Beispiel eine Kellnerin, die in deinen Augen freundlich zu sein hat, auch unter Stress. Enttäuschung, das hatten wir schon, ist erst einmal eine ziemlich unangenehme Sache.

Was hat es nun mit der Rollenspielerei auf sich? Wir hatten bereits erwähnt, dass in jedem Menschen ein Kind versteckt ist, und das will spielen, und darum geht es auch beim Rollenspielen. Nimm Kontakt zu deinen eigenen kreativ-kindlichen Anteilen auf und lass dich von ihnen zu einem spielerischen Umgang mit deinen Rollen anleiten. Bevor du jetzt als Börsenmakler mit deinem Eintausend-Euro-Anzug in die nächste Pfütze hüpfst oder als adrette Kosmetikerin entscheidest, dass eine Packung ja auch geradewegs frisch im Sandkasten angerührt werden könnte, bedenke bitte einen wichtigen Hinweis aus unserem Ich-Teil dieses Buches: Dein inneres Kind kann unglaublich viele kreative Impulse geben, und trotzdem entscheidet am Ende der Erwachsene in dir. Wenn du also, deinen teuren Anzug ignorierend, in die nächste Pfütze springen willst, dann tu das an einem Ort und zu einer Zeit, dass dir dadurch keine Konsequenzen entstehen, die du nicht ertragen kannst. Beispiel: Wenn du deinen Job als Börsenmakler loswerden willst, dich aber nicht traust, selbst zu kündigen, dann ist es wahrscheinlich clever, direkt vor dem Gespräch mit deinem Chef in die Pfütze zu springen. Wenn du allerdings weiter dort arbeiten willst, dann verleg diese Aktion am besten in den Feierabend. Viel Spaß!

Experimentiere damit, dein Rollenverständnis zu erweitern und zu verändern. Beobachte, dass es nicht statisch sein muss. Beobachte genau, wann du bemerkst, dass du dich anders verhältst, als du dich fühlst, und siehe, wie es mit der jeweiligen Rolle zusammenhängt, die du gerade spielst. Eine Rolle ist immer nur ein mentales Konstrukt und nicht mehr, du kannst es also jederzeit ändern.

Kommuniziere in jeder Rolle mit Freude und Fair Play

Rollenspiele haben einen direkten Einfluss auf die Kommunikation mit deinem Gegenüber. Wenn wir miteinander kommunizieren, dann sollten wir das wie bei einem Spiel machen: mit Freude und Fair Play.

Und für Rollenspiele gilt auch wie für jedes andere Spiel: Was man kann und was einem Spaß bereitet, das weiß man erst, wenn man es ausprobiert hat. Doch allzu oft schränken wir uns in unseren Handlungsmöglichkeiten massiv ein, einfach aus der Überzeugung heraus, dass wir aufgrund unserer Rolle als Sohn/Tochter, Mutter/Vater, Angestellter/Chef nur so oder so handeln können bzw. dürfen. Wir verschließen uns vor Handlungsoptionen aus der Überzeugung heraus, dass das halt nicht angemessen sei. Auf der einen Seite ist das ein sehr bequemer Weg, denn damit habe ich sofort für mich und andere eine Rechtfertigung parat, warum ich etwas so und nicht anders gemacht habe. Falls es mir damit nicht gut geht, habe ich auch gleich eine Erklärung an der Hand, warum es mir nicht gut geht, und kann das Ganze den rollenbedingten Einschränkungen zuschreiben, ohne mich selbst in die Verantwortung nehmen zu müssen. Wie praktisch! Es ist zugleich aber auch einschränkend.

Natürlich haben gewisse gesellschaftliche Vorstellungen zu den verschiedenen Rollen durchaus ihre Berechtigung, aber doch nur dort, wo sie uns und unsere Mitmenschen im Miteinander unterstützen, und nicht dort, wo sie uns einengen oder gar zu Handlungen bewegen, die andere einschränken oder verletzen. Erlaube dir neue Handlungsoptionen. Erlaube dir, kreativ und spielerisch mit deinen Rollen umzugehen, und wenn du das dann auch den Menschen um dich herum zugestehst, gibt es plötzlich viel mehr buntes und vielfältiges Leben um dich herum. Denn Rollen haben ihren Sinn als Ordnungsfunktion im Alltag, wenn sie nicht mit einem Gefühl von Über- oder Unterlegenheit verbunden sind. Dementsprechend solltest du sie nicht ablehnen, solange du dir und deinen Mitmenschen die Freiheit gibst, dieses Rollenverständnis spielerisch anzupassen, wenn es nicht mehr stimmt oder verändert werden muss. Denn die Zufriedenheit bei dir und anderen sollte immer an erster Stelle stehen. Erinnerst du dich noch an unseren dritten Schritt zum Erreichen von Zielen? Du kannst so ziemlich alles tun. Wenn du einmal glaubst, dass du es nicht kannst, tu einfach so, als könntest du es, und siehe, was geschieht. Gerade beim Anpassen von Rollen liegt es nahe, sich einiges bei Schauspielern abzuschauen. Du wärst gern eine gute Mutter? Spiele die Rolle einer guten Mutter! Zumindest als Leserin.

Kurz gesagt:

➤ Rollen wie Vater, Mutter, Kind, Kollege, Freund, Opfer, Liebhaber, Schurke u.v.m. entstehen aus Identifikationen, die du jederzeit loslassen kannst.

➤ Überlege immer, ob gerade du oder eine Rolle aus dir sprechen und ob die Rolle gerade sinnvoll für das Zusammensein mit anderen Menschen ist.

➤ Spiele das Rollenspiel und nimm es nicht so ernst. Folge inneren Impulsen, aber erst, nachdem du sie auf Echtheit überprüft hast.

Glaubenssätze in Gemeinschaft – glauben, was du willst

Glaubenssätze sind quasi die Brille, durch die ich meine Realität betrachte und beeinflusse. Vor dem Hintergrund meiner Glaubenssätze entscheide ich, wie das Verhalten meiner Umwelt einzuschätzen ist und wie ich darauf reagieren werde. Aus diesem Grund kommt meinen Glaubenssätzen eine besondere Bedeutung zu, und so lohnt es sich, ihnen ein wenig Aufmerksamkeit zu schenken.

Wir lassen uns dabei in unserer Arbeit insbesondere von zwei Glaubenssätzen aus dem NLP leiten. Und weil sie uns in der Kommunikation und Arbeit mit anderen Menschen gute Dienste leisten, wollen wir sie auch hier als Beispiele nutzen. Jetzt hast du möglicherweise gedacht: »Wie? Ihr lasst euch von Glaubenssätzen leiten? Glaubenssätze sind doch schlecht!« Nein, das sind sie nicht. Vor*urteile* sind schlechte Ratgeber, Glaubenssätze sind vielmehr die Spielwiese, die du vor und in einer Beziehung ausrollst und auf der ihr euch austoben könnt. Einer dieser Glaubenssätze, von denen wir uns gerne leiten lassen und die wir bereits erwähnt haben, die man aber nicht oft genug erwähnen kann, lautet: »Es gibt eine positive Absicht, die jedes menschliche Verhalten motiviert.«

Vielleicht ist das im ersten Moment schwer zu glauben. Möglicherweise hältst du das als »vom Leben geschulter Realist« für fragwürdig? Für die Erinnerung an die ersten zehn Situationen, die dir das Gegenteil bewiesen haben, brauchtest du noch nicht einmal eine Sekunde zum Nachdenken? Dann geht es dir wie vielen unserer Seminar- und Coachingteilnehmer und auch uns selbst, bevor wir es gelernt und realisiert haben. Schauen wir uns das Ganze einmal genauer an. Am Ende dieses Kapitels bist du vielleicht um ein wichtiges Kommunikationswerkzeug reicher. Dass wir alle unsere eigene Realität wahrnehmen, haben wir ja eben schon miteinander besprochen und damit ganz nebenbei auch eine hilfreiche Vorannahme etabliert. Das Wissen darum ist unterstützend, wenn wir die Vorannahme, dass jedem Verhalten eine positive Absicht zugrunde liegt, noch etwas genauer betrachten: Wenn mein Gegenüber seine eigene Realität wahrnimmt, dann liegen seinen Entscheidungen natürlich auch andere Informationen und Gedanken zugrunde als meinen. So mag er ein Verhalten an den Tag legen, das mir zunächst unerklärlich oder direkt und ohne Umwege falsch erscheint und trotzdem in *seiner* Realität Sinn macht und positiv motiviert ist. Nimmt man nun noch das Wissen um die Grundbedürfnisse hinzu, dann erklärt sich diese Vorannahme noch besser, denn wenn du ein Verhalten nur weit genug zurückverfolgst, dann wirst du am Ende feststellen, dass es dazu diente, eines der bereits besprochenen Grundbedürfnisse zu erfüllen.

Unterschiedliche Glaubenssätze akzeptieren

Natürlich steht es außer Frage, dass bei Weitem nicht jedes Verhalten eine positive *Konsequenz* hat, ganz und gar nicht – aber es gibt trotzdem *immer* eine positive *Absicht,* die dahinter steht. Wenn dein Partner beispielsweise sehr eifersüchtig ist und dir regelmäßig wegen jeder Nichtigkeit eine Szene macht, kannst du davon ausgehen, dass er oder sie sich dadurch die Erfüllung des Grundbedürfnisses Sicherheit erhofft. Allerdings hat er oder sie noch keine hilfreiche und nützliche Strategie gefunden, um dieses Grundbedürfnis ohne Streit in sein Leben zu holen. Wenn du darum weißt und dich dazu entscheidest, eine positive Vorannahme zu übernehmen, dann erlaubst du dir dadurch, sehr viel wohlwollender auf dein eigenes Verhalten und das deines Partners zu schauen. So kann viel schneller Frieden einkehren, als wenn ihr euch jedes Mal böse Absichten unterstellt. Wenn du dein Verhalten ändern möchtest, dann ist es gut zu wissen, welche positive Absicht auch deinem eigenen bisherigen Verhalten zugrunde lag, damit du diese Absicht möglicherweise mit einem neuen, hilfreicheren Verhalten erreichst. Sonst wird aus deiner Verhaltensänderung höchstwahrscheinlich nichts anderes erwachsen als bisher, schon allein weil die neue Motivation fehlt.

Kennst du den Gedanken und das damit verbundene Gefühl: »Was ich hier mache, ist eigentlich blöd, aber mir fällt einfach keine andere Lösung ein«? Wir kennen ihn und darauf beruht in gewisser Weise auch die zweite Vorannahme, die wir bereits angekündigt haben:

»Das gegenwärtige Verhalten meines Gegenübers ist die beste Wahlmöglichkeit, die ihm in diesem Moment zur Verfügung steht.«

Erst mal sacken lassen. Einwände? Falls ja, schauen wir uns die häufigsten Einwände gegen diese Vorannahme an, damit die Gründe, die *dafür* sprechen, später auch wirklich überzeugen können. Viele Leute äußern uns gegenüber immer wieder, dass diese positive Vorannahme ja gar nicht stimmen kann, denn man müsse ja nur einmal die neuesten Nachrichten lesen. Die sind voll von Meldungen über schlimme Verbrechen, und da könne man ja wohl nicht allen Ernstes behaupten, dass da jemand seine in dem Moment beste Wahlmöglichkeit getroffen hat. Richtig. Die Vorannahme behauptet ja auch gar nicht, dass es sich bei einem Verhalten um die *beste Wahlmöglichkeit* überhaupt handelt, denn nach dem Komma geht es noch weiter. Da kommt nämlich erst der entscheidende Punkt, schließlich geht es um die beste Wahlmöglichkeit, die *ihm in diesem Moment* zur Verfügung steht. Entscheidend sind also die beiden Wörter *ihm* und *Moment*.

Schaue durch das Verhalten auf den Hintergrund des Verhaltens

Sie verdeutlichen zwei Dinge: zum einen, dass das Verhalten immer vor dem Hintergrund der eigentlichen Geschichte oder Tat und den Möglichkeiten der jeweiligen Person zu beurteilen ist, und zum anderen, dass es auf den Moment der Handlung bzw. des Verhaltens ankommt. Wir alle können mehr oder weniger schlaue Entscheidungen treffen, wenn wir uns zwei Wochen Urlaub zum Nachdenken nehmen und alle Optionen in Ruhe abwägen. Vielleicht können wir sogar wie einige Politiker oder Wirtschaftsprinzen sämtliche Experten zurate ziehen, die zur Verfügung stehen – doch ganz im Ernst: Wann hast du das letzte Mal zwei Wochen Urlaub nehmen können, um eine Entscheidung zu treffen? Geschweige denn eine Schar Experten in teuren Anzügen zurate ziehen können? Genau.

Dass diese Glaubenssätze wahr sind und keinesfalls blinde positive Affirmationen, kannst du schnell erkennen, indem du dein eigenes Verhalten und die entsprechenden Gefühle im Alltag beobachtest. Vielleicht entfachst du einen Streit oder reagierst extrem übertrieben, weil du gerade einen schlechten Arbeitstag hattest, und wirfst deinem Partner in harten Worten etwas an den Kopf. Mit ein wenig Abstand, in einem Moment mit anderen Vorzeichen, nämlich ohne den Stress im Rücken, reflektierst du vielleicht, dass dein Verhalten übertrieben und verletzend war und dazu diente, Ruhe zu haben und dich entspannen zu können. Die positive Absicht war für dich Regeneration und ein giftiges Fauchen die in dem Moment des Streits beste Wahlmöglichkeit, die dir in diesem Moment zur Verfügung stand, weil du nicht die nötige Ruhe für ein Fünf-Dezibel-Gespräch hattest. Stell dir vor, dein Partner würde in dem Moment die beiden positiven Glaubenssätze anwenden. Sicherlich wäre daraus kein großer Streit entfacht, schließlich unterstellt er oder sie dir keine Boshaftigkeit, sondern eine positive Absicht, die er oder sie in diesem Moment nur nicht sehen konnte: nämlich Ruhe. Außerdem geht er von der besten Wahlmöglichkeit aus, die du als menschliches Feuerwehrauto in diesem Moment zur Verfügung hattest, als du mit hochrotem Kopf die schrillen Sirenen eingeschaltet hast, die vor einer nahenden Feuersbrunst in euren vier Wänden warnen sollte.

Neben der individuellen Erfahrung und dem individuellen Empfinden im jeweiligen Moment spricht noch etwas anderes für diese positive Vorannahme (und auch für die vorherige): Sie erlaubt es uns, wohlwollend auf die Verhaltensweisen unserer Mitmenschen zu schauen, und hilft dabei, Brücken statt Dämme zu bauen. Wenn du diese beiden Glaubenssätze zukünftig zu deinen Beratern machst, dann steht dahinter auch deine eigene Entscheidung, wie du zukünftig auf dich und deine Welt schauen wirst. Das wiederum hat einen direkten Einfluss darauf, wie du mit deinem Gegenüber kommunizierst und in welcher Qualität ihr zusammenlebt.

Kurz gesagt:

- Glaubenssätze bilden den Hintergrund jedes menschlichen Verhaltens und unterscheiden sich von Mensch zu Mensch.
- Lass dich im Kontakt mit deinen Mitmenschen von zwei hilfreichen allgemeingültigen Glaubenssätzen leiten:
  1. Es gibt eine positive Absicht, die jedes menschliche Verhalten motiviert.
  2. Das gegenwärtige Verhalten meines Gegenübers ist die beste Wahlmöglichkeit, die ihm in diesem Moment zur Verfügung steht.

Die Bewertungsfalle und wie man ihr entkommt

In beispielsweise gut, schlecht, toll, blöd, richtig, falsch, sinnvoll oder unsinnig teilen wir unsere Welt ständig ein und bewerten alles in unserer Umgebung. Wie der Mitarbeiter des Monats im nächsten Discounter turnen wir mit unserem Etikettiergerät durch die vielfältigen Regale des Lebens mit ihrem reichhaltigen Angebot und kleben auf alles und jeden unsere Artikelnummern und Preisschildchen. Anschauen tun wir die Ware natürlich schon lange nicht mehr, schließlich kennen wir uns doch aus in diesem Supermarkt. Das Leben räumt seine Regale aber selbst ein, und so passiert es, dass wir Produkte falsch etikettieren – das gibt Ärger. Wir beurteilen alle Dinge, die uns begegnen, sei es etwas Materielles oder etwas Immaterielles, seien es die Personen, mit denen wir unsere Zeit verbringen, oder die rote Ampel vor unserer Nase. Allem und jedem messen wir einen

Wert zu. Meistens geschieht das so automatisiert, dass die Bewertung schon da ist, bevor wir überhaupt wissen, wie sie entstanden ist. Das Problem dabei: Haben wir erst mal eine Wertung festgelegt, fällt es uns in der Regel unglaublich schwer, diese wieder zu verändern. Der Kleber unserer Etiketten ist nämlich von der hartnäckigen Sorte. Ein Rechthaber ist ein Rechthaber, und selbst wenn er recht haben sollte, glaubst du ihm vielleicht nicht, weil er eben in der Schublade der notorischen Rechthaber steckt. Hältst du jemanden für einen Egoisten, wirst du jede seiner Handlungen vor dem Hintergrund eines Egoisten bewerten, schließlich sagt das Etikett, das du ihm zugeschrieben hast, dass er genau das ist. Nun hat er keine Chance mehr, etwas Selbstloses zu tun, weil deine Gedanken es nicht mehr zulassen.

Das wird dir bekannt vorkommen, weil wir Menschen es ständig unbewusst tun. Hast du erst einmal eine Bewertung in deinem Kopf verankert, dann hat sie einen ungeheuren Einfluss darauf, wie du dich fühlst, wie du auf etwas reagierst und welche Konsequenzen du daraus ziehst. Bedenken wir, wie wichtig, nein wie umfangreich die Konsequenzen unserer Bewertungen sind, dann erstaunt es doch sehr, wie wenig Gedanken wir uns darüber machen und warum wir nicht viel vorsichtiger bewerten.

Konsequenzen bewusst machen, Bewertungen entkommen

Es gibt zwar kein größeres Ziel auf dem Weg zur Akzeptanz, als die Bewertung der Dinge hinter sich zu lassen, und vielleicht ist das in unserer Gesellschaft noch nicht einmal wirklich möglich, doch was in jedem Fall möglich ist, ist, sich Gedanken darüber zu machen und sich der Konsequenzen bewusst zu sein. Das ist nämlich der erste Schritt zum Frieden.

Wie aber kannst du einen bewussteren Umgang mit den eigenen Bewertungen einführen? Von wem auch immer der Ausspruch »Der Kopf ist rund, damit die Gedanken ihre Richtung ändern können« stammt, er oder sie hat damit auf jeden Fall einen wundervollen Hinweis darauf gegeben, was der erste Schritt sein kann, wenn wir uns »kritisch« mit unseren Bewertungen auseinandersetzen. Die Bewertungen, die ich einmal getroffen habe, verändere ich in der Regel nicht, doch entspricht das nicht dem Lauf der Dinge bzw. dem Gang des Lebens. Denn Leben ist ständige Veränderung, und deshalb sollte ich auch ständig bereit sein, neue Bewertungen vorzunehmen oder alte zu verändern und dort, wo es mir gelingt, am besten ganz auf sie zu verzichten. George Bernard Shaw drückte es mit seiner berühmten Aussage sehr schön aus: »Der einzige Mensch, der sich vernünftig benimmt, ist mein Schneider. Er nimmt jedes Mal neu Maß, wenn er mich trifft, während alle anderen immer die alten Maßstäbe anlegen in der Meinung, sie passten auch heute noch.« Warum muss dieser Tag ein schöner, schlechter oder mittelmäßiger sein? Kann heute nicht einfach sein, so wie es ist? Warum muss mein Nachbar mit der lauten Musik ein rücksichtsloser Kerl mit schrecklichem Musikgeschmack und einer viel zu lauten Musikanlage sein, die sowieso keiner braucht? Kann er nicht einfach mein Nachbar sein, der laute Musik hört? Und kann ich nicht einfach gut für mich sorgen, indem ich ihn bitte, die Musik leiser zu machen, oder einen anderen Weg finden, mit dem es mir gut geht? Kann ich diesen Weg nicht beschreiten, ohne die Person oder das Verhalten meines Nachbarn zu bewerten? Ja, das kann ich, und das kannst auch du. Du stirbst dabei nicht. Das ist wichtig, damit du nicht in die Bewertungsfalle tappst und plötzlich dich selbst als Hauptrolle in dem Film »Mein wütendes Ich versus meinen bösen Nachbarn und seine Höllenmusik« wiederzufinden.

Bewertungen loslassen heißt, Drama loszulassen

Dieser Film ist ein Drama, für das du besser nicht unterschreiben solltest, wenn dir etwas an deinem Wohlbefinden liegt. Wenn du dich in so einem inneren Film befindest, dann ist die Rahmenhandlung des Ganzen schon festgelegt, und du beraubst dich damit automatisch der spielerischen Leichtigkeit im Umgang mit Schwierigkeiten oder Herausforderungen. Deine inneren Bewertungen hängen übrigens eng mit der Kommunikation mit anderen zusammen, wie bereits unter dem Punkt »Rollenspiele« angesprochen. Banker sind geldgierig, Autowerkstätten bescheißen, Lehrer sind faul und immer krank, Politiker sind alle unehrlich, Studenten sind faul und wild aufs Feiern? Die Liste der ungeprüften Bewertungen und Vorurteile ist unendlich lang, und wir alle haben sie in irgendeiner Form in unseren Köpfen abgespeichert, meistens passend zu den jeweiligen Rollen. Dabei sollten wir alle lieber die Rolle des Schneiders spielen, der jedes Mal neu Maß nimmt. Schließlich gleicht keine Situation der anderen.

Was hat das nun mit dem Ich, Du und Wir zu tun? Was im Großen gilt, gilt ebenso auch im Kleinen, und so, wie wir Bewertungen und Vorurteile gegenüber Gruppen von Menschen haben, haben wir sie in der Regel auch gegenüber unseren Freunden, dem Partner und der eigenen Familie. Dadurch werden wir maßgeblich in unserem Handeln bestimmt. Dabei lassen wir jedoch im Allgemeinen vollkommen außer Acht, dass nicht nur wir uns verändern können und das auch tun und feste Bewertungen deshalb gar keinen Sinn ergeben. Ironischerweise kennen viele diese Weisheit, klatschen frenetisch zu ihrer Aussage und posten George Bernard Shaws Zitat zu seinem Schneider gerne über ihre sozialen Netzwerke, schreiben es in ihre Zitatensammlung oder erzählen es am Stammtisch. Ein deutliches Zeichen dafür, dass wir alle ein natürliches Grundverständnis von dem in uns tragen, was menschlich und angemessen ist. Nur müssen wir auch danach handeln und nicht nur applaudierend daneben stehen, während wir schon die nächste Bewertung vorbereiten, nämlich »Ich habe es begriffen, schließlich gefällt mir Shaws Aussage«. Natürlich ist es einfacher, eine festgelegte Meinung zu haben und an dieser nichts zu verändern, dann kann ich mich bequem zurücklehnen und muss mir keine neuen Gedanken machen.

Bewertungen loszulassen erfüllt dein Grundbedürfnis nach Entwicklung

Doch damit verwehre ich mir selbst eine Chance auf Entwicklung, die eines unserer Grundbedürfnisse darstellt. Das ist auch der Grund, warum Bewertungen uns über kurz oder vor allem lang unglücklich machen und ganz, ganz schlechte Ratgeber sind, die du besser jetzt als später feuern solltest, um sie durch die Ratgeber optimistischer Glaubenssätze zu ersetzen. So, wie du dich nämlich mit der Zeit veränderst, kann sich auch dein Gegenüber verändern, und da du nie weißt, was alles gerade in deinem Gegenüber vorgeht oder welche Erfahrungen es seit eurem letzten Aufeinandertreffen gemacht hat, kannst du dir nie sicher sein, dass die Bewertung, die du einmal über es getroffen hast, auch noch korrekt ist.

Ehrlich gesagt, kann man das natürlich nie wissen und sollte es auch nie glauben, aber je länger der Zeitraum ist, in dem man sich nicht gesehen hat, umso größer ist natürlich die Wahrscheinlichkeit, dass sich etwas verändert hat und du in deiner Bewertung jetzt zu einem anderen Schluss kommen könntest. Getreu dem Motto »Was interessiert mich mein Geschwätz von gestern?« solltest du dir erlauben, Ideen, Meinungen und

Bewertungen immer wieder zu überprüfen und gegebenenfalls zu verändern. Sosehr es unserem Grundbedürfnis nach Sicherheit auch widerspricht – es ist und bleibt dabei, dass das Leben ein Fluss ist, und je eher ich das akzeptiere, umso eher offenbart sich mir auch die Leichtigkeit des Lebens, wenn ich erkenne, dass ich nicht gegen den Strom oder auf der Stelle schwimmen muss.

Wenn du jetzt zurückblickst und dir überlegst, wo dich überall Bewertungen eingeschränkt haben oder auch heute noch einschränken, dann raten wir zunächst zur Vorsicht: Bewerte nicht deine Bewertungen, sonst bist du gleich in der nächsten Bewertung gefangen, und dass das nicht hilfreich ist, haben wir gerade hinlänglich erörtert. Blicke also lieber nach vorn und übe dich in täglichem Bewertungsverzicht, ohne dich selbst zu geißeln, wenn es dir misslingt, weil du deine Bewertung bewertest. Wenn du zu üben beginnst, wirst du merken, dass es viele Gelegenheiten gibt, in denen du wertfrei agieren kannst. Toll, oder? Auch eine Bewertung – fühlt sich aber nicht schwer an, darf also bleiben.

Kurz gesagt:

➤ Andere Menschen innerlich zu bewerten passiert häufig automatisch und hat nichts mit einem realistischen, gewissenhaften Denkprozess zu tun.

➤ Durch festgefahrene Bewertungen nimmst du zwischenmenschlichen Beziehungen ihre Dynamik und die Chance auf Veränderungen.

➤ Bewertungen sind einfacher loszulassen, wenn du dir ihre Konsequenzen für deine Sicht auf Personen und die Kommunikation mit ihnen bewusst machst.

➤ Frage dich bei jeder inneren Bewertung, ob sie letztgültig wahr ist und ob du zu einhundert Prozent wissen kannst, dass sie wahr ist. Falls nein, kannst du sie ebenso gut loslassen.

Ein ungesunder Volkssport – die Lästerfalle

Das ist im eigentlichen Sinne kein klassischer Konflikt, und trotzdem soll die Lästerfalle hier genannt werden, denn sie ist ein so weit verbreitetes Phänomen und Problem, dass es wichtig ist, sich damit zu beschäftigen. Hinzu kommt, dass die Sache mit dem Lästern nicht nur verbreitet, sondern auch so verlockend ist, dass es wohl kaum jemanden gibt, der sich davon freisprechen kann. Nichtsdestotrotz ist die Wirkung des Lästerns ziemlich katastrophal. Damit meinen wir jetzt nicht unbedingt die Auswirkungen für denjenigen, über den gelästert wird, diese sind natürlich unter Umständen auch sehr erheblich, sondern es geht um die Auswirkungen, die es auf dich als Klatschtante oder Lästeronkel hat.

Was macht das Lästern mit dir, der da lästert? Einen wichtigen Teil der Läster-Problematik haben wir schon angesprochen, und zwar die Frage der Bewertung. Denn was ist das Lästern anderes als die negativ gefärbte Bewertung anderer Personen bzw. deren Handlungen, Aussagen oder Ähnlichem? Anders als die in dir bzw. deinen Gedanken stattfindende negative Bewertung hat das Lästern allerdings noch einen anderen wichtigen und problematischen Effekt: Es macht süchtig! Lästern ist etwas, das gemeinsam stattfindet, und zwar in der Regel so, dass man sich in der Ablehnung oder negativen Beurteilung einer anderen Person zusammengehörig fühlt. Und das ist etwas, das wir alle uns sehr wünschen, das Gefühl der Zusammengehörigkeit, denn das wiederum bedient direkt zwei unserer Grundbedürfnisse. Es weckt ein Gefühl, akzeptiert bzw. geliebt zu werden, und es dient unserem Bedürfnis nach Sicherheit, denn wenn du dir mit jemandem in der Ablehnung einer anderen Person einig bist, dann ist das quasi ein verbaler Schulterschluss, der dein Gefühl der Sicherheit kurzfristig stärkt und dir einen Energieschub gibt. Doch das Problem beim Lästern ist das gleiche Problem wie bei jeder anderen Sucht auch, schneller als du denkst, verfallt ihr ihr, und es beginnt, euch zu beeinflussen, an euch zu zehren und mehr davon zu verlangen.

Lästern vernebelt deinen Geist

Je mehr du lästerst, umso mehr beschäftigst du dich automatisch mit negativen Aspekten bzw. negativen Bewertungen, und das wiederum prägt dein gesamtes Denken. Und einen althergebrachten Satz, der wohl auf Jesus zurückgeht, sollte man beim Thema Lästern auch nicht außer Acht lassen: »Was du nicht willst, das man dir tut, das füge auch keinem anderen zu.«

Die Einfachheit und Klarheit dieser Botschaft sollten wir uns alle gut einprägen, nicht zuletzt weil das jemand gesagt hat, der drei Tage nach dem schlimmsten Tag seines Lebens in einer Höhle aufgewacht ist. Dagegen dürften die kleinen Passionsgeschichten des Alltags frustrierter Erdenbewohner doch ein Kinderspiel sein, oder? Außerdem hatte dieser Mann aus Nazareth einen guten Blick für ein gelungenes Miteinander, das steht abseits jeglicher Religionsdebatte wohl außer Frage. Es stimmt zwar, das Lästern zunächst einmal in gewisser Weise unser Grundbedürfnis nach Sicherheit »füttert«, doch diese Sicherheit ist sehr trügerisch, denn zum Lästern gehören ja mindestens zwei Personen, und wenn mein Gegenüber, mit dem ich lästere, irgendwann in anderer, also nicht mehr in meiner Gesellschaft ist, möchte ich, dass dann auch so über mich geredet wird? Wer jetzt sagt: »Ist mir doch egal, soll er/sie doch reden«, hat natürlich recht. Wie sollte es auch anders sein, denn du kannst ja schlecht beeinflussen, wie in deiner Abwesenheit von dir geredet wird. Trotzdem wird es dir sicherlich nicht gefallen, wenn andere über dich herziehen. Der beste Weg, damit aufzuhören, ist also – richtig: aufhören! Frage dich außerdem jedes Mal, wann und ob du dich beim Lästern, also beim Herabwürdigen eines anderen, für kurze Zeit überlegen fühlst. Es ist beinahe körperlich spürbar und lässt dich erkennen, dass da eine Energie in dir am Werk ist, die sich gewissermaßen verselbstständigt und nach dem nächsten »Schuss« aus ist.

Lass vom Lästern ab

Leider bleibst du damit auf Negativität fokussiert, und was ein negativer Fokus mit dir anstellen kann, haben wir ja bereits im ersten Teil des Buches herausgefunden. Was aber tun, wenn du schon reingelaufen bist in die Lästerfalle? Es ist gleichgültig, wo du dich befindest, das Gespräch kommt schnell an einen Punkt, wo du quasi zum Lästern eingeladen wirst. Die Lästerfallen liegen überall in mehr als nur ausreichender Menge verteilt, und wer schon so ein richtiger »Läster-Junkie« ist, braucht nicht lange auf seinen Dealer zu warten. Der ist im Büro, Sportverein, sitzt neben dir im Zug oder wohnt mit dir in einer Wohnung. Was also tun bei diesem reichhaltigen Angebot? Dankend ablehnen natürlich. Biete ein alternatives Gesprächsthema an oder eine positive Betrachtungsweise der Person oder Sache, über die gelästert wird. Sprich stattdessen über die Vorzüge der Person oder sag einfach, dass du nicht gerne schlecht über andere redest. Wenn du nichts Positives über die betreffende Person sagen kannst, kannst du auch einfach nichts über sie dazu sagen. Nichts zu sagen erscheint zwar auch manches Mal ziemlich schwer zu sein, doch im Grunde genommen ist Nichtssagen oftmals eine nicht so schlechte Gesprächsoption. Und wenn du doch in die Lästerfalle getappt bist und es erst feststellst, wenn du schon mittendrin bzw. voll dabei bist? Nimm es sportlich, denn die nächste Möglichkeit zum Üben kommt früher, als du denkst.

Kurz gesagt:

➤ Lästern ist quasi ein Volkssport, der uns einen kurzen »Schuss« der Zugehörigkeit und Überlegenheit versetzt, führt auf Dauer aber zu negativem Denken und negativen Beziehungen und macht unglücklich.

➤ Starte keine Lästergespräche und beteilige dich nicht an ihnen, du wirst dich wundern, wie beliebt dich das machen wird.

Die (Ab)rechnung bitte!

Kaum ein Konflikt hat so viel Potenzial, eine Beziehung dauerhaft zu schädigen, ja zu zerstören wie die klassische Abrechnung, die ganz normale »Dieses und jenes hast du mir angetan«-Abrechnung. Kaum etwas ist besser geeignet, um dein Gegenüber tief zu verletzen und dafür zu sorgen, dass ein Wort zum anderen kommt und am Ende alles in einen kommunikativen Super-GAU mündet.

In keiner Beziehung dieser Welt, sei sie nun freundschaftlich oder partnerschaftlich, kommen wir ohne Konflikte aus. So weit die allgemein akzeptierte Tatsache. Die Konflikte als solche sind auch nicht das Problem und sie sind es auch nicht, um die es hier geht, denn das Problem entsteht erst dann, wenn du anfängst, einen Konflikt und die dadurch bedingte Wut bzw. den dadurch bedingten Ärger aufzustauen. Allzu oft geschieht es, dass wir mit Konflikten so umgehen wie mit Treuepunkten an der Supermarktkasse: Nix sagen, einfach einsammeln, das Stress-Punktekonto wachsen lassen und irgendwann, wenn es voll ist, dann kommt der Tag, an dem eingelöst wird. Wut und Ärger konnten sich aufstauen, und dann hast du quasi nur noch auf die Gelegenheit gewartet, alles auf einmal rauszulassen, und die Stress-Treuepunkte werden gegen einen wundervollen eskalierenden, nervenzehrenden Streit eingetauscht. Die Erleichterung, die das bringt, ist jedoch in der Regel genauso wenig hilfreich wie der Nippes, den du für die Treuepunkte an der Supermarktkasse bekommst. Bedenkt man die katastrophalen Auswirkungen, die so etwas auf eine Beziehung haben kann, dann sind die Langzeitfolgen allerdings umso ausgeprägter.

Bestimmt hast du das auch schon mehr als einmal erlebt: Du befindest dich mit einem Freund oder einer Freundin in einem zunächst kleinen Streitgespräch, und plötzlich packt er oder sie den Deine-Fehltritte-Sammelband aus und erzählt dir in biblischer Länge, was du alles falsch gemacht hast. Das hat wahrscheinlich dazu geführt, dass du dich – so plötzlich mit der Abrechnung konfrontiert, ohne aufgegessen zu haben – vollkommen verwundert und vor den Kopf gestoßen fühlst, ohne in der Lage zu sein, adäquat auf die Vorwürfe einzugehen. Demjenigen, der die Vorwürfe vorbringt, ist das natürlich ganz recht, denn so ein Vorgehen dient im Allgemeinen ja nicht dazu, wirklich eine Klärung herbeizuführen, sondern ganz einfach, Frust abzubauen. Doch Achtung: Das Risiko, nicht nur Frust abzubauen, sondern gleich die ganze freundschaftliche Beziehung mit zu entsorgen, ist ziemlich hoch.

Ärger sortieren und an der richtigen Stelle herauslassen

In die gleiche Kategorie fällt auch der Fall, in dem du deine allgemeine Wut und deinen Ärger aus anderen Bereichen deines Lebens in einen Konflikt mit hineinbringst, mit dem andere nichts zu tun haben. Beispiel: Schon alles an diesem Tag ist schiefgelaufen, der Busfahrer hat mich angeraunzt, meine Chefin hat ungerechtfertigt meine Arbeit kritisiert, und dann kam auch noch ein unerträglicher Steuerbescheid ins Haus (denn welcher ist das nicht?), da bot es sich doch direkt an, den gesamten Frust, den ich aufgesammelt hatte, auf einmal rauszulassen, als mein Partner schon wieder etwas eingekauft hat, das ich überhaupt nicht gerne esse. Ich hab es doch schon so oft gesagt! Selbst die einfachsten Dinge funktionieren hier nicht. Auf nichts kann ich mich verlassen. Niemals hörst du mir zu, wenn ich sage, was mir gefällt oder nicht gefällt. Das ist zwar frei erfunden, und die Inhalte sind natürlich beliebig austauschbar, aber das Muster ist doch ein sehr häufig aufkommendes und eng mit dem oben geschilderten Sammeln von Stresspunkten verwandt. Wenn wir so darüber nachdenken, ist es sogar möglich, dass wir dieses Beispiel schon einmal erlebt haben. Wir wissen es nicht, schließlich sind ähnliche Situationen so häufig, dass sie kaum Erinnerungswert besitzen.

Kläre Unstimmigkeiten in dem Moment, wo sie an der Reihe sind, also immer jetzt oder zumindest so schnell wie möglich, und vermische sie nicht mit anderen Dingen, die dir vielleicht gerade schwer auf der Seele lasten. Klingt einfach, ist einfach, funktioniert auch einfach, wenn du es umsetzt. Unsere Empfehlung: Mach es dir einfach und kläre Konflikte dann, wenn sie aufkommen, und mit demjenigen, den sie etwas angehen.

Für den allgemeinen Weltschmerz haben wir übrigens leider noch keinen adäquaten, weil verantwortlichen, Ansprechpartner gefunden, hier empfiehlt es sich also, das Ganze mit sich selbst auszumachen und sich selbst erst dann wieder der Menschheit zuzumuten, wenn man das Thema Weltschmerz erledigt hat.

Kurz gesagt:

- Wenn du einen Konflikt in dir spürst, sprich ihn sofort in dem Moment an und lass die schwelende Glut nicht zu einem Feuersturm anwachsen, der irgendwann über deine Beziehung(en) hereinbricht.

- Wenn du einen Konflikt lösen möchtest, habe die Bedürfnisse aller im Blick. Die gute Lösung eines Konflikts berücksichtigt die Bedürfnisse aller Beteiligten und ist nicht die Entscheidung, wer recht und wer unrecht hat.

Tipps zum Wachsen in Gemeinschaft

Die klassischen Konflikte, die du gerade kennengelernt hast bzw. die du schon längst aus deiner Lebenserfahrung kennst, haben wir bereits mit einigen erprobten Lösungsvorschlägen versehen, die sich auf die jeweiligen Konflikte beziehen. Sie werden dir Erfolg und liebevolle Beziehungen bescheren. Doch darüber hinaus gibt es noch einige Tipps, die du beherzigen solltest, wenn du glücklich sein und erfolgreich kommunizieren möchtest. So etwas wie das Einmaleins des fitten Gemeinschaftsmitglieds. Du wirst merken, dass es viel um Empathie, um Einfühlungsvermögen, geht – eine der Grundvoraussetzungen für gelingende Kommunikation. Gelingende Kommunikation ist die Art von gegenseitiger Verständigung, die dich und dein Gegenüber glücklicher, bewusster, klüger macht. Alles andere können wir uns sparen, schließlich fügt es unserer Lebenswelt nichts Bereicherndes hinzu. Die Art und Weise, wie du deine Beziehung zu deinen Mitmenschen gestaltest, hat einen grundlegenden Einfluss darauf, ob du mit dir und deinem Leben glücklich wirst, denn das ist der Spielteppich, auf dem das Leben stattfindet.

Es geht also nicht um Techniken zum besseren Durchboxen deiner Bedürfnisse und dem schnellsten Weg zum Thron des Rechthabens, sondern um eine ehrliche und klare Kommunikation. Dafür brauchst du nichts Besonderes zu lernen, keine Bücher von Verkaufstrainern zu lesen, die dir etwas über das perfekte Lesen von Körpersprache verraten, damit du irgendjemanden erfolgreich manipulieren kannst. Du musst lediglich an grundlegende Dinge erinnert werden, die zum gesunden Menschenverstand gehören, aber im Geplapper unseres verbalen Alltagskriegs sehr schnell untergehen, der natürlich immer im Kopf stattfindet. Gute, hilfreiche und erfüllende Kommunikation entsteht nämlich durch Ehrlichkeit und die Offenlegung der eigenen Hintergründe, die immer Teil des Gesprächs sind. Wenn ich bei jemandem beispielsweise eine Verhaltensänderung herbeiführen möchte, liegt das höchstwahrscheinlich daran, dass mich das bisherige Verhalten von ihm oder ihr verletzt, unglücklich oder wütend gemacht hat. Was tun? Klassischerweise geht es jetzt in den verbalen Kampf: Streit. Ein erschöpfendes Ringen, bei dem es nur Verlierer gibt, denn es findet kein Verständnis statt, nur ein Schlagabtausch aus Anschuldigungen. Darum ging es ja bereits in den vorangegangenen Abschnitten. Was aber, wenn du stattdessen versuchst offenzulegen, was dich denn nun verletzt hat und warum du das ändern möchtest?

Sei offen und schaffe Verständnis

Verständnis kann nur entstehen, wenn du und dein Gegenüber wisst, welche Karten auf dem Tisch liegen, und ihr euch gegenseitig helft, sie richtig zu deuten. Bei den Konflikten ist ja bereits klar geworden, dass wir gerne bewerten und lästern. Das geschieht beinahe automatisch, weil wir mit uns selbst reden statt mit unserem Gesprächspartner. Wir hören nicht ihm oder ihr zu, sondern unseren eigenen Geschichten, die anfangen zu bewerten und natürlich längst zu wissen glauben, worum es dem anderen geht und warum er wütend, traurig oder schüchtern ist. Wir verteilen sofort die besagten Etiketten wie ungerecht/gerecht, gut/böse, klug/dumm und lesen sie im Geiste ständig ab. Da wir alles Gesagte nach diesen Etiketten bewerten, fühlen wir uns natürlich auch ständig bestätigt, da wir nach eben jenen Beweisen suchen und entsprechend interpretieren.

Als Nächstes kommen Vergleiche und Verurteilungen. Bestimmt haben wir schon ähnliche Situationen gehabt, also ist die vorliegende auch nichts anderes als eben jene vergangene Situation. Die Verurteilung geht anschließend damit einher, dass wir keine Verantwortung für unsere Gefühle übernehmen; was folgt, sind Anschuldigungen: »Du machst mich traurig.« »Weil du mich anschreist, fühle ich mich schlecht.« Oder: »Er/sie hat gesagt, ich soll das so machen.« Was wir mit dir vorhaben, ist eine zielgerichtete, glücklich machende Kommunikation, und das soll möglichst immer für dich und dein Gegenüber gelten, denn es geht nicht ums Gewinnen, sondern um Kooperation. Kommunikation ist nämlich immer entweder eine kooperative oder eine gescheiterte Veranstaltung. Dazwischen gibt es nichts. Und da du jeden Tag, immer und überall, in kommunikativen Situationen steckst und auch weiterhin stecken wirst, haben wir dir auf den folgenden Seiten ein kleines Einmaleins der Kommunikationstipps zusammengestellt, das sich bei unseren Klienten als äußerst wirkungsvoll und glücklich machend herausgestellt hat. Wir wünschen dir viel Freude, weil es uns ein Anliegen ist, die Grundlage allgemeiner Zufriedenheit – eine gute Kommunikation – zu verbreiten und dir damit eine Menge Sorgen und Ärger im Alltag zu ersparen. Wenn Sorgen und Ärger verschwunden sind, bleibt Lebensfreude, und darum sollte es doch gehen.

Bitte recht freundlich

Es gibt diese eine bekannte Aussage, die auf dem Globus bereits mehrfach die Runde gemacht hat und mittlerweile selbst die letzten Eremiten in Sibirien erreicht haben dürfte: Es ist nicht wichtig, *was* man sagt, sondern, *wie* man es sagt. Insgesamt und vor allen Dingen bei genauerer Betrachtung ist diese Aussage eigentlich Unsinn, denn es müsste eigentlich heißen: Es ist wichtig, was man sagt *und* wie man es sagt. Und damit sind wir auch schon beim Thema »Bitte recht freundlich« angekommen. Es ist ein unglaublich hilfreicher und zugleich so einfach umzusetzender Tipp. Mit wem auch immer du redest, worum auch immer es geht – sei freundlich! Das bezieht übrigens sowohl die Wortwahl als auch Gestik und Mimik mit ein. In über neunzig Prozent der Fälle (hierbei handelt es sich um eine frei empfundene Statistik) ist ein freundliches Lächeln der perfekte Einstieg in eine gelingende Kommunikation. Wählt man dann noch freundliche Worte, so kann (fast) nichts mehr schiefgehen.

Manchmal braucht man dann noch nicht einmal mehr Worte, denn allein das Lächeln ist schon ein mächtiges Kommunikationsmittel. Das kannst du in einem kurzen Selbstversuch überprüfen. Lächle einfach, am besten jetzt. Wie fühlst du dich dabei? Auf jeden Fall nicht depressiv, denn es ist bereits mehrfach bewiesen worden, dass du dich mit einem Lächeln auf dem Gesicht nicht grauenhaft fühlen kannst. Bestes Übungsgebiet hierfür, wenn du es auch in Gemeinschaft ausprobieren willst: die Kasse des Supermarkts deines Vertrauens. Du kennst doch bestimmt auch den selten aufschauenden und noch seltener lächelnden Supermann bzw. die Superfrau an eben jener Kasse? Diese Person sitzt dort aus zwei Gründen: zum einen, um deinen Einkauf abzurechnen, und zum anderen, um dir die »Entlocke-mir-ein-Lächeln-Challenge« zu stellen. Nimm die Challenge an und übe das Freundlichsein. Das ist nicht nur hilfreich, sondern in der Regel auch ein Heidenspaß. Sowieso öffnen sich so viele Türen, wenn du einfach versuchst, in deinem Alltag mehr Spaß zu haben und zu verbreiten. Spaß beginnt bei dir und ist nichts, worauf du warten solltest. Sobald du etwas Übung hast und merkst, wie es deine Umgebung fröhlicher stimmt, wirst du immer besser darin werden. Und mal ehrlich: Grimmig an der Kasse zu stehen, an der es ja sowieso immer viel zu lange dauert, ist viel eher verschwendete Zeit als ein netter Plausch mit den Schlangennachbarn oder besagter Kassiererin, die für ein wenig Abwechslung höchst dankbar sein wird.

So zieht es sich durchs ganze Leben. Mit Freundlichkeit, Zuwendung und dem großzügigen Verteilen deines Lächelns kommst du immer weiter, und damit meinen wir ausdrücklich auch dein inneres Wohlbefinden.

Sei präzise

»Immer, »jedes Mal«, »nie«, »alle«, »jeder« und all die anderen Verallgemeinerungen, die sich in unsere Sprache verirren, sind ein echtes Kommunikationsproblem. Dafür, dass diese Verallgemeinerungen fast immer unzutreffend sind, schleichen sie sich doch erstaunlich oft in unsere Wortwahl ein. Vor allen

Dingen dann, wenn wir einen Konflikt eigentlich klären möchten. Gerade dann solltest du tunlichst auf Verallgemeinerungen verzichten, denn was auch immer du deinem Gegenüber vorwirfst, sicherlich ist es nicht »immer« der Fall, und so wird dein Gegenüber den Vorwurf einfach als unzutreffend ablehnen. Zu Recht! Denn er wird bestimmt mindestens *ein* Beispiel dafür finden, dass es eben nicht *immer* so ist. Häufig versuchen wir durch diese Verallgemeinerungen, unsere Aussagen zu bekräftigen bzw. deutlicher zu machen, doch erreicht man damit oftmals nur das Gegenteil. Also einfach daran denken, die »Immers«, »Alles«, »Jeders« und »Nies« dieser Welt aus der Abteilung *unzulässige Verallgemeinerungen* aus deinem Sprachgebrauch zu streichen. Sie sind nichts anderes als Streitauslöser, gewissermaßen das Öl, das wir ins Feuer eines jeden Streits gießen, um ihn noch stärker aufflammen zu lassen. Kein Wunder, handelt es sich doch um eine glatte Lüge, solange wir nicht nachweisen können, dass etwas wirklich *immer* oder *nie* passiert; ein Ding der Unmöglichkeit. Mache dir also keine Falschaussagen zum Verbündeten, sie sind dir schlechte Ratgeber. Verzichte außerdem auf Verallgemeinerungen, die nur dazu dienen, dich kurzzeitig stärker zu fühlen, wie »Jeder sieht das so«, »Alle sind der Meinung« oder »Ich bin nicht der Einzige, der das so sieht«. Bringt nichts außer Streit, und Streit lässt sich, wie du jetzt ja schon weißt, niemals mit Streit lösen, schließlich versuchst du auch nicht, einen Brand mit einem Flammenwerfer zu löschen.

Mit Worten Brücken bauen

Wir hatten schon darüber gesprochen, dass wir für eine gelingende Beziehung lieber Brücken bauen sollten, anstatt Dämme zu errichten, und das kannst du allein schon durch deine Wortwahl gut unterstützen. Wie kannst du dich davor schützen, zum

Beziehungsbiber zu werden? Versuche, wichtige Schlüsselworte deines Gegenübers in deine eigene Wortwahl zu integrieren, indem du Worte deines Gegenübers in deinen eigenen Sprachgebrauch mit aufnimmst. Damit signalisierst du quasi ein »Hey, ich nähere mich dir sprachlich an, ich baue eine Brücke auf dich zu« bzw. »Wir sind gar nicht so verschieden, du und ich«. Natürlich denkt dein Gegenüber mit ziemlicher Sicherheit nicht genau, aber unbewusst wird er wahrnehmen, dass du dich mehr auf ihn einlässt. Dafür ist es gut, darauf zu achten, auf welche Sinnesmodalitäten dein Gegenüber zurückgreift, wenn er mit dir redet. Ist er oder sie ganz in seinem Gefühl verloren, was du zum Beispiel daran merken kannst, dass er dir gerade schildert, bei dieser oder jener Sache »hatte ich ein ganz schlechtes Bauchgefühl« oder »Diese oder jene Sache fühlte sich einfach falsch an«. Dann ist es nicht unbedingt ein hilfreicher kommunikativer Brückenschlag, wenn du mit »Ich denke dazu« oder »Das sehe ich so oder so« antwortest, denn dann bewegst du dich sprachlich auf einer anderen Ebene, zum Beispiel dem logischen Denken. Es macht zunächst also Sinn, wenn du auch mit einem Gefühl dazu antwortest, bevor du kognitive Einwände vorbringst.

Wahrscheinlich hast du jetzt selbst schon daran gedacht: Das ist ein klassisches Streitthema zwischen den Geschlechtern, weil wir Männer auf eine Gefühlsschilderung häufig lösungsorientiert antworten, also mit Logik und der Suche nach einer pragmatischen Lösung, falls der Sache ein Problem zugrunde liegt. Das ist aber unangebracht, da es viel sinnvoller ist, den Gesprächspartner dort abzuholen, wo er steht. »Mein Chef hat mich heute auf dem Flur getroffen und mich total fertig gemacht«, beantwortet man eben nicht mit Worten wie »Dann benutzt du nächstes Mal besser einen anderen Flur, um ihm nicht zu begegnen«. Erst einmal geht es nämlich um die Gefühle, die sich aufgebaut haben, und wenn sie sich wieder zurückgezogen haben, kann man an die eigentliche Lösung denken. Für die männlichen Leser ist es umgekehrt genauso, wenn du von etwas Sachlichem berichtest, möchtest du auch nicht, dass deine Frau mit einem Gefühlsausbruch antwortet, oder? Das Ganze lässt sich auch als eine verbale Kooperation darstellen. Stell dir vor, eure gemeinsame Kommunikation ist ein Kunstwerk in Form eines Bildes. Dein Gesprächspartner beginnt, den Pinsel zu schwingen, indem er oder sie dir seine oder ihre Gefühle schildert, die ein bestimmtes Ereignis erzeugt hat. Damit das Kunstwerk ein schönes wird, solltest du ähnliche Farben und das gleiche Medium wählen; es macht wenig Sinn, das mit Acryl begonnene Bild mit einem Bleistift weiterzuzeichnen. Nimm also auch Acryl, wähle eine ähnliche, passende Farbe und antworte auf der Gefühlsebene, zum Beispiel wann du dich schon einmal ähnlich gefühlt hast, oder was du denkst, wie du dich in dem Moment fühlen würdest. So setzt Verstehen und Sich-verstanden-Fühlen ein, und das Gespräch entspannt sich auf einer kooperativen Ebene zu einem Geben und dankbaren Annehmen.

Reden ist Silber, Zuhören ist Gold

Viel erzählen kann jeder. Viel Richtiges erzählen können auch eine Menge Leute. Und wie man das Ganze dann auch noch kommunikativ angemessen verpackt, kann man lernen. Doch der erste und entscheidende Schritt für eine gelingende Kommunikation ist nicht das Reden, sondern das Zuhören. Und gutes Zuhören ist nicht einfach, nach jedem zweiten oder dritten Satz meines Gegenübers »Aha« oder »Ja« zu sagen und grenzdebil mit dem Kopf zu nicken. Nein, gutes Zuhören bedeutet: Ich habe während des Gespräches genau *einen* Fokus, und der ist mein Gegenüber. Einem guten Zuhörer geht es darum, präsent und ganz dabei zu sein und dem anderen und dem, was er sagt, aufmerksam zu folgen – mit dem Verstand und mit dem Gefühl. Das kann man nicht simulieren, und es gibt auch keine »So tun, als ob«-Tricks, die in irgendeiner Art und Weise hilfreich wären, denn dein Gegenüber wird ganz genau wahrnehmen, ob du tatsächlich präsent bist im Gespräch – sprich ob du zuhörst.

Du kennst es mit ziemlicher Sicherheit auch, dass du häufig abschaltest, weil dich etwas nicht interessiert. Dann wirst du müde, träge, gelangweilt, willst aber höflich bleiben und entwickelst Strategien, die dich vor einem Streit bewahren sollen: Alle zwei Minuten »Ja« und »Amen« sagen, in regelmäßigen Abständen nicken, ganz kurz zuhören und dann eine Frage stellen, sodass es klingt, als hättest du den Durchblick und wärst jeder Nuance des Gespräches gefolgt. Die Dinge, die du und jeder andere von uns entwickelt, um nicht zuzuhören, sind vielfältig und irgendwie auch lustig, wenn man es genau nimmt. In der Regel ist es aber besser, ein Gespräch zu beenden, als es weiterzuführen, wenn du nicht zuhören willst bzw. zuhören kannst. Wenn du dich aber entschließt, ein Gespräch zu führen, dann solltest du deinem Gegenüber und eurem gemeinsamen Gespräch deine volle Aufmerksamkeit widmen. So modern und manchmal auch hilfreich dieses sogenannte »Multitasking« auch sein mag: Im Gespräch hat es nichts verloren. Du selbst magst es sicherlich auch nicht, wenn du etwas erzählst und der andere hört nicht zu. Außerdem entsteht ohne aktives Zuhören kein Verstehen, weil du stattdessen deinen inneren Bewertungen, Glaubenssätzen und Kopfgeschichten zuhörst und dein eigenes Fazit bildest. Das ist besonders häufig in beruflichen Situationen mit schlechten Vorgesetzten zu beobachten. Ein schlechter Vorgesetzter ist einer, der das aktive Zuhören nicht gelernt hat; also aufmerksam zu sein, nachzufragen, wenn ihm etwas nicht klar geworden ist, und sich ein klares Bild von den Anliegen und inneren Vorgängen seines Gegenübers zu machen. Stattdessen wird ein Selbstgespräch mit dem eigenen Kopfkino geführt, das zu Vorverurteilungen, Missverständnissen und am Ende immer Ärger führt. Also zu all den Konflikten des vorangegangenen Abschnitts, denn je mehr Zeit jemand in seinem eigenen Kopf verbringt, anstatt aufmerksam auf sein Gegenüber fokussiert zu sein, desto mehr Aufmerksamkeit schenkt er seinen Gedanken.

Wozu mit jemand anderem kommunizieren, wenn du eigentlich mit dir selbst sprichst? Das macht keinen Sinn. Wenn du also ein Gespräch führst, denke nicht an die Mittagspause, deine nächste Abendveranstaltung, die hübsche Dame oder den knackigen Kerl am Straßenrand, sondern richte deine Aufmerksamkeit auf dein Gegenüber. Höre zu, ohne ständig zu unterbrechen oder ins Wort zu fallen. Frage nach, wenn dir etwas nicht klar geworden ist. Wenn dir das zu anstrengend ist oder du merkst, dass du keine Lust dazu hast, beende das Gespräch, denn es wird zu nichts anderem als verschenkter Lebenszeit führen, im schlimmsten Falle sogar zu Distanz. »Wenn schon, denn schon« gilt nämlich auch in der zwischenmenschlichen Kommunikation, und ein gelungenes Gespräch beginnt bei dir – beim Zuhören. Zuhören mit echtem Interesse an deinem Gegenüber ist ein echter Gewinn – für alle Gesprächspartner.

Weniger ist mehr

Gute Kommunikation besteht auch darin, dass du dich nicht um Kopf und Kragen redest und dass du nicht nur Worthülsen produzierst wie ein außer Kontrolle geratenes Maschinengewehr im Dauerfeuer. Es gibt einen Ratschlag, den sich jeder zu Herzen nehmen darf: Wer nichts Sinnvolles zu sagen hat oder keine Ahnung von etwas, darf ruhig eimal die Klappe halten. Huch, welch eine rüde Formulierung. Kommunikation bedeutet manchmal eben auch, etwas so auf den Punkt zu bringen, dass man es nicht mehr vergisst. Bevor wir jetzt gegen unsere eigene Empfehlung verstoßen und nur besagte Worthülsen mitschreiben, bringen wir es gleich auf den Punkt: Wenn du in einem Gespräch nicht weißt, was du sagen sollst, und wer kommt nicht von Zeit zu Zeit an diesen Punkt, gibt es in der Regel zwei gute Optionen. Entweder du sagst, dass du nicht weißt, was du sagen sollst, und erbittest dir damit Zeit zum Nachdenken, oder aber du sagst einfach gar nichts dazu. So einfach ist das. Denn wenn wir schon bei den »platten Sprüchen« angekommen sind, dann muss an dieser Stelle doch noch einmal erwähnt werden: Erst denken, dann reden. So simpel wie wahr. Im Grunde genommen sagt dieser Satz nämlich nichts anderes aus, als dass du erst einmal mit dir selbst klären solltest, wie du zu etwas stehst oder was du wozu sagen möchtest, bevor du es auch in Worte kleidest. Wenn du anfängst, deine innere Prinzessin, die ja eigentlich nichts anderes als Weltfrieden möchte, wahllos rhetorisch einzukleiden, sieht sie am Ende aus wie eine beliebige Barbarin. Betrachte erst deinen inneren Kleiderschrank, bevor du zur Party der Kommunikation gehst. Überlege, welche Garderobe zum entsprechenden Anlass passt und in welcher du dich in diesem Kontext wohlfühlst. Gönn dir diese Zeit, zu spät zu kommen ist in diesem Fall erlaubt. Bestimmt hast du selbst schon häufig bemerkt, dass, wenn du einfach drauflosredest, weil du unbedingt mitdiskutieren willst, du sogar Positionen einnimmst, die eigentlich nicht die deinen sind. Oft vertreten wir Meinungen, die wir sonst nicht haben, einfach nur, um etwas Gegensätzliches vorzubringen. Das bist dann nicht mehr du, sondern vielmehr der Teil in dir, der sich in Rage redet. Es ist eine Gesprächsteilnahme um der Teilnahme willen. Reden um des Redens willen kostet dich aber zumeist Kopf und Kragen und hinterlässt mehr Trümmer als Monumente erfolgreicher Gespräche.

Wenn du merkst, dass du reagieren willst, trete innerlich also einen Schritt zurück und frage dich, ob das, was du im ersten Impuls sagen wolltest, tatsächlich die richtige Garderobe ist, die dir gut passt. Wenn du bei einer gründlichen Überprüfung merkst, dass es nicht wirklich dein Standpunkt ist oder dem Gespräch nichts Positives, Hilfreiches hinzufügt, lass es bleiben und nimm dir die Zeit, zu überlegen und einen passenden Gesprächsbeitrag zu finden. Wenn du nicht ganz sicher bist: Pssst. Dazu gibt es eine passende persische Weisheit, die auf Zarathustra zurückgeht: »Worte, die nicht helfen, heilen oder segnen, sind überflüssig.«

Den Gesprächsfaden nicht abreißen lassen

Zwar haben wir oben schon verdeutlicht, dass Schweigen durchaus einen zentralen Platz in deiner Kommunikation verdient hat, doch solltest du zumindest in wichtigen Angelegenheiten nicht zu viel Zeit schweigend vergehen lassen. Zum Beispiel bei noch offenen Konflikten. Gibt es irgendetwas, das zwischen mir und meinem Gegenüber geklärt werden muss, dann sinkt mit der Zeit, die bis zum Klärungsgespräch vergeht, auch die Wahrscheinlichkeit, dass dies zufriedenstellend und ohne Folgeschäden möglich ist. Haben wir es erst einmal geschafft, uns wegen irgendeiner Sache über Wochen, Monate oder gar Jahre aus dem Weg zu gehen, können wir uns am besten gleich Aluminiumhüte aufsetzen und auf hilfreiche Signale aus dem All warten. Dann haben die eigenen Gedanken (und natürlich auch die dcines Gegenübers) zu viel Zeit gehabt, um sich alle möglichen Geschichten zu dem Konflikt zu erzählen und damit immer mehr Distanz zwischen dich und dein Gegenüber zu bringen. Dann kannst du mindestens so lange auf eine Annäherung warten wie auf besagte Eingebungen aus dem All. Je eher du eine Klärung herbeiführst, umso größer die Wahrscheinlichkeit, dass die Klärung gelingt und keine »Langzeitfolgen« entstehen. Bleibe also immer am Ball.

Nimm dir vielleicht ein paar Nächte, um darüber zu schlafen und dein Gedankengewitter so zu ordnen, dass du Sonne, Blitz und Regen voneinander trennen und aus der Ferne betrachten kannst. Am besten ist es, wenn du klar äußerst, dass du ein wenig Zeit brauchst, um dir Gedanken zu machen. Nutze die Zeit, aber nutze sie nicht aus, um heimlich vor dem Konflikt zu fliehen. Wenn du dir Gedanken gemacht hast, empfehlen wir dir, zum Punkt »Bitte recht freundlich« zu springen und dein Anliegen mithilfe unserer Tipps zu klären.

Sei ein Teamspieler

Das Sprichwort »Du bist, wen du kennst« hast du wahrscheinlich schon öfter gehört. Gemeinhin möchte man damit darauf hinweisen, dass es sich lohnt, gute, weil einflussreiche Kontakte zu haben. Auf Neudeutsch verbirgt sich dahinter die Empfehlung zum »Netzwerken«, also dem gezielten Aufbau wertvoller Kontakte. Insgesamt ist das Netzwerken eine hilfreiche und immer wichtiger werdende Sache, wenn man heutzutage »jemand sein« bzw. zumindest »jemand werden« möchte. Dann kommst du um das Knüpfen wichtiger Kontakte einfach nicht herum. Im beruflichen Umfeld ist dies eine allgemein anerkannte Tatsache, die häufig ins unsägliche Namedropping abdriftet, also das Erwähnen von erfolgreichen Menschen, um sich mit ihrer Bekanntschaft zu schmücken. Wie sieht es nun aber im privaten Umfeld aus? Wie gut sind deine Kontakte dort? Dabei meinen wir nicht, dass du deine privaten Kontakte danach aussuchen solltest, wie viel Einfluss, Geld oder sonstige Dinge diese mitbringen, sondern vielmehr solltest du darauf achten, wie gut dir deine Freunde tun, denn ausschließlich darauf kommt es wirklich an. Ebenso wichtig, wie berufliche Kontakte für den beruflichen Erfolg sind, sind deine Freunde wichtig für deinen privaten und persönlichen Erfolg. Das mag erst einmal etwas berechnend klingen, und gleichzeitig ist unsere Empfehlung, immer wieder zu überprüfen, welche Kontakte dir guttun und welche nicht. Warum eine Freundschaft pflegen, die immer wieder mit Konflikten und Ärger verbunden ist?

Und bei genauerer Betrachtung fällt dir vielleicht auf, dass Kontakte nicht nur Zeit und Arbeit kosten, sondern dass unsere privaten Kontakte auch wesentlich darüber mitentscheiden, womit wir uns beschäftigen und wo wir unsere Aufmerksamkeit hinlenken – und damit im Wesentlichen unseren Lebensverlauf mitformen. Wir Menschen sind zwar auf den ersten Blick Individuen, aber als solche auch Teil einer riesigen Gemeinschaft. Daher ist es wichtig, dass wir uns um unsere sozialen Kontakte kümmern und diese pflegen, denn von wenigen Ausnahmen einmal abgesehen sind wir Menschen keine Lebewesen, die sozial isoliert erfolgreich überleben können.

Um gute Beziehungen musst du dich kümmern

Betrachtet man den Trend in Teilen unserer Gesellschaft, sich immer weiter zu isolieren und immer mehr Einsamkeit zu schaffen, dann ist dies eine äußerst dramatische Entwicklung. Zwar mag das Bedürfnis nach Kontakt und Nähe bei jedem Menschen etwas unterschiedlich stark ausgeprägt sein, aber niemand ist für die absolute Isolation und Einsamkeit geschaffen oder fühlt sich darin wohl, von einigen Eremiten auf dem

Weg zur Erleuchtung mal abgesehen. Wenn wir also unser ganzes Potenzial nutzen und leben wollen, dann müssen wir uns zuallererst um unsere unmittelbare Gesellschaft kümmern.

Dabei ist es wichtig, dass du deinen Freundes- und Bekanntenkreis so gestaltest, dass er dich nicht nur »satt« macht, also einfach dein Bedürfnis nach Nähe und Kontakt bedient, sondern dass er dich auch »nährt« und gesund hält – sprich dass er dir guttut. Es geht darum, dass du für dich entscheidest, tut dir jemand gut oder eben nicht, kostet eine Beziehung Energie oder gibt sie dir welche. Das wiederum hat immer mehr mit dir selbst zu tun als mit dem jeweils anderen, ist aber ein wesentlicher und wichtiger Punkt. Verbringe viel Zeit mit jenen Menschen, die dir guttun, und meide den Kontakt zu solchen Personen, die dir nicht guttun, deren schwierige Verhaltensweisen du vielleicht übernimmst oder die sich generell anders verhalten, als es deinem Weltbild und deinen Überzeugungen entspricht.

Wir möchten deinen Fokus darauf lenken, wo die Stärken und Chancen im Miteinander liegen. Das Potenzial in diesem Bereich ist grenzenlos. Genauso wie uns der Kontakt zu anderen Menschen Energie kosten kann, kann er uns auch Energie liefern. Kennst du die Situation, dass du ein anregendes und spannendes Gespräch geführt hast und danach voller Tatendrang warst, um all die zuvor besprochenen Weltverbesserungspläne in die Tat umzusetzen? Oder einfach das entspannte Gefühl, mit dieser oder jener Situation nicht alleine dazustehen, weil ein Freund dir im Rahmen eines Gespräches deutlich gemacht hat, dass er auch einmal in einer solchen Lage war und deshalb mit dir mitfühlen kann? Ein Team, das sich gegenseitig unterstützt, ist immer erfolgreicher als ein einzelner Mensch, und dabei muss man nicht gleich in Dimensionen denken wie bei Revolutionen oder beim Bau monumentaler Gebilde wie der

Chinesischen Mauer oder den Pyramiden. Schon bei Alltagsproblemen ist es hilfreich zu wissen, dass man auf ein Team an Unterstützern zurückgreifen kann. Und Unterstützung geschieht auf vielen Ebenen, nicht nur in einem rein praktischen Rahmen. Viel hilfreicher ist oftmals die mental-moralische Unterstützung, also zu wissen, wer alles hinter dir steht und deine Unterfangen unterstützt. Dass da jemand ist, an den du dich wenden könntest, falls es notwendig werden sollte. Außerdem kann niemand alles können oder in allem gut sein, aber jeder kann jemanden kennenlernen, der in bestimmten Dingen gut ist, in denen du selbst keine ausreichend große Expertise besitzt. Unsere Gesellschaft fördert oftmals eine falsch verstandene Individualität, in der jeder meint, möglichst viel ganz alleine bewältigen zu müssen, damit man etwa *nicht abhängig, nicht manipulierbar* und so weiter und so fort wird. Es mangelt uns am Verständnis für unser Gegenüber und der daraus resultierenden Rücksichtnahme und Unterstützung für den anderen.

Unterstützung geben und annehmen

Dabei können wir mit etwas mehr Rücksicht, mit einem Funken mehr Offenheit und mit der Bereitschaft, andere zu unterstützen, so viel mehr erreichen. Hier sei kurz angemerkt, dass es nicht nur darum geht, andere zu unterstützen, sondern auch darum, selbst Unterstützung anzunehmen. Wir bleiben bei der bereits mehrfach ausgesprochenen Empfehlung: helfen und helfen lassen.

Mitmenschen können uns zu Leistungen ermutigen, die wir sonst vielleicht nie erbracht hätten. Dabei bewähren sich in unseren Augen gerade gute Freunde hervorragend, den eigenen inneren Schweinehund zu überwinden. Du willst mehr Sport treiben, kannst aber nur selten die Anziehungskraft deines Sofas überwinden? Suche dir einen Freund, der deinen Wunsch nach mehr Bewegung teilt und mit dem du feste Termine absprichst. Deine Chancen, erfolgreich mehr Bewegung in dein Leben zu bringen, werden drastisch steigen.

Du hast eine geniale Idee? Such dir Freunde und Unterstützer, die sie gemeinsam mit dir realisieren. Gemeinsam sind wir Menschen nicht nur stark, sondern in der Regel auch viel glücklicher.

- Nutze die Gelegenheit, die sich dir gerade bietet, und nimm einen Zettel zur Hand. Auf diesen Zettel schreibst du einmal alle Namen deines Familien-, Freundes-, Bekanntenkreises auf und verschaffst dir so einen Überblick darüber, wer eigentlich alles in deinem privaten sozialen Netzwerk präsent ist und eine Rolle spielt. Zu wem hast du häufig Kontakt, und wen hast du schon ewig nicht mehr gesehen? Wer tut dir gut, und wer tut dir nicht gut, wer raubt dir Energie, wenn du ganz ehrlich bist? Wer kann dich wobei unterstützen, und wer schränkt dich in welchem Bereich ein? Notiere dir all diese Punkte hinter dem jeweiligen Namen. Als Nächstes sortiere die Liste und stell dir dein ganz persönliches »Support-Team« zusammen – wähle die fünf Leute aus der Liste aus, von denen du sagst: »Sie können mir die notwendige Unterstützung für mich und mein Leben bieten.« Kümmere dich um diese fünf Freundschaften besonders gut – pflege sie und stärke die gemeinsamen Bande. Sei für dein Team da, so wie dein Team auch für dich da ist bzw. sein soll.

Dieser Vorschlag soll nicht bedeuten, dass du alle restlichen Freundschaften aufgeben sollst, überhaupt nicht, es geht nur darum, schonend mit dir und deinen Ressourcen umzugehen.

Halte nicht an sozialem Ballast fest

- Hast du dein Support-Team zusammengestellt, dann schau dir die restlichen Namen auf deiner Liste an und entscheide, wer weiterhin zu deinem erweiterten Freundeskreis gehören soll und mit wem du in Zukunft weniger oder gar keine Zeit mehr verbringen möchtest, weil er oder sie dir einfach gar nicht guttut.

Woran du merkst, ob dir jemand guttut? Es kommt zum Beispiel immer wieder zu Streitereien, Gespräche fühlen sich zäh und langweilig an, oder wenn er/sie etwas von dir möchte, gehst du innerlich sofort in den Widerstand, obwohl es eine Kleinigkeit wäre. Das sind nur wenige Beispiele für energieraubende Beziehungen, dir werden bei genauerer Betrachtung noch weitaus mehr einfallen.

- Wenn du solche »Freunde« ausgemacht hast, dann schau dir eure bisherige Beziehung zueinander noch einmal genau an: Gibt es immer wieder den Konflikt um die gleiche Sache? Ist es eventuell ein Konflikt, den du auch mit anderen hast? Ist es eine Kleinigkeit, die dich immer wieder auf die Palme bringt?

Wenn du eine oder mehrere dieser Fragen mit »Ja« beantwortet hast, dann lohnt es sich, darüber nachzudenken, ob der Konflikt eventuell mehr mit dir selbst als mit deinem Freund bzw. Bekannten zu tun hat und die Lösung somit in einer Weiterentwicklung deinerseits und nicht in einer Beendigung der Freundschaft liegt.

- Wenn du das geklärt hast, dann ist es an der Zeit, eine Entscheidung zu treffen – entweder die Freundschaft beenden oder aber in die Freundschaft investieren, damit Entwicklung (vor allem bei dir selbst) stattfindet, indem du das lernst, was diese Konflikte dir schon immer versucht haben beizubringen.

Am Ende des ganzen Prozesses sollte also eine Liste herauskommen, auf der folgende zwei Punkte zu finden sind:

- 1. Mein »Support Team«
- 2. Meine »Risiko-Kontakte«

Kurz gesagt:

➤ Pflege nur solche sozialen Kontakte, die dir guttun. Beziehungen sollten nie Krafträuber sein.

➤ Die sozialen Beziehungen, die dir guttun, solltest du pflegen, und das bedeutet immer auch Arbeit. Scheue nicht davor zurück.

➤ Biete deinen Freunden und Bekannten Hilfe an, wann immer es dir möglich ist, denn wer gibt, dem wird gegeben. Das bedeutet auch, dass du die Hilfe anderer annehmen darfst und solltest.

Die Kraft der Kooperation

Der Titel des vorangegangenen Abschnitts hat es schon verraten: Wir alle wissen, dass man gemeinsam sehr viel mehr erreichen kann als alleine und dass Dinge, die man gemeinsam tut, in aller Regel für alle Beteiligten viel einfacher und angenehmer sind, als würde man sie alleine tun. Egal ob es um das Schleppen von Umzugskartons geht, ob man ein schwieriges Gespräch mit seinem Vermieter führen muss oder ob man ein neues Unternehmen gründen möchte: Gemeinsam gelingt es einem besser als alleine. Leider handelt kaum jemand danach. Dabei ist gerade das Handeln bei diesem Punkt, wie so oft, das Entscheidende. »Worte sind der Schatten der Tat«, sagte Demokrit passenderweise. Wir alle wissen um die Kraft und Macht der Kooperation, und doch fällt es uns regelmäßig schwer, danach zu handeln. Zwar gibt es durchaus Lichtblicke, und viele davon sind der Vernetzung und dem Internet zu verdanken, wie zum Beispiel Open-Source-Projekte, die Wikipedia, Umweltprojekte über sogenanntes Crowdfunding oder spontane, kreative und doch eindrucksvoll wirksame Aktionen wie Flashmobs.

In den Bereichen unseres Lebens, die in der Regel am wichtigsten für uns sind, also im Alltag und zu Hause, bei der Arbeit, im Umgang mit Freunden oder der Familie, hat die Kooperation jedoch bei Weitem nicht den Stellenwert, den sie haben sollte.

Woran liegt das? Zum einen können wir es uns bequem machen, indem wir sagen: »So läuft es halt, es gibt Gewinner und Verlierer«, oder: »Wenn ich mich zu sehr auf andere verlasse, dann bin ich schnell verlassen.« Wer das sagt, liegt gar nicht so falsch, denn wenn man einmal schaut, wie wir Menschen aufwachsen und wie wir schon als Kinder zu spielen lernen, erkennt man schnell, dass es von Anfang an um einen Wettstreit geht, in dem es Gewinner und Verlierer gibt. Warum aber müssen alle unsere Kinderspiele mit Gewinnen und Verlieren zu tun haben? Warum gibt es so wenig Spiele, die Kinder gemeinsam spielen – einfach um der Freude willen und nicht um des Sieges willen? Viele erklären das gerne pädagogisch: Kinder sollen lernen, sich durchzusetzen, gewinnen zu wollen und doch zugleich gute Verlierer zu sein. Wir glauben allerdings, dass die Kinder es lernen, weil wir Erwachsenen ständig in den Kategorien »Gewinner« und »Verlierer« denken und meinen, so sei die Welt eben gestrickt. Damit bringen wir unseren Kindern bei, dass die Welt ebenso funktioniert, und siehe da: Die Welt der nächsten Generation wird höchstwahrscheinlich genau so funktionieren – denn sie ist ja wieder voll von »ausgebildeten« Gewinnern und Verlierern.

Glücklich werden durch Kooperation

Doch das muss nicht zwangsläufig so bleiben, wir Menschen sind schließlich zur Kooperation befähigt, und Kooperation stellt einen wundervollen Gegenentwurf zum Gewinner-Verlierer-Konzept dar.

Falls du jetzt kurz nachgedacht hast und dann zu dem Schluss gekommen sein solltest, dass es dir ja gar nicht um das Gewinnen oder Verlieren geht: herzlichen Glückwunsch! Doch unter Umständen müssen wir deine Euphorie ein klein wenig bremsen, denn neben dem Streben nach dem Gewinnen gibt es eine sehr eng damit verwandte Angewohnheit, die ebenfalls weit verbreitet ist und nicht außer Acht gelassen werden sollte: die Neigung, sich zu vergleichen. Wenn wir uns vergleichen, machen wir eigentlich nichts anderes, als uns der Gewinner- oder Verliererseite zuzuordnen, wie wir es gelernt haben. Wenn wir uns im Vergleich zu unserem Gegenüber als schöner, sportlicher, schlauer, intelligenter betrachten, dann ordnen wir uns quasi der Gewinnerseite zu, und mit negativen Selbstzuschreibungen ist es genau das Gleiche, nur dass wir eben auf der Verliererseite landen. Beide Seiten sind gleich fatal, liegt den Gewinnern doch der innere Leitgedanke »Ich müsste besser sein als die anderen« zugrunde und den Verlierern der Gedanke »Ich bin nicht gut genug«.

Es ist uns schon klar, dass wir Menschen mittels Vergleichen eine Menge lernen, doch leider ist das Vergleichen auch eine echte Kooperationsbremse, da es uns auf die »Gewinner vs. Verlierer«-Straße bringt, und das wiederum ist einfach inkompatibel mit dem Kooperationsgedanken, da gute und echte Kooperation keine Gewinner oder Verlierer kennt. Solange ich meinen Erfolg aber daran messe, ob ich gewinne oder verliere, so lange kann ich eigentlich nicht richtig kooperieren, da ich ja ständig nach Verlierern suchen muss, damit ich mich in der Abgrenzung zu ihnen als Gewinner betrachten kann, oder umgekehrt.

Kooperation hilft dem Einzelnen und fördert das Zusammengehörigkeits- bzw. Gemeinschaftsgefühl, und das wiederum ist eine wichtige Voraussetzung, um in größeren Gruppen einen stabilen Zusammenhalt zu generieren – quasi der Klebstoff, der eine Gruppe Menschen zusammenhält. Das ist eine sehr gute Maßnahme, doch nur dann, wenn der Kooperation auch genug Gewicht verliehen wird, und das ist selten der Fall. Oder kennst du viele Spiele, bei denen es nicht um einen Gewinner und Verlierer, sondern nur um das gemeinsame Spielen geht? Bekanntermaßen wird aus Spaß mit zunehmendem Alter außerdem Ernst, und dieser Ernst des Lebens heißt dann in der Regel, besser sein zu müssen als andere, um etwa gute Noten zu bekommen, einen guten Schulabschluss, eine gute Ausbildung und einen guten Job usw. Sofort sind wir im Vergleich mit anderen, und man erwartet von uns, dass wir auch gewinnen wollen, dass wir uns gegen andere durchsetzen. Ganz im Sinne unserer neoliberalen Lebens- und Wirtschaftsweise eben.

Die Idee der Kooperation einfach um ihrer selbst und der damit verbundenen positiven Effekte willen wird im Allgemeinen auch von jeder Chefetage dieser Welt abgelehnt. Natürlich ist jeder heutzutage teamfähig, hoch belastbar, kommunikativ, offen und all das, was in einem Lebenslauf stehen sollte, doch insbesondere die Teamfähigkeit wird doch in der Regel ausschließlich darauf bezogen, dass man mit einer Gruppe Menschen so zusammenarbeitet, dass am Ende ein maximaler Profit erzielt wird, indem man sich mit diesem Team gegen andere Teams durchsetzt.

Mit Kooperation Kraft tanken

Doch genug der düsteren Worte, wie wenig kooperativ unsere Gesellschaft zurzeit ist, denn die Überschrift dieses Kapitels lautet ja »Die Kraft der Kooperation«.

Tief in unserem Inneren wissen wir Menschen alle um die Kraft der Kooperation und spüren, dass die Kooperation, die Gemeinschaft um uns herum, zentrale Grundbedürfnisse (insbesondere das der Sicherheit und das der Liebe) bedient. Ein Beispiel dafür sind auch Tausende Fußballfans, die Wochenende für Wochenende, sich gegenseitig ihrer Vereinszugehörigkeit versichernd, auf dem Weg zum Stadion durch die Städte ziehen! Nicht umsonst gibt es so viele Subkulturen, die mit mehr oder weniger auffälligen Erkennungsmerkmalen ausgestattet sind, um ihre Zugehörigkeit zu verdeutlichen. Nicht umsonst identifiziert man sich mit seiner Stadt, Region, seinem Land, Verein, einfach um sich zu einer Gruppe zugehörig zu fühlen und damit die oben genannten Grundbedürfnisse zu befriedigen. Der Zusammenschluss in Gruppen liegt uns quasi im Blut und kann eine unglaubliche Kraftquelle darstellen – nicht umsonst sprechen wir hier von der *Kraft* der Kooperation.

Doch gilt es dabei einiges zu beachten: Nehmen wir das Beispiel mit den Fußballfans. Großartig ist das Gefühl, in einer Gemeinschaft zusammenzustehen und zu spüren: »Es ist egal, wie schief ich singe, die Jungs integrieren mich trotzdem in ihre Gruppe. Hauptsache, ich bin laut und enthusiastisch dabei.« So weit, so gut, doch nun kommt der Haken an der ganzen Sache, denn in der Regel funktionieren viele unserer Gruppen durch

Abgrenzung, und das wiederum schränkt die Macht der Kooperation deutlich ein. Wir wollen zu dieser oder jener Gruppe gehören und dann deutlich machen, dass wir diese oder jene andere Gruppe ablehnen. Und eigentlich liegt dem Ganzen ein Prozess zugrunde, den wir schon zuvor mit der Lästerfalle besprochen haben. Genauso wie es mit zwei Menschen funktioniert, die über jemand andern lästern und sich damit nicht nur abgrenzen, sondern auch gefühlt näher zusammenbringen, funktioniert es auch im Großen mit Gruppen, die sich voneinander abgrenzen. Dadurch, dass wir uns gegenseitig erzählen und darin bestärken, wie bescheuert doch die Fans des anderen Vereins seien und dass die Mannschaft (die wir bezeichnenderweise dann auch gleich als »gegnerische« Mannschaft bezeichnen) überhaupt nicht in dieser Liga spielen dürfte. Oder wie wir, die wir uns zur großen Gruppe der Normalbevölkerung zählen, die Nase rümpfen, wenn Punker oder schwarz gekleidete Anhänger der Gothic-Szene an uns vorbeilaufen. Dann rücken wir durch einen »Feind im Außen« näher zusammen und werten uns selbst sowie unsere Gruppe zugleich auf. Im Großen beginnt es mit »dem Westen« gegen »die Dritte Welt«, dann heißt es »Europa ist besser als Amerika, das sind ohnehin alles nur Kriegstreiber und Ungebildete«. In Europa sind es dann die Engländer, die besser sind als die Kontinentaleuropäer, die Deutschen, die sich über die Polen echauffieren. Innerhalb Deutschlands sind es dann »die blöden Bayern« oder die »verdammten Saupreußen«. Innerhalb eines Bundeslands sind es dann die verschiedenen Städte, die über andere Städte herziehen. Dann sind es Stadtviertel, die besser sind als andere Stadtviertel.

Das Ganze findet allerdings ja nur in uns statt, denn in Wahrheit unterstützt man sich in der eigenen Gruppe durch das Schlechtreden einer anderen in keiner Art und Weise, und auch der eigene Selbstwert wird dadurch nicht wirklich erhöht. Bei genauerer Betrachtung passiert im Grunde genommen das genaue Gegenteil. Wir verbauen uns eine Chance auf Kooperation und Wachstum und schüren Misstrauen untereinander. Wenn ich sehe, mit wie viel Enthusiasmus meine Mit-Gruppenangehörigen gegen Mitglieder einer anderen Gruppe vorgehen, dann muss ich mir zwangsläufig, wenn vielleicht auch nur unbewusst, Gedanken darüber machen, wie sie wohl mit mir verfahren würden, sollte ich einmal der Gruppe den Rücken kehren. Der entscheidende Punkt ist aber sicherlich die Vergeudung der Chance auf die Kraft der Kooperation.

Ausgrenzung ermüdet, Kooperation stärkt

Wenn all diese Energie doch statt für Abgrenzung für Kooperation und ein gemeinsames Ziel aufgewendet werden könnte. Das beste Beispiel ist übrigens Europa. Jetzt würden viele vielleicht denken: »Europa ist gerade nicht sonderlich populär und überhaupt, wie soll Europa ein Beispiel für gute Kooperation sein, wenn man ständig in den Nachrichten Hiobsbotschaften über politischen Zwist in der EU hört? Und all die Euroausgaben für Pleiteländer!«

Das mag alles richtig sein, doch schauen wir uns einmal die Geschichte Europas an, dann besteht keinerlei Zweifel daran, dass die Idee zu einer europäischen Gemeinschaft, zu einer europäischen Kooperation, uns die längste Friedensperiode in Europa beschert hat. Auch hat sie uns größeren Wohlstand gebracht, und, das ist wahrscheinlich der wirklich entscheidende Punkt, das Zusammenrücken Europas durch politische Schritte hat uns menschlich, also auf Ebene der Bürger, näher zusammenrücken lassen. Das ist doch ein wirklicher, echter menschlicher Wert und Gewinn.

Nun muss man beim Thema Kooperation nicht gleich an die nationale bzw. internationale Ebene denken, denn es macht Sinn, erst einmal im eigenen Umfeld tätig zu werden und sich dort um Kooperation zu bemühen. Der Schlüssel dazu ist ganz einfach zu finden. Es geht darum, sich auf Augenhöhe zu begegnen und sich gegenseitig zu helfen, ohne eine direkte Gegenleistung zu erwarten. Das ist wichtig, weil die Kooperation dann nicht ihre volle Kraft entfalten kann. Wenn ich direkt eine Gegenleistung erwarte, dann bleibe ich in einer Gedankenwelt von »Wie du mir, so ich dir« und eigener Bereicherung, und wenn die eigenen Ansprüche dann nicht erfüllt werden, gibt es unausweichlich einen nicht unerheblichen Konflikt. Frage dich so oft wie möglich, was du in einer Situation für den oder die jeweils anderen tun kannst. Wie du behilflich sein kannst, um ihr Leben oder ihre jetzige Situation zu verbessern oder sie zu unterstützen. Das wird eine Spirale der Kooperation auslösen, über die du dich noch wundern wirst.

Kurz gesagt:

➤ Kooperation wirkt manchmal schwierig, bringt dich aber immer weiter als ein Vorgehen als einsamer Wolf.

➤ Kooperation macht mehr aus dir und deinen Partnern als die Summe eurer Teile, sie befähigt euch zu großen positiven Veränderungen.

➤ Kooperation beginnt mit dir. Verhalte dich, so oft es geht, kooperativ und binde andere in deine Pläne und Tätigkeiten mit ein. Hilf ihnen, das zu erreichen, was sie möchten, und sieh, was passiert.

Zusammen *sein*

Bis hierher haben wir dir davon berichtet, was es bedeutet, dich selbst und andere zu lieben. Dabei geht es uns um einen starken Praxisbezug mit viel Raum für Freude und Humor. Wir wollen dich nicht einfach mit einem Gedankenanstoß versorgen, sodass du akribisch vor dem Kamin darüber nachdenken kannst, was wir uns dabei gedacht haben und wie du ab heute die Welt zu sehen hast. Das wäre nur ein Austausch von Glaubenssätzen und Weltvorstellungen, die dem Ganzen nur ein weiteres Gedankenkonstrukt hinzufügen. Viel wichtiger sind in unseren Augen immer die Anwendbarkeit und eine gewisse persönliche Empirie. Die von uns vorgestellten Methoden und Tipps haben wir zuallererst und schon vor einiger Zeit (und trotzdem jeden Tag wieder) an uns selbst erprobt. Im Endeffekt natürlich auch mit zahlreichen Klienten und Seminarteilnehmern, und wir haben gesehen, dass es funktioniert und ganz praktisch im Hier und Jetzt zu deiner Lebensfreude beitragen kann. Auch wenn ab und zu etwas Kritik an der allgemeinen Selbstliebebewegung durch diese Seiten schimmert, ist Selbstliebe natürlich ein guter Ansatz, um in ein glückliches Leben zu starten.

Als wenig hilfreich sehen wir es an, dass viele spirituelle Sucher sich darauf konzentrieren, immer besser in ihrer spirituellen Praxis zu werden, um endlich ihre Erfüllung zu erlangen. Da scheint es dann plötzlich darum zu gehen, dass alles Tun im Außen nur noch aus dem Kopf stammt und damit »falsch« ist. Also wird sich darauf konzentriert, das eigene Innere, die eigene Gedankenwelt, spirituell zu optimieren und immer besser zu werden. Noch mehr Satsangs zu besuchen – irgendwann muss es ja klappen mit der Erleuchtung zur absoluten Lebensfreude. Das ist schade, sehen wir die meisten doch scheitern.

Würde es funktionieren, wären diese Satsangs schließlich nach kürzester Zeit leer, weil es nichts mehr zu sagen gäbe und die Lehrer des Seins wahrscheinlich arbeitslos wären, weil sie dir nichts mehr beibringen können.

Setze dich nicht zu sehr unter Druck, sofort die absolute Lebensfreude erreichen zu müssen, das ist nur ein weiterer mentaler Impuls, eine Vorstellung von dir, wie du zu sein hast, und damit ein weiterer Dummy, dem du hinterherhetzt. Ganz wie der sprichwörtliche Hamster im Laufrad. Akzeptiere in deinem Herzen, dass Lebensfreude immer nur einen Wimpernschlag von dir entfernt ist. Denn wenn du den jetzigen Moment, in dem sich das Leben lebt und damit entfaltet, akzeptierst und mit all deinen Sinnen wahrnimmst, ohne ihn mit Gedanken zu bepflastern, hast du sie gefunden. Doch sei nicht enttäuscht, wenn du sie nicht dauerhaft empfinden kannst, das ist vollkommen normal – das geht uns genau so. Zur Akzeptanz gehört eben auch, zu akzeptieren, wenn du gerade etwas nicht akzeptieren kannst. Mach es dir nur bewusst. Und dann ist es natürlich gut, ganz praktische Schritte zu unternehmen, um das Beste aus deiner Situation und deinen Gedanken zu machen. Und Schritt für Schritt lernst du die Lebensfreude, das *Glücklichsein* immer besser kennen, und es wird dir immer schneller gelingen, wieder Lebensfreude zu empfinden. Wenn du das auf dieser Ebene tust – und dann über die reine Selbstliebe hinausgehst – hin zur Nächstenliebe, in der Gemeinschaft, dann wird die Lebensfreude für dich immer greifbar sein – innen und außen. Wenn du dieses Miteinander als Teil der Lösung betrachtest, kannst du deine belastenden Geschichten loslassen oder zumindest durch neue, hilfreichere ersetzen.

Betrachte den Wunsch nach Selbstliebe und Erfüllung in den anderen, als wenn du in einen Spiegel schaust, und Verstehen und Mitgefühl werden einsetzen. Wenn du erkennst, dass alle auf dem Weg zum gleichen Ziel sind und lediglich unterschiedliche Strategien gelernt habt, diese zu erreichen, kannst du dich selbst in anderen sehen. Wenn du erkennst, dass auch sie sich Geschichten erzählen, deren Erzähler ihre eigenen, vielleicht schmerzhaften Erfahrungen sind, kannst du aufhören, ihnen durch dein Verhalten weitere Geschichten aufzubürden, oder ihr Verhalten dir gegenüber vor einem anderen Hintergrund als ihrer Gedankenwelt zu sehen. Das ist der Kern dessen, was es heißt, sich in seinem Nächsten zu erkennen und ihn zu lieben. Das ist es auch, was mehr aus dir macht als deine vorgestellte Identität aus lauter kleinen Geschichten, diesem mentalen Konstrukt, das du glaubst zu sein. Überall um dich herum siehst du lebendige Beispiele für diesen Irrtum, die dich mit ihrem eigenen Sein, das in ihnen lebt, anschauen und aus dem Irrtum befreien können. Siehe andere Menschen als dir gleich, als Weggefährten auf dem Weg zur Lebensfreude, und unterstütze sie, wann immer du kannst. Bald werden auch sie dir helfen, dein Leben einfacher, angenehmer und lebenswerter zu machen. Krieg braucht immer zwei Seiten, dich und den anderen. Sobald du erkennst, dass es keine zwei Seiten geben kann, weil ihr der Definition nach gleich seid, die gleichen Ziele verfolgt, dieselbe Luft atmet und dieselbe Aufmerksamkeit hinter dem unendlichen Strom von verwirrenden Gedanken seid, kann Frieden entstehen.

Sicherlich wirst du uns zustimmen, dass es in einem Umfeld des Friedens am leichtesten ist, Lebensfreude zu finden und sich dauerhaft zu eigen zu machen! Das Einzige, was es dafür braucht, bist du. Lass Frieden und Gelassenheit in deinem Inneren, auch in deinen Gedanken, zu deinem steten Begleiter werden. Wie das rein praktisch funktioniert, hast du im ersten Kapitel dieses Buches bereits erfahren. Doch gehe unbedingt den zweiten und dritten Schritt, die uns sehr am Herzen liegen, und nutze unsere Tipps zum Wachsen in Gemeinschaft, um diesen Frieden auch zu teilen, denn genau wie unsere menschlichen Zellen wachsen wir durch Teilen. Wenn jeder seinen geistigen Fortschritt nur für sich behält, kann unsere Lebenswelt nicht lebenswerter werden. Wenn unsere Lebenswelt jedoch lebenswerter wird, wird es für uns alle einfacher und lebenswerter. Wisse auf deinem Weg immer: Du bist okay, so wie du bist, und deine Mitmenschen sind es auch. Gehe deinen Weg zur Lebensfreude mit offenem Herzen und offenem Geist, vielleicht erst mal nur für dich, vielleicht auch mit anderen, die sich dir anschließen werden, und wer weiß schon, was die Zukunft dir bringen wird? Erlebe es, denn die Weichen stellst ab heute du. Wann immer du meinst, dein Gedankenkarussell, das du mittlerweile hoffentlich als in den meisten Fällen problematisch für dich und andere erkannt hast, nicht anhalten zu können, hilft dir vielleicht die Erkenntnis weiter, was dein wahres Lebensziel ist.

Es ist immer das, was du gerade tust und wahrnimmst. Es ist nicht das, was du denkst, was in Zukunft passiert, oder das, was dir in der Vergangenheit geschehen ist. Beides wird in deinem Kopf produziert bzw. am Leben erhalten und hat nie etwas mit dem zu tun, was jetzt gerade geschieht und ist. Es ist also nicht echt und damit in Wasser geschrieben. Es hat keinen Bestand, nicht einmal dann, wenn du es fleißig immer wieder hineinschreibst. Während du gerade diese Zeilen liest, ist es dein Lebensziel und -inhalt, diese Zeilen zu lesen. Wenn du eben ein Glas Wasser getrunken hast, *war* es dein Lebensziel, dieses Glas Wasser zu trinken – jetzt nicht mehr. Während wir beispielsweise diese Zeilen schreiben, ist es unser einziges Lebensziel, diese Zeilen zu schreiben. Vor einigen Minuten haben wir unser Lebensziel aus den Augen verloren, als wir etwas gegessen haben. Nicht weil wir aufgehört haben zu schreiben, nein; während wir dorthin gingen, dachten wir bereits daran, wie wir dieses Essen beenden und wieder an unserem Schreibtisch sitzen, um weiterzuschreiben. Wir haben für einen Moment unser Lebensziel aus den Augen verloren, das darin bestand, essen zu gehen. Während wir zurückgingen, war es entsprechend auch unser Lebensziel, zurückzugehen.

Wann immer du in Gedanken woanders bist als bei dem, was du gerade tust und erlebst, bist du nicht anwesend und tust nicht das, was deine Bestimmung ist. Wie könntest du auch, bist du doch gerade nicht dort, wo das Leben stattfindet. Denke nicht an das, was morgen geschieht, oder auch nur nachdem du deinen Teller Suppe aufgegessen hast. Wenn du es nicht tust, suchst du dein Heil und deine Bestimmung immer in der nicht existenten Zukunft, dem nächsten Urlaub, der nächsten Beförderung, der Geburt deiner Kinder, der näher rückenden Hochzeit, dem Kauf deines Hauses oder dem spirituellen Erwachen und dem Ende des Denkens. Doch dort kannst du es nicht finden, weil das lediglich ein Konstrukt in deinem Kopf ist, und sobald du einen der ersehnten Punkte erreicht hast, wirst du wieder unglücklich sein, diesmal sogar noch mehr, da sich dein Gedankenkonstrukt erneut als Illusion erwiesen hat, die zu Staub zerfallen ist. Oder glaubst du, dass, wenn du irgendwann einmal auf dem Sterbebett liegst, und das werden wir alle, du sagen wirst: Oh, ich habe ein tolles Haus gehabt, war hier und dort im Urlaub, und das war meine Bestimmung, jetzt kann ich ruhig sterben? Wahrscheinlich nicht. Wahrscheinlich wirst du dich eher fragen: War es das? War das genau das, was meine Bestimmung war? Der Grund, warum ich lebe? All diese Fragen, die dich wahrscheinlich unglücklich machen werden, hören auf, sobald du im Hier und Jetzt bleibst und bei dem, was geschieht. Ohne Geschichten, Vorannahmen, Zukunftsprojektionen.

Alle Hinweise und Tipps, die wir dir auf den vergangenen Seiten gegeben haben, sind auf einer praktischen Ebene hilfreich und werden dein Leben deutlich entspannter, friedfertiger und lebenswerter machen. Doch sie haben noch eine weitere Aufgabe: Sie machen dich sensitiver, aufmerksamer für das, was wirklich zählt, und wenn du dich darauf einlässt und diese Dinge in dein Leben und das deiner Umwelt mit einbringst, also immer in den jetzigen Moment, wirst du nicht nur verstehen, was es heißt, zu leben, sondern es erfahren. Sei jetzt hier und sage dir: Ich werde meine Talente und Träume dafür einsetzen, um mein Leben und das meiner Mitmenschen zu bereichern. Die Talente, die ich habe, hat das Leben mir geschenkt, um andere und damit das Leben lebenswerter zu machen. Die Welt wird durch dich etwas heller strahlen als zuvor.

Wir zählen auf dich!

Lassen Sie Ihre Wünsche wahr werden!

Pam Grout
E²+
Neue Beweise
zum Selbsttesten
Wie Ihre Gedanken
die Welt verändern

288 Seiten
€ [D] 14,99 / € [A] 15,50 / sFr 20,90
ISBN: 978-3-7934-2283-9
Auch als E-Book erhältlich.
www.allegria-verlag.de

Entdecken Sie in E²+ eine ganz neue Ebene der wunderbaren Manifestationskräfte. In neun beeindruckend einfachen Experimenten zeigt Pam Grout, dass Wunder und Glück näher liegen als gedacht. Es geht darum, loszulassen, alte Denkmuster aufzugeben und sich voll und ganz dieser großartigen Energie Ihrer Gedanken anzuvertrauen.

Lassen Sie sich inspirieren und erkennen Sie, dass Sie die Fähigkeit besitzen, mit der enormen Kraft der Gedanken zu mehr Möglichkeiten, mehr Erfolg und mehr Lebensfreude zu gelangen.